アリエリー教授の「行動経済学」入門 お金篇

ダン・アリエリー&
ジェフ・クライスラー
櫻井祐子＝訳

Dan Ariely & Jeff Kreisler

Dollars and Sense:
How We Misthink Money
and How to Spend Smarter

早川書房

アリエリー教授の「行動経済学」入門——お金篇——

DOLLARS AND SENSE

How We Misthink Money and How to Spend Smarter

by

Dan Ariely and Jeff Kreisler

Translated by
Yuko Sakurai
First published 2018 in Japan by
Hayakawa Publishing, Inc.
This book is published in Japan by
arrangement with
Levine Greenberg Rostan Literary Agency
through The English Agency (Japan) Ltd.

本文イラスト／Matt Trower
カバーイラスト／芦野公平
カバーデザイン／金井久幸［TwoThree］

お金に捧ぐ

君が私たちにしてくれるすばらしいこととひどいこと、
そしてその中間のすべてのグレーな問題に

目次

第III部　さてどうする？　誤った思考の肩にすがる

序章

一九七〇年代に「ザ・ダイヤモンド・ヘッド・ゲーム」という短命に終わったクイズ番組があった。この番組はハワイで収録され、「マネーボルケーノ（お金の火山）」というユニークなボーナスステージがあった。解答者がガラス張りのボックスに入ると、いきなり暴風が巻き起こり、大量の紙幣が舞い上がる。解答者はグルグル、ヒラヒラ、ハタハタと舞う紙幣を、制限時間内にできるだけ多くつかもうと必死になった。ボルケーノではだれもが死にものぐるいだった。お札のトルネードのなかで夢中で手を伸ばし、お札をつかみ、目を回してふらついた。あれはおもしろかった。あの一五秒の間、お金より大切なものはこの世に存在しなかった。

ある意味では、私たちはみなマネーボルケーノのなかにいる。あんなに必死で露骨にではない

にせよ、長年いろいろなやり方でお金のゲームを行い、またどれかのゲームに翻弄されてきた。ほとんどの人はしょっちゅうお金のことを考えている。いくらもっているか、いくら必要か、もっと稼ぐにはどうするか、どうしたら失わずにすむか、隣人や友人、同僚はいくら稼ぎ、使い、貯めているのか。贅沢品、請求書、機会、自由、ストレス――お金は家計から国政まで、買い物リストから預金口座まで、現代生活のあらゆる場面に関わっているのだ。

それに、金融界の技術革新が進むなか、日々考えなくてはいけないことは増えている。住宅ローンや融資、保険は複雑化している。老後生活が長くなり、新しい金融技術や高度な金融商品に触れる機会は増えている。

お金についてあれこれ考えるのはよいことだ。そうすることがよりよい決定につながるのなら。でもそうではない。じつのところ、お金に関して愚かな決定を下してしまうことは、人間性の証といっていい。私たちはお金のあれこれでしくじるという、すばらしい才能をもっているのだ。人間バンザイ、人間サイコー。

次の問いに答えてほしい。

＞ なにかを買うとき、クレジットカードと現金のどっちを使うかは重要だろうか？　使う金額は同じだろう？　じつはクレジットカードを使うときのほうが金離れがよいことが、研究で示されている。クレジットカードでは大きな買い物をし、チップをはずみがちだ。また使った金額を実際より少なく見積もったり、いくら使ったかを忘れてしまう可能性も高い。

▼二分でカギを開けて一〇〇ドル請求する錠前屋《じょうまえや》と、一時間かけて同じ一〇〇ドルを請求する錠前屋とでは、どっちがトクだろう？　時間が長いほうが労力がかかっている分、時間あたりの料金が安くて得だと、ほとんどの人が考える。ではもし時間がかかった錠前屋が、解錠に手こずり道具が壊れたといって、一二〇ドル請求してきたらどうだろう？　驚いたことに、それでもほとんどの人が、この錠前屋のほうがすばやいほうよりトクだと考えるのだ。錠前屋の腕が悪いせいで、自分の時間を一時間も無駄にされたというのに。

▼老後の貯えは大丈夫だろうか？　いつ退職するのか、その時までにいくら稼ぎ、いくら貯蓄ができているか、投資したお金がどれだけ増えているのか、退職後の年数と必要な費用がどれくらいなのかを、大まかにでも把握しているだろうか？　していないだって？　だれもが退職後の生活設計におよび腰なせいで、社会全体の貯蓄額は必要な額の一割にも満たない。貯えが足りている気がしないから、平均寿命が七八歳だというのに、八〇歳まで働きつづける覚悟でいる。まあ、退職後の生活費を減らすには、退職しないのが一番だが。

▼時間を賢く使っているだろうか？　安い住宅ローンを探すより、数セント安いガソリンスタンドを探すのに時間をかけていないだろうか？

いくら考えたからといって、お金の意思決定は改善しないし、ときにはお金のことを考えるだけで、心の深層に厄介な変化が生じることもある。[1]　お金はアメリカ人の離婚原因の第一位、[2]ストレスの原因の第一位だ。[3] お金の悩みがあると、あらゆる問題解決能力が目に見えて落ちる。[4] 裕福な人は、とくに自分が裕福だと思い出させられると、普通の人より倫理的に劣る行動をとりがちなことが、一連の研究によって示されている。[5] また別の研究によれば、ただお金のイメージを見ただけで、職場からものを盗ったり、うさんくさい人を雇ったり、金もうけのためにうそをついたりしやすくなるという。[6] お金のことを考えると、文字通り心が乱されるのだ。

お金は私たちの暮らしにも経済、社会にもなくてはならないものなのに、お金について合理的に考えることはとても難しい。なら、考えを研ぎ澄ませるにはどうすればいいだろう？ よくあるのが、「お金に関する教育」を受ける、しゃれたいい方では「金融リテラシー」を高めることだ。でも困ったことに、車の買い方や住宅ローンの組み方といった、金融リテラシー教育の内容はすぐに頭から消え、私たちの行動に長期的なインパクトをおよぼすことはまずない。

というわけで、この本は「金融リテラシー」を高めたり、お財布を開くたびになにをすべきかを指示したりする本ではない。それより、お金についてどんなまちがいを犯しやすいか、またなにより、なぜそういうまちがいをしてしまうのかを考えたい。そうすれば、次にお金に関する決定を下すとき、どんな要因が作用しているかを理解したうえで、よりよい選択ができるだろう。少なくとも、よりよい情報をもとに決定を下せるはずだ。

これからいろいろな登場人物とお金にまつわる物語を紹介し、彼らがどんな状況でなにをしたのかを見ていこう。つづいて、彼らの経験を科学的観点から説明する。物語のなかには実話もあれば、映画でいうように「実話に基づく」ものもある。登場人物にはまともな人もいれば、愚かな人もいる。型にはまりすぎているように思うかもしれないが、それは私たちがとってしまいがちな行動を際立たせるために、わざと性格を強調したり誇張したりしているからだ。読者のみなさんが、それぞれの物語に潜む人間性やまちがい、可能性を見抜き、自分の生活に置き換えて考えてくれればうれしい。

この本では、お金のしくみについて私たちが意識的に理解していることと実際にお金を使う方法とのギャップと、合理的にお金について考え、使う方法を説明する。

この本を読めば、賢いお金の使い方ができるようになるかって？　もちろん。たぶん。少しは。もしかしたらね。

少なくとも、お金に関する選択に影響を与え、私たちの時間を奪い、生活を支配している複雑な力を明らかにすれば、お金の問題が扱いやすくなることはまちがいない。それに、お金が思考におよぼす影響を理解すれば、お金以外の意思決定も改善できる。なぜか？　お金の決定には、お金以外のことも関わっているからだ。お金という領域で現実世界をかたちづくる要因は、私たちが生活のほかの重要なものごと、たとえば時間の使い方、キャリアマネジメント、人との関わり方や関係の結び方、しあわせの探し方、ひいては世界観などの価値を評価する方法にも影響を与える。

簡単にいうと、この本を読めばすべてがうまくいくってこと。それなら値段分の価値はあるだろう？

第Ⅰ部
お金とはなんだろう？

第1章　それに賭けてはいけない

　ジョージ・ジョーンズは憂さ晴らしを求めている。仕事はストレスだらけ、子どもたちはけんかばかり、おまけに懐《ふところ》はさびしいときた。そんなわけで、出張でラスベガスに来た彼は、さっそくカジノへ向かった。公的資金で建設された、驚くほど整備の行き届いた道路の端にある駐車場に車を駐め、カジノというパラレルワールドにフラフラと吸い込まれていった。

　カジノに入って呆然としていたジョージは、音でわれに返った。八〇年代の音楽に、キャッシュレジスターの響き、コインのジャラジャラ、居並ぶスロットマシンのカシャーンという音。カジノに入ってからどれくらい経ったんだろう。時計は見当たらないが、スロットマシンにしがみついているお年寄りの様子からすると、一生が過ぎてしまったのかもしれない。いやいや、五分くらいだろう。ここは入口からそんなに遠いはずはない。でも入口は見当たらない……それに出口も……ドアも窓も廊下も、ここから外へ出る経路はどこにもない。見えるのは点滅する光と、肌もあらわなカクテルウェイトレス、ドル記号、それにはしゃいでいるかしょげているかの両極端の人たちだけ。

スロットマシン？　ああやるとも。最初のスピンでは高得点をわずかに逃した。それから一五分間、お札をつぎ込んで頑張った。一度も勝たなかったが、ニアミスは何度もあった。

財布のなかの細かい札がなくなると、ＡＴＭから二〇〇ドルを引き出し――三ドル五〇セントの手数料は、一度勝てば取り返せるから気にしない――ブラックジャックのテーブルに着いた。二〇ドルのピン札一〇枚と引き替えに、ディーラーに真っ赤なプラスチックのチップの山をもらう。チップにはカジノと羽根、矢、テントの絵が描かれている。「五ドル」とあるが、とてもお金には思えない。おもちゃのようだ。ジョージはチップを指でもてあそび、テーブルではじき、ほかのチップの山が増えたり減ったりするのを眺める。

キュートで愛想のいいウェイトレスが無料のドリンクをもってきた。無料か！　そいつはいい！　勝ちは目前だ。ジョージはプラスチック製の小さなチップを一枚ウェイトレスにはずむ。

ジョージは勝負する。うまく行くときもあれば、そうでないときもある。少し勝つが、それ以上に負ける。勝ち目がありそうなときにダブルダウンやスプリットをして、二枚のチップを四枚、三枚のところを六枚賭けたりする。結局、二〇〇ドルを全部すった。テーブル仲間はチップの山を築いたかと思えば、次の瞬間には札束を広げてチップを買い増すが、ジョージはなんとか真似せずにがまんする。テーブル仲間には温厚な人もいれば、自分の札を盗られたといって怒り出す人もいるが、だれ一人として一時間で五〇〇ドルも一〇〇〇ドルもすってしまうタイプには見えない。だが現にそういうことが何度も起こった。

半日前の朝早く、ジョージは近くのカフェに向かったが、一〇歩ほど手前で引き返した。ホテルの部屋でコーヒーを淹れれば、コーヒー代の四ドルを節約できると気づいたからだ。その彼が、夜になれば五ドルチップ四〇枚をまばたき一つせずに賭け、親切にしてくれたからと、ディーラーにまで一枚あげている。

なにが起こっているの？

カジノは私たちからお金を引き離す術を極めているから、この物語を出発点にするのはちょっと酷かもしれない。それでもジョージの経験には、私たちがこれほど極端ではない状況で犯しがちな心理的あやまちを垣間見ることができる。

次に挙げるのは、カジノのまばゆい光のもとで私たちに作用する要因のいくつかだ。これからの章で、一つひとつをくわしく説明する。

心の会計（メンタルアカウンティング）。朝のコーヒー代を節約したことからもわかるように、ジョージはお金の不安を抱えている。なのにカジノでは、こともなげに二〇〇ドルをポンと使う。この矛盾が起こる原因の一つは、彼がカジノでの出費を、コーヒーとは別の「心の勘定科目」に仕訳しているからだ。彼は持ち金をプラスチックのチップに両替して「娯楽」勘定を開設するが、その他の出費は「生活費」などの勘定から引き出しつづける。この奥の手によって、二種類の出費に対する感じ方が変わるが、じつはどちらも「ジョージのお金」という同じ勘定のお金だ。

無料の代償。ジョージは無料の駐車場と無料のドリンクに大喜びする。たしかに代金は直接払っていないが、「無料」のものに釣られて上機嫌でカジノに行き、判断力を鈍らされている。「無料」のものは、じつは高くつくのだ。「人生で最高のものは無料だ」ということわざがある。たぶんそうなんだろう。でも無料だからと高をくくっていると、思いがけない出費を被ることも多い。

出費の痛み。ジョージはカジノのカラフルなチップで賭けをしたり、心づけをはずんだりするとき、お金を使っているような気がしない。ゲームをしているような感覚だ。プラスチックのチップを使っても紙幣を手渡すときのように現実感がない。お金を失った気がせず、出費をはっきり自覚しないから、自分の決定を意識しないし、決定がおよぼす影響にも無頓着になる。

相対性。ジョージが無料のドリンクのお礼としてウェイトレスに渡した五ドルのチップと、ATM手数料の三ドル五〇セントは、ブラックジャックのテーブルに置かれたチップの山と、ATMから引き出した二〇〇ドルに比べれば、はした金に思える。これらは相対的に少ない金額で、彼は相対的に考えるからこそ気兼ねなくお金を使うことができる。また同じ日の朝、四ドルのコーヒーは、ホテルの部屋で飲む〇ドルのコーヒーと比べて、相対的に高すぎるように感じられた。

期待。キャッシュレジスターやまばゆい光、ドル記号など、お金のイメージや音に囲まれたジョージは、勝ち目のない賭けや超悪玉にも涼しい顔で勝ちを収める、『００７』のジェームズ・ボンドになったような気がした。

自制。ギャンブルは深刻な問題で、依存症に苦しむ人も多い。だがさしあたってここでは、ジョージがストレスやその場の雰囲気、愛想のいいスタッフ、「お手軽な」機会などに惑わされ、「二〇〇ドル多い貯えをもって退職する」という遠い未来の利益のために、目先の誘惑に抵抗することを難しく感じている、とだけいっておこう。

どのあやまちもカジノに特有の問題のように思えるが、じつは世界は思ったよりずっとカジノに似ている。なにしろ二〇一六年にはカジノのオーナーがアメリカ大統領に選ばれたほどだ。ギャンブルで憂さ晴らしをする人だけでなく、だれもが意思決定を行う際に心の会計、無料、出費の痛み、相対性、自制という点で、似たような問題に悩まされる。ジョージがカジノで犯したまちがいは、日常生活の多くの場面でも起こる。そうしたまちがいの原因は、主にお金の本質に関する根本的な誤解にある。

一般的な「お金」のことはよくわかっていると思っていても、お金とは本当はなんなのか、どんな利点があるのか、そしてどんな思いがけない影響をおよぼすのかを、私たちはよく理解していないのだ。

第2章　チャンスはドアを叩く

　では、お金とはいったいなんだろう？　また私たちにとっての利点や影響は？　そんな疑問はカジノでジョージの頭をかすめもしなかったし、私たちの頭をよぎることもめったにない。だがとても重要な問いかけだし、議論の出発点にもうってつけだ。

　お金は**価値**を表象する。お金自体に価値はなく、それを使って手に入れられるものの価値を表しているにすぎない。お金は価値を伝える使者だ。

　それはすごい！　お金はモノやサービスの価値を評価、交換しやすくする。だから私たちは祖先のように基本的な必需品を手に入れるために、物々交換や略奪、強奪に長い時間を費やさずにすむ。よかった、いまどき石弓や投石器を使いこなせる人なんてほとんどいないから。

お金がとても役に立つのは、次のような特徴があるからだ。

- **汎用性。**お金はほとんどのものと交換できる。
- **分割可能性。**どんな大きさのほぼどんなものとも交換できる。
- **代替可能性。**お金は同等の価値を持つどんなお金とも交換できるから、特定のお金をもっておく必要がない。どこでどうやって手に入れたものであれ、どの一〇ドル紙幣にもほかの一〇ドル紙幣と同じ価値がある。
- **貯蔵可能性。**今もこの先も、いつでも使うことができる。車や家具、有機農産物、大学のロゴ入りTシャツのように古びたり腐ったりしない。

いいかえれば、さまざまな金額のお金を使って、いつでも（ほぼ）すべてのものを買うことができる。このことが、お金に最後の、そしてもっとも重要な特徴を授けている。お金は**公共財**で、どんな人でも（ほぼ）どんな目的のためにも使うことができる。

これらの特徴をすべて考え合わせると、お金がなければ私たちの現代生活が成り立たないことは明らかだ。お金があるからこそ、私たちは貯蓄し、新しいものごとにトライし、専門を極め、教師や芸術家、弁護士、農業従事者などになることができる。お金のおかげで自由になった時間や労力を使って、いろいろな活動に精を出し、才能や情熱を開花させ、新しいものごとを学び、お金があるからこそ存在する芸術やワイン、音楽を楽しむことができるのだ。

お金は印刷機や車輪、電気、リアリティ番組などの発明品と同じくらい、人間のありようを大きく変えた。

だが、残念ながらお金の恵みは災いのもとでもある。重要で有用だからこそ、多くの問題を生み出すのだ。かの偉大な哲学者（でラッパー）のノートリアスB・I・Gもいっている。「金があればあるほど問題が起こる」と。

お金に恵みと災いがあること――どんなコインにも表と裏がある――を掘り下げるために、お金の一般的な性質について考えてみよう。ほとんどどんなものとも交換できるという特性は、たしかにとても重要ですばらしいが、それは裏を返せば、お金にまつわる決定がとほうもなく複雑だということでもある。

「リンゴとオレンジを比べる」（本来区別すべき事柄を一緒くたに論じるの意）ということわざがあるが、じつはリンゴとオレンジを比べるのはわけないことだ。目の前の果物皿にオレンジとリンゴが一個ずつ載っていたら、どっちをもらうかは、どんなときでもすぐ決められる。だがここにお金が絡み、リンゴに一ドル出すか、五〇セント出すかを決めるとなると、ことは厄介になる。もしもリンゴが一ドルでオレンジが七五セントだったら、決定はますますややこしくなる。どんな決定も、お金が絡んだとたん複雑になるのだ！

失われた機会

なぜお金に関する決定は複雑になるのか？　それは**機会費用**のせいだ。

汎用性と分割可能性、貯蔵可能性、代替可能性、そしてとくに公共財というお金の特性を考えると、お金を使えばほとんどなんでもできることがわかる。だがほとんどなんでもできるからといって、なにからなにまでやるわけにはいかない。選択が必要だ。なにかを犠牲にし、やらないことを選ばなくてはならない。つまり私たちはお金を使うたびに、意識的であろうとなかろうと、機会費用について必ず考えなくてはならないということだ。

　機会費用とは代替案だ。なにかをするために、今または未来にあきらめることになるものごと、つまり選択を行うときに私たちが犠牲にする機会のことだ。

　機会費用についてはこんなふうに考えるべきだ。あるものにお金を使えば、そのお金は今もこの先も、ほかのなにかに使うことはできない。

　果物皿の例に戻ろう。この世にリンゴとオレンジの二種類の品しかないとすれば、リンゴを買うことの機会費用はオレンジをあきらめることで、オレンジを買うことの機会費用はリンゴをあきらめることだ。

　同様に、われらがカジノの友人ジョージが近くのカフェで使わなかった四ドルは、バス代や昼食代の一部、はたまた数年後に参加することになるギャンブル依存症更生集会のスナック代になるかもしれない。彼はただ四ドルを手放そうとしていただけではない。その四ドルが現在または未来に提供したかもしれない機会をあきらめようとしていたのだ。

　機会費用がどれほど重要か、しかしなぜ十分考慮されていないのかをよく理解するために、こんな例を考えてみよう。あなたは毎週月曜日に五〇〇ドル与えられ、一週間そのお金だけでやりくりするものとする。週初は自分の決定がおよぼす影響なんて考えない。夕飯を買い、一杯やり、目をつけていたすてきなシャツを買うとき、自分がなにをあきらめることになるかを自覚していない。でも五〇〇ドルあったお金が減っていき、金曜になって四三ドルしか残っていないことに気づく。そのとき初めて機会費用というものが存在することや、週初の出費が今の残金に影響をおよぼしていることを痛感するのだ。夕飯やお酒、おしゃれなシャツにお金を使うという、月曜の決定のせいで、日曜には難しい選択を迫られる。新聞とクリームチーズベーグルのどちらか一方は買えるが、両方は買えない。月曜にも機会費用を考えるべきだったが、あのときはよくわかっていなかった。そしてようやく機会費用を理解するようになった日曜には、もう手遅れだ（よいほうに考えれば、ぺたんこのお腹で新聞のスポーツ欄を読んだほうがかっこよく見えるが）。

というわけで、機会費用とは、お金に関する決定を下すときに必ず考えなくてはならないことだ。今お金を使うという選択によって、どんなものごとをあきらめることになるのかを考える必要がある。なのにほとんどの人が機会費用を十分に、またはまったく考えない。これこそがお金に関する最大のあやまちであり、ほかの多くのまちがいの原因でもある。これが、私たちのお金の「家」の不安定な基盤なのだ。

より大きな視点でとらえると

機会費用は、個人のお金だけの問題ではない。ドワイト・アイゼンハワー大統領が、軍拡競争に関する一九五三年の演説で述べたように、それは世界に影響を与えかねない問題なのだ。

一丁の銃をつくるのも、一隻の軍艦を進水させるのも、一発のロケットを発射するのも、

つきつめれば、食べものがなくて飢えている人や、着るものがなくて寒さに震えている人から盗むのと同じことだ。軍国主義は、ただお金を費やすだけではない。労働者の汗や科学者の才能、子供たちの希望を無為にするのだ。最新式の重爆撃機一機分の費用があれば、三〇以上の都市に近代的なレンガ造りの学校を一校ずつ建設できる。六万人に電力を供給する発電所を二基建設できる。完全な設備を備えた立派な病院を二軒建てられる。五〇マイル（約八〇キロ）分のコンクリート舗装道路を敷設できる。戦闘機一機分の費用があれば、五〇万ブッシェル（約一万三五〇〇トン）の小麦を購入できる。駆逐艦一隻分の費用があれば、八千人以上が住める住宅を新築できる。

私たちが日々考えなくてはならない機会費用が、戦争の費用よりリンゴの費用に近いのが、せめてもの慰めだ。

数年前、ダンは研究助手とトヨタの販売代理店に行って、お客に「新車を買ったらなにをあきらめることになりますか」と聞いて回った。ほとんどだれも答えられなかった。お客のだれ一人として、車に費やすつもりの数万ドルがあればほかのことができるという事実を、じっくり時間をかけて考えていなかった。そこでダンはもう一歩踏み込んで、「トヨタ車を買ったら、具体的にどんな製品やサービスを買えなくなりますか」と聞いてみた。トヨタ車を買えば、ホンダ車などの単純な代替物を買えなくなると答えた人がほとんどだった。その夏のスペイン旅行と翌年のハワイ旅行をあきらめることになるとか、今後数年間は毎月二回のすてきなレストランでの外食を我慢しなくてはとか、大学のローンを五年も余分に払うことになる、などと答えたのはほんの数人だった。ほとんどの人は自分が今使おうとしているそのお金があれば、この先の一定期間にわたっていろいろな経験やモノを獲得できるということを考えられないか、考えたがらないようだった。お金はあまりにも抽象的で漠然としているから、機会費用を想像したり考慮したりするのが難しい。お金を使うときは、買おうとしているもの以外の具体的なものは頭に浮かばないのだ。

私たちが機会費用を考えられず、考えることに抵抗を覚えるのは、車の購入に限った話ではない。私たちはだいたいにおいて、お金のほかの使い道を十分意識していない。そして困ったことに、機会費用を考えずに下す決定は、自分の利益にならないことが多い。

ステレオを買うときのことを考えてみよう。これはシェーン・フレデリック、ネイサン・ノベムスキー、ジン・ウォン、ラビ・ダール、スティーブン・ナウリスの「機会費用の軽視」という、うまいネーミングの論文からの引用だ。彼らはある集団に、一〇〇〇ドルのパイオニア製ステレオと、七〇〇ドルのソニー製ステレオのどちらを選びますかと尋ねた。別の集団には、一〇〇〇ドルのパイオニア製ステレオか、ソニー製ステレオとCDの購入にだけ使える三〇〇ドルがセットになった、一〇〇〇ドルのパッケージのどちらかを選んでもらった。

実際には、どちらの集団も一〇〇〇ドルの使い道のなかから選んでいた。一つめの集団は、一〇〇〇ドル全額をパイオニア製品に使うか、または七〇〇ドルをソニー製品に、三〇〇ドルをなんでも好きなものに使うかを選んだ。二つめの集団は、全額をパイオニア製品に費やすか、または七〇〇ドルをソニー製品に、三〇〇ドルをＣＤに費やすかを選択した。結果、ソニー製品は、三〇〇ドル分のＣＤとのセットのほうが、ずっと人気が高かった。なぜこれが不思議なのだろう？　それは細かいことをいえば、使い道が限定されない三〇〇ドルはなんでも買えるのだから、ＣＤにしか使えない三〇〇ドルよりも価値が高いはずだからだ。なのに三〇〇ドルがＣＤ専用として提示されると、彼らにはより魅力的に感じられた。なぜなら三〇〇ドル分のＣＤは、三〇〇ドル分の「なにか」に比べて、ずっと具体的で明確だからだ。三〇〇ドル分のＣＤといわれれば、なにが手に入るかがはっきりわかる。それは実体があって価値を評価しやすい。だが三〇〇ドルが抽象的で漠然としていると、使い道が具体的に浮かばないから、強く感情に訴えかけないし、強い動機づけにならない。これは、お金が漠然としたかたちで表されると、同じ金額を具体的に表象するものが存在する場合に比べて、過小評価されがちだという一例だ[1]。

　もちろん、この研究で用いられたＣＤは、今では絶滅危惧種だが、基本的な考え方は今も通用する。旅行であれ、大量のＣＤであれ、お金の使い道がほかにもあるといわれると、人は少し驚く。その驚きから察するに、人はふつうほかの使い道を考えないようだ。しかしほかの使い道を考えなければ、機会費用を考慮できるはずがない。

　機会費用を軽視するこの傾向は、私たちの思考の基本的な欠陥を表している。今もこの先もいろいろなものと交換できる、というお金の特質は、たしかにすばらしいが、それは私たちがお金に関してとってしまう問題行動の最大の原因でもある。支出は機会費用という観点から考えなくてはならないが、それは抽象的すぎて難しい。だから決して考えようとしないのだ。

　そのうえ現代生活に欠かせないクレジットカードや住宅ローン、自動車ローン、学生ローンなどの無数の金融商品のせいで、支出が未来に与える影響はさらに――往々にして意図的に――わかりづらくなっている。

お金にまつわる決定について本来考えるべき方法で考えられないとき、または考えようとしないとき、私たちはいろいろな心理的抜け道に頼る。そうした抜け道の多くは、お金の複雑さに対処する助けにはなっても、もっとも望ましい方法や理にかなった方法で行動する助けになるとは限らないし、ものごとの価値を誤って認識する原因になることも多いのだ。

第3章　ある価値提案

少し前にジェフは幼い息子と飛行機に乗っているとき、お話をせがまれた。子どもの本は全部預け荷物に入れてしまった――奥さんが手荷物に入れてねと念を押したのに！　そこでジェフはドクター・スースの『ポケットの中にウォケットがいる！』風のお話を、即興でつくって聞かせた。

ドリブルを買うのにいくら出す？　ザブルなら？　グナブルなら？　クイブルなら？

ゾークはどう？　ノークはどう？　アルバニア舶来のミツユビブロークは？

ジェフは近くの乗客に（もちろん息子にも）拷問を与えていただけのようにも思えるが、これらの質問は、私たちが現実の生活で考えるべき問題とどうちがうのだろう？「コカコーラ」やひと月分の「ネットフリックス」や「ｉＰｈｏｎｅ」にいくら支払うべきかなんて、どうしたらわかるのだろう？　これらの言葉はいったいどんな意味で、なにを指すのだろう？　異星人にとっての「ランプのうしろのザンプ」や「ボトルのなかのヨトル」と同じくらいわけのわからない品を、どうやって評価すればいいのか？　なにかの中身も、価格も、だれかが実際にそれに支払った金額もまったくわからないとき、どうしたら適正金額を知ることができるのだろう？

芸術作品はどうか？　ジャクソン・ポロックの絵画は、アルバニア舶来のミツユビブロークとどうちがうのか？　どちらも同じくらい独創的で意外性がある……それに実用性についても似たようなものだろう。それでも芸術品にはなんらかの方法で値がつけられたものがある。二〇一五年にある買い手が、ニューヨーカー誌によって「凡庸な後期に描かれたそこそこのピカソ作品」と評された絵画を、一億七九〇〇万ドルで購入した。[1] 別の男性は、オンラインに投稿され無料で公開されていたインスタグラムの写真を引き伸ばして、九万ドルで売った。[2] 一〇〇万ユーロで売れたジャガイモの写真もあった。だれがそんな価格を設定したのか？　どうやって価値を決定したのだろう？　僕ら（ダンとジェフ）がスマホで撮影した、ただのジャガイモの写真を買いたい人はいるかい？

私たちはみな「価値」のことはいろいろ聞いて知っている。価値はものごとの値打ち、つまり私たちが製品・サービスに支払ってもいいと思う金額（支払い意思額）を反映している。したがって価値は機会費用を反映していなくてはならない。あるモノや経験を得るために私たちがあきらめてもよいと思うものを、正確に反映していなくてはならない。また私たちはさまざまな選択肢の実際の価値に応じてお金を使うべきだ。

完全に合理的な世界の人は、自分が買うすべてのものの価値を正確に評価する。でも私たちは完全に合理的な世界に住んでなどいない。

人がものごとの価値を誤って評価する例を紹介しよう。

- アメリカ先住民はマンハッタン島を、六〇ギルダー（当時の二四ドル）分のガラス玉などと交換した。一度も聞いたこともなければ、背景情報もないものの価値を、一体どうやって決めたのだろう？
- 大都市ではアパートの家賃が月四〇〇〇ドルを超えるのは日常茶飯事だ。なのにガス料金が一五セント値上げされただけで、国政選挙の潮目が変わることがある。
- 隣のコンビニで同じものが一ドルで買えるのに、カフェのコーヒーに四ドル支払う。
- 技術系ベンチャー企業は、収益がないのに時価総額が数百万ドルや数十億ドルに上ることも珍しくない。そうした企業が期待外れに終わると、私たちは驚いたふりをする。
- 旅行に一万ドルかける人が、無料の駐車スペースを探すのに毎日二〇分もかけている。
- スマートフォンを買うときは、一番おトクな店を探す。違いがわかった上で選んでいるつもりだし、最後には正しい選択をしたと満足する。

私たちは、価値とは必ずしも関係のない方法で、ものごとの価値を評価するのだ。

もしも人間が完全に合理的な生きものなら、お金に関する本は、製品やサービスの価値を論じる本になるはずだ。なぜなら合理的に考えればお金と機会費用と価値は同等であるはずだからだ。だがダンのほかの著書（『予想どおりに不合理』『不合理だからうまくいく』など）が示すように、私たちはおかしな心のトリックを総動員して、自分にとってどれだけの価値があるか、いくら支払ってもよいかを弾き出そうとする。この本では、私たちが支出の決定を下す奇妙で突飛で、そう、まったく不合理な方法と、私たちがものごとの価値を過小、過大評価してしまう、さまざまな原因について考えたい。

こうした要因やトリック、短絡的思考を、「価値の手がかり」と呼ぼう。私たちはそうした手がかりが、製品やサービスの真の価値と関係があるはずだと考えるが、じつはそうではない場合が多い。無意味で誤解を招くものや、私たちを意図的に操作するものさえある。なのに私たちはそうした手がかりに、価値に対する認識をゆがめられるままにしているのだ。

なぜだろう？　私たちがそうした手がかりに従うのは、機会費用を考えて真の価値を評価するのが難しすぎるからだ。おまけに金融界があの手この手で私たちを混乱させ、注意を逸らそうとしてくるのだから、なにかにいくら支払う価値があるか支払い意思額を見きわめるのは本当に難しい。

私たちの思考は次のように働く。私たちはお金の複雑な性質と、機会費用を考慮できない自分たちの欠点につねに悩まされている。そのうえ私たちにお金をより多く、より頻繁に、より惜しみなく使わせようとする外部要因とも戦っている。私たちを惑わせ、真の価値を見誤らせようとする要因は無数にある。なぜなら私たちが不合理な方法でお金を使えば、だれかの得になるからだ。こうした厄介な問題を考え合わせると、私たちがみな一〇〇〇ドルのブロークからとったヨトルのボトルを飲みながら、一〇億ドルの豪邸をうろついていないのが不思議なくらいだ。

第II部
価値とほとんど無関係な方法で
価値を評価する

第４章　すべてが相対的であることを忘れる

公明正大な価格！

スーザン・トンプキンは、だれかのスーザンおばさんだ。スーザンおばさんのような存在はだれにでもいる。彼女は根っから陽気な愛情深い女性で、買い物に行くたび甥っ子や姪っ子にプレゼントを買っている。スーザンおばさんのお気に入りは百貨店のＪＣペニーだ。子ども時代から の行きつけで、両親や祖父母に連れて行ってもらっては、めざとくお買い得品を見つけてあげたものだ。いつだってお値打ち品がたくさん見つかった。店内を駆け回り、パーセント記号の横の数字が一番大きいものを探し、秘密の格安品を鼻高々で見つけ出すのは楽しいゲームだった。

ここ数年、スーザンおばさんは兄の子どもたちを引き連れて、「おトク過ぎて逃せない」ダサいセーターやちぐはぐな服を選んでやっている。子どもたちは喜ばないが、おばさんは大喜びだ。ＪＣペニーでお買い得品をゲットすることに、今もとてつもないスリルを感じている。

そんなある日、ＪＣペニーの新任ＣＥＯロン・ジョンソンが特売を全廃し、「公明正大な」価格を全商品に導入した。セール品もバーゲン品もクーポンや割引もおしまいだ。

スーザンは急に悲しくなった。そのうち怒りがこみ上げてきた。そしてＪＣペニー詣《もう》でをすっかりやめ、友人と「ロン・ジョンソンなんか大嫌い」というオンライングループまで立ち上げた。彼女だけではない。大勢の顧客がＪＣペニーから離れていった。同社にとってはつらい時期だった。スーザンにも、ロン・ジョンソンにとってもつらい時期だった。ダサいセーターにとってもつらい時期だった。自分で自分をお買い上げすることはできないのだから。唯一喜んでいたのは？　スーザンの甥っ子たちだ。

一年後、スーザンおばさんはＪＣペニーに値引きが戻ったという噂を耳にした。おそるおそる用心しながら偵察に行った。パンツスーツのラックを調べ、マフラーを何本か吟味し、ペーパーウェイトの見本をチェックした。それから価格を見た。「二〇％オフ」「値下げしました」「セール品」。初日は二、三の品しか買わなかったが、それからはＪＣペニー好きだった昔の自分を取り戻した。前のようにしあわせだった。買い物の回数も、ダサいセーターの数も、親戚からのぎこちない「ありがとう」の数も増えたということだ。めでたしめでたし。

なにを考えているの？

二〇一二年にＪＣペニーのＣＥＯに就任したロン・ジョンソンは、割高に設定した定価を値引きして適正価格にするという、長年にわたる、正直いってやや不当な慣行を廃止した。ＪＣペニーはジョンソンが就任するまでの数十年間、スーザンおばさんのような顧客にクーポンやセール、店舗限定の値引きをつねに提供していた。これらのしくみによって、水増しされたＪＣペニーの「通常価格」は値引きされ、「お買い得」感を醸《かも》し出していた。だがじつは、値下げ後の価格は競合店と変わらなかった。顧客と店は、まず価格を上げ、それからさまざまな表示や％、セール、値引きなど、ありとあらゆる独創的な方法を駆使して最終的な小売価格に行き着くという茶番劇を演じていた。そしてこのゲームを何度も何度も繰り返した。

そこへロン・ジョンソンがやってきて、店の価格を「公明正大」なものにした。クーポンの切り取りも、特売品探しも、値引きのからくりも、すべておしまい。ライバル店の価格とほぼ同等で、以前の「最終価格」（高い定価を値下げしたあとの価格）と変わらない、実際の価格があるだけだ。この新しい方式が、顧客にとってより明快で、親切で、公正なものになると、ジョンソンは信じていた（もちろん彼は正しかった）。

ところが意に反して、スーザンおばさんのような得意客は猛反発した。真正な価格に騙され、ごまかされ、裏切られたとこぼし、誠実で公明正大なはずの価格を嫌い、離れていった。一年と経たずにＪＣペニーは九億八五〇〇万ドルの純損失を計上し、ジョンソンは更迭された。

彼の更迭から時を置かずに、ＪＣペニーのほとんどの商品の定価は六〇％以上値上げされた。一五〇ドルだったサイドテーブルは、二四五ドルの「毎日価格」に上がった。[1] 通常価格が高くなっただけでなく、値引きの選択肢も増えた。単一の金額が表示される代わりに、「セール価格」「元値」「市場価格」などが合わせて表示された。もちろん、セールやクーポンや特別割引など、利用可能な値引きを適用したあとの価格は、以前の価格とほとんど変わらなかった。だがお客の目にはそうは映らなかった。JCペニーが再びすばらしいお値打ち品を提供しはじめたように映ったのだ。

JCペニーの顧客は自分たちの財布を使って不満を表明し、JCペニーによって操られることを自ら選んだ。彼らはお値打ち品やバーゲン品、セール品を求めた――たとえ水増しされた通常価格を呼び戻すことになろうと構わなかった。そしてのちにJCペニーはその通りのことを行った。

JCペニーとロン・ジョンソンは、価格設定の心理学を理解しなかったがために、手痛い代償を払った。* だが同社は最終的に、価値を合理的に評価できないという、人間の無能さを踏み台にしてビジネスを構築できることを学んだ。ジャーナリストのH・L・メンケンもいっている。「アメリカ人の知性を甘く見て破産した者はいない」と。

なにが起こっているの？

スーザンおばさんとJCペニーの物語には、**相対性**がおよぼす多くの影響のいくつかが見て取れる。相対性は、実際の価値とはほとんど無関係な方法で価値を評価することを私たちに強いる、もっとも強力な要因の一つだ。スーザンおばさんはJCペニーで相対価値をもとに商品の価値を見積もった。でも、なにと比べた相対価値だろう？　元の提示価格だ。JCペニーは値下げ分をパーセンテージで表したり、「セール」「スペシャル」などの言葉を添えることによって、おばさんの注目をあっと驚く相対価格に集め、価格を比較しやすくした。

あなたならどっちを買う？　六〇ドルのワイシャツか、定価一〇〇ドルから「おつとめ品！　四割引！　わずか六〇ドル！」に値引きされた、まったく同じシャツか？

どっちを買おうが関係ないはずだろう？　値札にどんな文字や記号が書かれていようが、六〇ドルのシャツは六〇ドルのシャツだ。たしかにそうだが、相対性が心の奥深くに作用するせいで、二枚のシャツは同等に見えない。スーザンおばさんのような常連客は、迷わずセール品のシャツを買うだろう。そして正価六〇ドルのシャツが店にあるだけで、憤慨するにちがいない。

この行動は論理的だろうか？　ノー。相対性を理解すれば筋が通るだろうか？　イエス。頻繁に起こるのか？　イエス。CEOが失職したのは相対性のせいか？　そのとおり。

私たちはモノやサービスの価値を、それ単体では計れないことが多い。家、サンドイッチ、医療、アルバニアのミツユビブロークのコストがいくらかなんて、なにもないところでどうしたらわかるだろう？　価値を正しく評価する方法を見つけるのは難しいから、別の方法を探すことになる。そこで役に立つのが相対性だ。

なにかの価値を直接評価するのが難しいとき、私たちはそれを競合製品や同じ製品の別バージョンなど、ちがうものと比較する。比較することによって、相対価値が生まれる。これがそんなにまずいことなのか？

＊もしもあなたが大手デパートのチェーンを経営していて、価格設定の大幅かつ根本的な変更を検討しているなら、さしでがましいようだが、全店に導入する前にまず一、二店舗で試すことをお勧めする。手厚い退職手当をもらうために更迭を望んでいるなら話は別だが。

問題は、相対性の概念そのものではなく、私たちがそれを用いる方法にある。ほかのすべてのものと比較するのであれば、機会費用を考慮することになるから、すべてうまくいく。だが私たちはそうせずに、たった一つ（か二つ）のものとしか比較しない。だから相対性に欺《あざむ》かれるのだ。

六〇ドルは一〇〇ドルと比べれば相対的に安い。でも、機会費用を思い出してほしい。六〇ドルと比較すべき対象は〇《ゼロ》ドル、または六〇ドルで買えるすべてのものだ。でも私たちはそうせず、スーザンおばさんのように今の価格と割引前の定価（または定価とされる価格）とを比べ、相対価値によって価値を測ろうとする。だから相対性に惑わされるのだ。

ＪＣペニーのセール価格は、顧客に重要な価値の手がかりを与えた。しかもそれはただの重要な手がかりではなく、唯一の手がかりという場合が多かった。セール価格や、ＪＣペニーの喧伝する割引額は、それぞれの品がどんなにおトクかという背景情報を顧客に与えていた。

背景情報がなければ、顧客はいったいどうやってシャツの価値を見定められるだろう？　六〇ドルの価値があるかないかを、どう判断すればいいのか？　それはできない相談だ。でも一〇〇ドルのシャツと比べれば、六〇ドルのシャツはとてもおトクに思えるだろう？　だって、四〇ドルをただで手に入れるようなものじゃないか！

ＪＣペニーはセールや「割引額」を排除することによって、顧客に「正しい判断をした」と自信をもたせる要素を取り除いてしまった。「通常」価格の隣に書かれたセール価格を見るだけで、顧客は賢い判断をしたような気分になれた。でもじつはそうではなかった。

相対的に考える

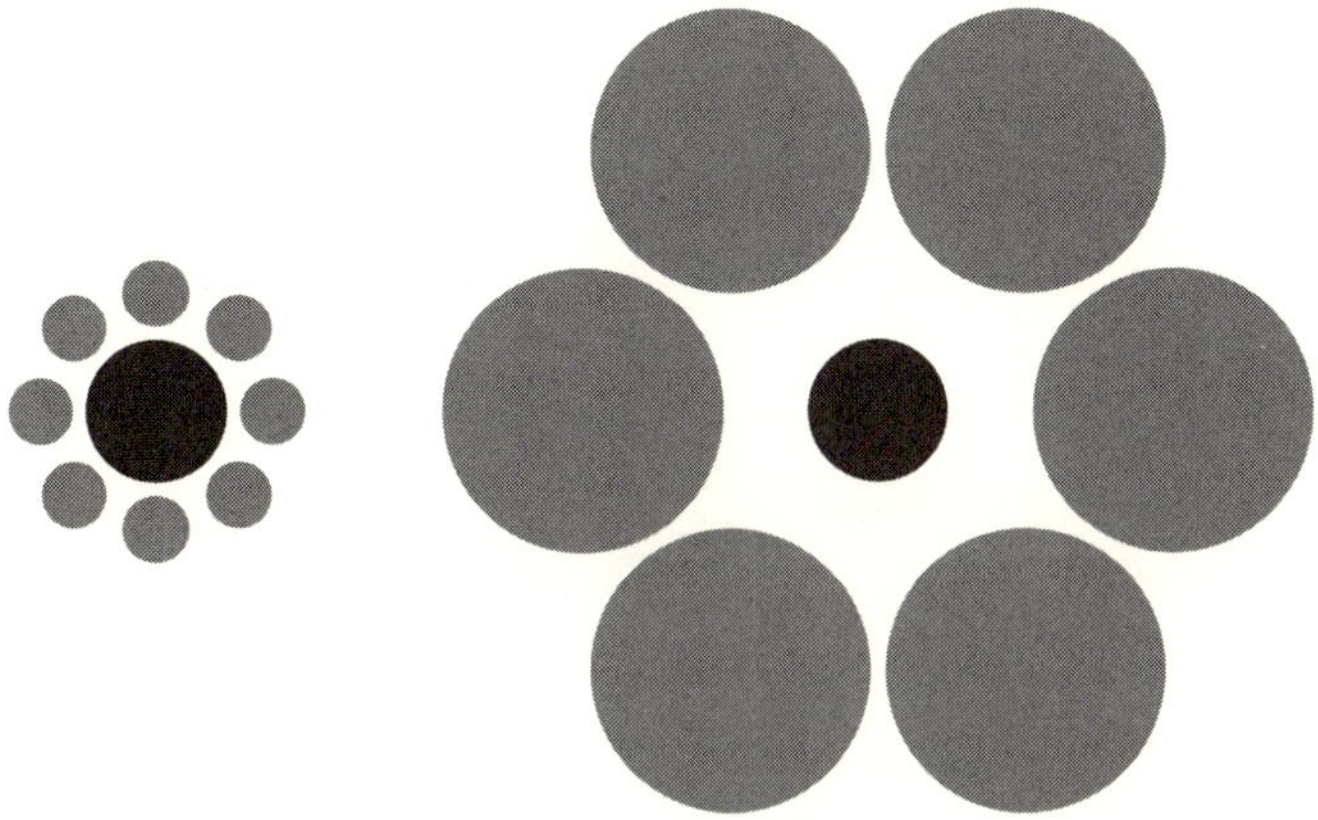

いったん財布から離れて、より一般的に相対性の原理について考えよう。

次に挙げるのは、僕らのお気に入りの目の錯覚だ。

右図の黒い円が左図の黒い円に比べて小さいのは明らかだろう？　ところがどっこい、そうじゃない。うそのようだが、どちらの黒円もまったく同じ大きさなのだ。信じられない人は、灰色の円を全部隠して見比べてほしい。

なぜこの錯覚にだまされるのかというと、二つの黒円を直接比較せずに、すぐ近くのもの、この場合でいえば灰色の円と比較するからだ。左の黒円は周りの灰色の円に比べれば大きく、右の黒円は周りに比べれば小さい。それぞれの大きさをいったんこのようにとらえると、二つの黒円の比較は、絶対的な大きさではなく相対的な大きさの比較になる。これが視覚の相対性だ。

僕らは目の錯覚が大好きだから、アデルソンのチェッカーシャドー錯視と呼ばれるものも紹介しよう。チェッカー盤の隅っこに置かれた円筒が、白黒のタイルに影を落としている（この章のテーマに合わせて、僕らのバージョンでは円筒の代わりにダサいセーターを使った）。盤上のタイルAは影の外に、タイルBは影のなかにある。二つのタイルを比べると、Aのほうが明らかにずっと暗いだろう？　じつはそうじゃない。うそのようだが、AとBはまったく同じ色なのだ、信じられないという人は、残りのタイルを全部隠してからAとBを見比べてごらん。

相対性はさまざまなかたちで日常生活の多くの場面に影響を与える、一般的な心のメカニズムだ。たとえば『そのひとクチがブタのもと』[2]の著者ブライアン・ワンシンクは、相対性が胴回りにも影響を与えることを示した。私たちは自分の食べる量を、実際に摂取した食べものの量だけでなく、ほかの選択肢との比較によっても決めるのだ。たとえばメニューに八オンス（二二七グラム）、一〇オンス（二八三グラム）、一二オンス（三四〇グラム）のハンバーガーが載っていれば、真ん中の一〇オンスを注文することが多く、食べれば十分満足する。だが選択肢が一〇、一二、一四オンス（四〇〇グラム）の場合でも、やはり真ん中の一二オンスを注文することが多く、食べたあとは同じくらいしあわせで満ち足りた気持ちになる。一〇オンスに比べると量が多く、一日に必要な栄養素や満腹を感じる量を上回っているのにだ。

また、食べものを周囲の物体と比較することもある。たとえば食べものを皿の大きさと比較する。ブライアンの実験で、ある集団にはテーブルに取りつけた普通のスープ皿から、好きなだけスープを飲んでもらった。多くの人が満腹するまで飲んだ。別の集団には、見えないように底にチューブをつないだスープ皿から飲んでもらった。協力者がスープを飲んでいるあいだ、ブライアンがほんの少しずつ、気づかれないほどの速さでスープを皿に送り込んだ。スプーン一杯のスープを飲むたび、その分のスープを補充した。このいくら飲んでも減らないスープ皿から飲んだ人は、補充されない普通の皿から飲んだ人よりずっと多くの量を飲んだのに（ブライアンが止めなくてはならなかったほどだ）、空腹を訴えた。彼らは自分が飲んだ量や空腹感を満足度の手がかりにせず、むしろスープ皿の減り具合から相対的に満足度を判断したのだ。

この種の比較は、同じ分類のもの（たとえばスープならスープ同士、ハンバーガーならハンバーガー同士など）に限定されない。イタリアのダイヤモンド商サルバドール・アサエルが、今では人気の高いタヒチ産の黒真珠を初めて売ろうとしたとき、一人の買い手も話に乗ってくれなかった。だがアサエルはあきらめることも、売れることを願って黒真珠を普通の白真珠に混ぜて出荷することもしなかった。友人の宝石商ハリー・ウィンストンに頼んで、フィフス・アベニューの彼の店のショーウィンドウに、ダイヤモンドやほかの宝石と並べて黒真珠を飾ってもらったのだ。黒真珠はたちまち人気を呼び、価格は急騰した。一年前は値がつかず、たぶんそれが入っていた牡蠣よりも安かったのに、「あの美しいサファイアのペンダントと並べて陳列されるほど優美と見なされているのだから高価にちがいない」と、突如として世間は思い込んだのだ。

これらの例から、相対性に頼ることは基本的な心の働きだということがわかる。相対性は食べものや高級宝石といった具体的なものの価値認識に影響をおよぼすのだ。

相対的によく見られる相対性の類例

スーザンおばさんのバーゲン品への執着以外に、相対価値に惑わされて真の価値が見えなくなる例をいくつか挙げてみよう。

▼自動車ディーラーは、革張りのシートにサンルーフ、タイヤ保険、銀メッキの灰皿、そしてセールスマンの無用な売り込みの典型である下塗りなどの追加オプションを勧めてくる。自動車ディーラーは――マットレスのセールスマンに次いでもっとも腹黒いアマチュア心理学者集団だ――二万五〇〇〇ドルの車を買う人には、二〇〇ドルのCDチェンジャーなどの追加オプションが相対的に安く、はした金にさえ感じられることを知っている。二〇〇ドルのCDチェンジャーを買う人なんているだろうか？　そもそもきょうびCDを聴く人なんているのか？　どっちもノーだ。なのに私たちは、総購入額のたった〇・八％じゃないかといって、勧められるまま断ろうともしない。こうした断らな

い出費は、あっという間に積み上がる。

▼豪華リゾートでの休暇中は、ほかでは一ドルで買えるソーダに四ドルとられてもむっとしない。それは私たちが怠け者で、浜辺では王族のように寝そべって過ごしたいからであり、南国での休暇に支払った数千ドルに比べれば、四ドルなんて相対的に些細な金額に思えるからでもある。

▼スーパーマーケットのレジに並んでいると、同じ戦略を利用したくだらないタブロイド紙や甘ったるいお菓子の誘惑に耐えなくてはならない。一週間分の食費の二〇〇ドルに比べれば、二ドルのミントや六ドルのカーダシアン家情報満載の雑誌など大した出費でないように思える。

▼ワインもお忘れなく！　レストランの高級ワインは、ワインショップで買うよりずっと高い。とはいえ、一口食べては車に戻り、安売り店で買ったボジョレーを流し込むことを考えれば、夕食に合わせて割高なワインを注文することは理にかなっている。だがその決定は、相対価値と絶対価値の対比にも基づいている。ナチョスとチーズのおつまみを買うときは中級のワインに八〇ドル出す気になれなくても、高級レストラン「ザ・フレンチランドリー」で数百ドルを払って食事をするなら、飲みものに八〇ドルかけてもそう高く感じられない。もしもあのカリフォルニアの有名店に予約が取れたなら、この仮説を証明するために、この本の著者たちを食事に招待することをお勧めする。

スーパーマーケットに話を移すと、ジェフは最近買い物中に興味深い経験をした。彼はずいぶん前から、シリアルの「オプティマム・スリム」がお気に入りだった。ふくよかでメタボ気味の、中年にさしかかった運動意欲に欠ける男性にとって、このシリアルはほどよい《オプティマム》スリム加減を約束した。

ジェフは近所の店でいつも三ドル九九セントで買っていた。ところがある日、いつもの場所になかった。必死に探したがどこにもない。彼が軽いパニックを起こしていると——朝食を切らしたり、テレビのリモコンがなくなったりしたときのお決まりの発作だ——店員がいつもの場所にある新しい箱だと教えてくれた。見てみると「ネイチャーズ・パス・オーガニック——低脂肪バニラ」という名のシリアルがあり、箱の左上にはもとのオプティマム・スリムの小さな写真と、「パッケージは変わっても、おいしさはそのまま」というキャプションがついていた。

フー、焦ったぜ。彼は精神安定剤をしまい、シリアルを手に取った。すると棚の表示が目を引いた。「ネイチャーズ・パス・オーガニック・オプティマム・スリム——通常価格六ドル六九セントのところ特別価格三ドル九九セント」。

そう、いつも三ドル九九セントだったお気に入りのシリアルは、今や新しいパッケージをまとった上に、新価格の……三ドル九九セントになっていた。「通常」価格……六ドル六九セントからの値下げだって？　メーカーが値上げのために新しいパッケージを導入するのは、よくあることだ。店が売り上げを伸ばそうとして、通常価格をセール価格と偽るのも、よくあることだ。だが二つを同時に行うのは、相対性を利用する戦略なのだ。

店とシリアル会社は、この表示でジェフの気を引こうとしたわけではない。ジェフはすでにこのシリアルが好きだった。そうではなく、この「新しい」シリアルの価値を判断するすべをもたない、新しい顧客を獲得しようとしたのだ。背景情報をまったくもたない――おいしいのか、ヘルシーなのか、どんな価値があるのかを知る方法のない――顧客が、新しい名前に惹かれ、六ドル六九セントと三ドル九九セントを単純に比べて、「このシリアルは今とてもおトクだから買おう！」と決めてくれることを期待した。

たとえばあなたは、ずっとほしかった品を見つけたとする。仮にそれを「ウィジェット」と呼ぼう（ウィジェットとは伝統的な経済学の教科書に登場する、汎用品を指す一般的な用語で、その品の価値が疑わしいという事実を隠蔽し、伝統的な経済学徒を苦しめる目的で用いられる）。ウィジェットは今セールだ！　五〇パーセントオフだって！　すごいだろう？　でもちょっと考えてほしい。なぜセールにこだわるのか？　なぜ前の価格を気にするのだろう？　過去の価格がいくらだろうと、今の価格ではないのだから関係ないはずだ。それなのに、すてきなウィジェットの価値を知る方法がないため、今の価格をセール前の価格（いわゆる「通常」価格）と比べ、それをもとに今の価値は驚くほど高いと判断するのだ。

また私たちはバーゲン品を見つけると、ほかの人が見つけていない価値を発掘したと思い、自分が特別な賢い人間になったように感じる。スーザンおばさんにとって、一〇〇ドルのシャツで四〇ドル節約することは、なんにでも使える四〇ドルをもらうことのように思われた。合理的に考えるなら、払っていないお金（四〇ドル）の価値ではなく、払っている六〇ドルの価値を測るべきだ。だが私たちはそんなふうに考えないし、そんなふうに行動もしない。

この種の比較のもう一つの例が、数量（いわゆる大量購入《バルク》）割引だ。ある高価なシャンプーが一本一六ドルで、二倍の大きさのボトルが一本二五ドルだと、大きくて値段が高いほうが突如おトクに感じられ、そのブランドのシャンプーがそもそもそんなに大量に必要なのかという問題が頭から抜け落ちてしまう。それに大量購入割引には、私たちがシャンプーの原料である化学物質のカクテルの価値を評価する方法がまったくわからないという事実を覆い隠す働きもある。

　もしもアルバート・アインシュタインが物理学者ではなく経済学者だったら、あの有名な相対性理論の方程式は「$E=MC^2$」ではなく「＄１００＞＄２００の半額」になっていたかもしれない。

金額とパーセント

　こういった例を読んで、「そうか、相対性を用いるのはまちがいのもとだな」とあなたは思うかもしれない。それはよかった！　「いや、それでも」とあなたはまだ食い下がるだろう。「これを買っても大丈夫。だってあの出費に対する割合で考えればたいした額じゃない」と。それはそうだが、ほかになにを買おうがなにをしようが、一ドルは一ドルだ。二万五〇〇〇ドルの車を買うからといってＣＤプレーヤーに二〇〇ドルかけるのは、たまたまチェック柄のシャツを着ているからといってＣＤプレーヤーに二〇〇ドル使うのと同じくらいナンセンスだ。ただナンセンスに感じられないというだけの話だ。

　たとえば土曜の朝、二つの用事があって出かけたとする。まず、前々から目をつけていたランニングシューズを買おう。店に行って六〇ドルのスニーカーを手に取ると、店員がこっそり教えてくれる。この通り沿いの別の店で、まったく同じ靴が四〇ドルに値下げされていましたよ。二〇ドル節約するために五分車を走らせる価値はあるだろうか？　ほとんどの人は、イエスと答える。
靴を手に入れたところで、二つめの用事にかかる。やっと春になったことだし、庭用の家具を買いに行こう！　ガーデンストアでちょうどいいパラソルつきテーブルとイスのセットが見つかった。一〇六〇ドルだ。ここでも店員が耳打ちしてくれる。ここから五分行ったところでセールをやっていて、同じものを一〇四〇ドルで買えますよ。さてこのとき二〇ドル節約するために、五分かけて別の店に行くだろうか？　この場合、ほとんどの人はノーと答える。

どちらのケースでも、私たちは「五分間のドライブに対して二〇ドル」という、真の絶対価値には目もくれず、二〇ドルをそれぞれ六〇ドルと一〇六〇ドルと比較する。最初のケースでは、六〇ドルの靴と比べて四〇ドルの靴が相対的に優位かどうかを考え、節約額に時間を費やす価値があると判断する。次のケースでは、一〇六〇ドルのパティオセットに対する一〇四〇ドルの相対的な優位性を考え、優位性はないと判断する。最初のケースが三三％の節約なのに対し、二番めのケースは一・九％だ。だがどちらも節約額は同じ二〇ドルなのだ。

二万五〇〇〇ドルの車に二〇〇ドルのＣＤチェンジャーをつけるのを断らなかった人が、ポテトチップスの二五セント引きクーポンを集めたり、レストランで一、二ドルのチップを渋ったりする理由も、これで説明できる。相対性が絡むと、高額の買い物についてはすばやく、少額についてはゆっくり決定を下しがちだが、それは実際の金額ではなく、支出総額に対する割合で考えるからだ。

こうした選択は論理的だろうか？　ノー。適切な選択か？　たいていノーだ。簡単な選択か？　もちろん。ほとんどの人はほとんどの場合、簡単な選択を好む。それが私たちの大きな問題だ。

気楽にやろう

より早く、より迷いなく答えられるのは、どっちの質問だろう――「夕飯はなににする？」と「夕飯はチキンとピザのどっちにする？」

一つめの質問では選択肢が無数にあるのに対し、二つめの質問ではたった二つの選択肢を比べて、今の自分にとってどちらが相対的に魅力があるかを答えればいい。だから二つめの質問のほうが即答できる。

相対性は、二種類の意思決定の短絡に支えられている。第一に、私たちは絶対価値を評価できないとき、比較を利用する。第二に、私たちは簡単な比較を選びがちだ。アイリン・アイディンリとマルコ・バーティーニ、アンヤ・ランブレヒトは相対性を研究するために、グルーポンなどのメールセールス（彼らは「価格プロモーション」と呼ぶ）について調べ、この手法が著しい感情的インパクトをおよぼすことを示した。具体的にいうと、私たちは価格プロモーションを検討するとき、選択肢の比較にあまり時間をかけないうえ、あとでオファーの詳細を聞かれても、商品情報をあまり思い出せないのだ[3]。

割引は愚かさを呼び起こす薬のようだ。割引を見ただけで、意思決定プロセスのレベルが低下する。なにかが「セール」になっていると、価格は同じだが通常価格と表示されている場合よりもすばやく、あまり考えずに行動する。

要するに、ものごとの真の価値を見きわめるのはとても難しい場合が多いから、なにかが安売りされていると――相対価値が提示されていると――私たちは安易な道を選び、セール価格をもとに決定を下す。ＪＣペニーの顧客と同じで、苦心して絶対価値を割り出そうとする代わりに、可能な限り楽な道を選ぶのだ。

注意を逸らしおとりにかける

相対性と簡単な選択を選びがちな傾向のせいで、私たちは価格（おとり価格を含む）の設定者によるさまざまな種類の介入や操作に翻弄されやすい。ダンは『予想どおりに不合理』のなかで、エコノミスト誌の定期購読料の実例を引いて、相対性の問題を説明した。このときの選択肢は、ウェブ版を五九ドルで購読するか、印刷版を一二五ドルで購読するか、ウェブ版と印刷版のセット、トを一二五ドルで購読するかだった。

購読のご案内

エコノミスト購読申し込みセンターへようこそ。

ご希望の新規購読または継続購読のタイプにチェックを入れてください。

□ **Economist.com の購読**—59USドル
Economist.com の記事を1年間オンライン購読できます。
1997年以降のエコノミストの全記事もオンラインで閲覧できます。

□**印刷版の購読**――１２５ＵＳドル
印刷版のエコノミストを１年間購読できます。

□**印刷版とウェブ版のセット購読**――１２５ＵＳドル
印刷版のエコノミストを１年間購読でき、１９９７年以降のエコノミストの全記事をオンラインで閲覧できます。

ダンの実験に参加したマサチューセッツ工科大学（ＭＩＴ）のキレ者大学院生の場合、八四％が一二五ドルのウェブ版と印刷版のセット購読を選んだ。一二五ドルの印刷版を選んだ人はゼロで、ウェブ版を選んだ人はたった一六％だった。じつに賢い選択だろう？

だがもしも選択肢が、五九ドルのウェブ版と、一二五ドルの印刷版とウェブ版のセットの二種類だけだったら、結果はどうなっていただろう？　ＭＩＴで宿題漬けの余分な数年間を過ごすために数千ドルの学費を支払った彼らは、突如ちがう行動をとった。六八％の人がウェブ版を選択し、印刷版とウェブ版の両方を選んだ人は、最初のシナリオの八四％から大幅ダウンして、三二％にとどまった。

エコノミスト誌は印刷版だけという、明らかに劣る（だれひとり選ばなかった）選択肢を含めるだけで、印刷版とウェブ版のセット購読の売り上げをほぼ三倍に増やした。なぜだろう？　この印刷オンリー版は、相対性を利用してセット購読を選ばせるためのおとりだったからだ。

一二五ドルの印刷版とウェブ版のセットは、一二五ドルの印刷版だけの選択肢よりも明らかに好ましい。この二つの選択肢は似ているから比較しやすい。こうして相対価値が生み出され、私たちはその比較をもとに決定を下し、賢い選択をしたと満足するのだ。エコノミスト誌を何号か読めば、さらに賢くなった気がする（それに家に雑誌を置いておけば、訪ねてきた友人にも賢いと思ってもらえる）。だがじつは私たちも、人間が賢くないことを証明する実験にそうとは知らず参加した学生と同類なのではないだろうか？

相対性が私たちに不利に利用され得ること（実際によくあることだ）を、ダンの実験は示している。私たちが印刷版を、印刷版とウェブ版のセットとしか比べない理由は、それがもっとも単純で、もっともわかりやすく、もっとも簡単な比較だからだ。二つの選択肢は内容的にも価格的にも似ているから比較しやすい。そのせいでもう一つの、より複雑な比較を要する選択肢を忘れ、無視し、避けてしまう。簡単な比較があると、大局的な視野のことも、ほかの選択肢のことも忘れる。この実験でいえば、五九ドルの選択肢と、そもそもエコノミストにお金をかけないという選択肢だ。こうして私たちは相対性の道を歩むわけだ。私たちは「なぜ自分はこの行動をとるのか」という物語を語りたがるが、相対性を利用すれば物語が語りやすくなる。私たちはこのように自分の行動を何とか正当化しようとして躍起になる。たとえその正当化に何の意味もなかったとしても。

簡単な比較に流されがちな（ほかに単純な方法がないときに、相対性をもとに価値を評価しがちな）もう一つの状況として、選択肢が多く、どれも簡単に評価できない場合がある。ダンはテレビの例を引いて、これを説明した。パナソニック製の36インチTV（六九〇ドル）、東芝製の42インチTV（八五〇ドル）、フィリップス製の50インチTV（一四八〇ドル）の選択肢があるとき、ほとんどの人が真ん中の選択肢である、八五〇ドルの東芝製品を選ぶ。一番安いものと一番高いものは、真ん中の選択肢に私たちを誘導する道路標識なのだ。この例でいうと、相対性のせいで、特定の製品を別の製品と比較する代わりに、製品の価格や大きさなどの特定の属性に着目し、そうした属性の範囲を相対的にとらえる。「価格は六九〇ドルから一四八〇ドルまでか」、「大きさは三六インチから五〇インチまでか」などと自分にいい聞かせ、その範囲のなかで——たいていは真ん中のものを——選択するのだ。

適正な価格がいくらなのか見当もつかないとき、高級モデルに浪費せず、かつ最低限のモデルで安くすませないことが、最善の決定にちがいないと考える。そこで真ん中のものを選ぶわけだが、それはマーケティング担当者が一番売りたい品だということが多い。真ん中の選択肢を選ぶのは、それが本当にほしいのか、値段に見合うのかがわからなくても、合理的なことのような気がする。これが必ずしも誤っているとはいわないが、真の価値とほとんど無関係な理由で下された選択だということはまちがいない。元値が一〇〇ドルだったから六〇ドルのシャツを買う、ハンバーガーの選択肢が八、一〇、一二オンスだろうが一〇、一二、一四オンスだろうが、真ん中のものを選ぶ、映画館で特大サイズの九ドルのポップコーンが大きすぎるから、小さめの八ドルのにする、といった選択と変わらない。選択肢が二つの場合は、相対性をもとに判断してもまったく問題ない。それは選択肢の絶対価値を問う決定ではなく、相対的な選択だからだ。

そんなわけで、私たちは簡単な比較に飛びつくことが多い。マーケティング担当者やメニュー設定者、政治家は、このことを百も承知で、戦略を立てる際に利用している。私たちもこのトリックを理解したいま、世界をもう少し客観的に見られるはずだ。これで商業利益と少しは対等に競争できるかもしれない。

セット販売の罠

複数の製品がパッケージで販売される場合、つまり多くの特性やオプションが提供される場合も、相対性が価値評価に影響をおよぼす。こうした状況で相対性を用いると、複雑さを回避できるような気がするが、じつはちがったタイプの問題を招き、さらに混乱を深めることになる。

ファストフード店の「バリューセット」を考えてみよう。二つの品を別々に注文してもいいが、一緒に注文してほんの数セント足せば、三つめの品がもらえる。ハンバーガーとソーダですね？　一緒にポテトはいかがですか？　特大サイズになさいますか？　この種のセット販売の罠は、なにに価値を置くべきかがわからなくなるところにある。セット販売では個々の品を評価するのが難しい。どれか一品を除けば、価格構造全体が変わってしまうからだ。三つの品が各五ドルで、三つとも買うと一二ドルだとすると、五ドルで割高なのはどの品だろう？　割安で手に入れられるのはどれ？　いや三つともおトクになるのか？　ソーダはどのサイズにどれくらいの価値があるんだろう？　それにおまけのコップの価値は？　もういい、一番のセットにするよ。心臓専門医を呼んでくれ！

こんな視点でセット商品を見ると、この世はセット商品だらけで、その多くが私たちを惑わすためにつくられたもののように思えてくる。たとえば「二五万ドルの家を買う」というが、それは実際に支払う総額ではなく、目安に過ぎない。実際には頭金を支払い、それから一五年か三〇年のあいだ毎月支払いをする。その金額は、元金の一部と、変動または固定金利で計算した利息を合わせた金額だ。それに保険や税金の支払いがあり、この金額も時間とともに変動する。そのほか鑑定評価や検査、権原調査の費用、保険料、代理店手数料、弁護士費用、調査費用、エスクロー手数料、引受手数料などの不動産仲介手数料も支払う。この一つひとつを分離して、もっともおトクな取引を求めて探し回るわけにはいかないから、ひとまとめにして「二五万ドルの家を買う」といっているだけだ。

当然ながらサービス提供者は、手数料をこの大金に紛れ込ませて気づかれないようにするか、気づかれた場合でも、相対性に頼る私たちの傾向につけ込もうとする。

また携帯電話を買うときのことを考えてみよう。キャリア間で機種代金やサービスプランを比較することは、あり得ないほど難しい。どの項目もその性質上、評価が困難だ。テキストメッセージの価値は、データ通信と比べてどうなのか？　4Gネットワーク、超過料金、ローミング、サービスエリア、ゲーム、ストレージ、利用可能国のそれぞれにどれくらいの価値があるんだろう？　各キャリアのサービス内容、料金、評判を比較するとどうなのか？　ベライゾンのｉＰｈｏｎｅとＴモバイルのアンドロイドをどうやって比べればいいのか？　統合された細かい要素がたくさんありすぎて、それぞれの価値を相対的に比較できないから、結局は機種代金と毎月の利用料金の総額で比較することになる——それらがわかればの話だが。

相対性は自己評価にも及ぶ

相対性が影響をおよぼすのは、携帯電話やダサいセーターのようなものにとどまらない。相対性は自己価値の感覚にも影響を与えるのだ。一流大学を出た友人や、どこからどう見てもうまくやっている友人はだれにでもいる。でも、自分より「成功している」超優秀な同僚やカントリークラブの会員仲間、ゴルフ仲間などとの比較でしか自分を評価できず、そのせいで自分は大したことがないという劣等感にとらわれる人もいる。ジェフは友人の豪勢な誕生パーティーのことを、今も鮮明に、悲しい気持ちで思い出す。寝室が五つもあるパークアベニューのドアマンつきのアパートメントで、温かい友人と美しく健康でしあわせな家族に囲まれながら、その友人はため息をついて打ち明けたのだ。「今頃はもっと大きな家に住んでるはずだったんだがな」

客観的に見れば、彼は自分の成功を祝って当然だった。でも一部の羽振りのよい同僚と比べれば、自分は期待外れだと感じた。ありがたいことに、コメディアンで著作家のジェフは、銀行家の友人とは比較にならないから、いくらか客観的に状況を捉えることができ、人生に比較的満足していられる。さらにありがたいことに、奥さんもジェフを銀行家と比較することができない――もっとおもしろいコメディアンはいるわよ、とはいっているが。

要は、相対性は生活のあらゆる場面に忍び込み、強力な影響をおよぼすということだ。ステレオにお金を浪費するのはまずいが、人生の選択を嘆くのはまた別の問題だ。しあわせは、実際の幸福度というよりは、自分を他人とどう比べるかによって決まるようにも思われる。そんな比較は、健全でも有益でもない。実際、私たちが人と自分を比べ過ぎるせいで、「隣人のものをほしがるべからず」が十戒に含まれなくてはならなかったのだ。

ある意味では、後悔という概念そのものが、比較の一種なのかもしれない。なにかを後悔するとき、私たちは自分を――自分の人生、キャリア、財産、地位を――他人とではなく、別の自分と比較する。もしもちがう選択をしていたら「なっていたかもしれない自分」と比べるのだ。これも多くの場合、健全でも有益でもない。

だがここでは深入りして哲学的になるのはよそう。幸福や人生の意義について悩むのは、少なくとも今はやめておこう。そういう感情は小さな箱にしまって、分類しよう。いつもやっているように。

第5章　分類する

ジェーン・マーティンは、仕事が嫌いなわけじゃない。仕事でときどきやらなくてはならないことが嫌いなだけだ。小さな州立大学でイベントコーディネーターをしているジェーンは、自分が調整《コーディネート》しているのはルールや規則、そして同僚たちとお互いの要求にノーといい合う頻度だけじゃないかしらと思うことがある。イベントの資金を活動基金や一般基金、同窓会基金から引き出すにも、いちいち承認をとらなくてはならない。接待費から交通費、テーブルクロスまでのささいな項目も、煩雑な事務手続を経る必要がある。それに、彼女のどんなに小さなまちがいも見逃すまいと意地悪く目を光らせているのは、大学の学部や同窓会の職員、学生だけじゃない。州や連邦の規則にも縛られているのだ。だれもが自分の名前の横にある四角にチェックマークを

もらうことしか考えないから、金額や手続きのことでいつも揉めている。ジェーンはイベントの企画は大好きだが、事務手続きで悩むのが大嫌いなのだ。

ところが家庭では事情がちがう。ジェーンは超がつくほど几帳面だ。しっかり予算を立てて家計を切り盛りし、それを心底楽しんでいるのだ！　毎月家族でなににいくらまで使えるかを把握している。娯楽費に二〇〇ドル。食費に六〇〇ドル。家の修繕費と税金、医療費にも、たとえ出費の予定がなくても毎月お金をとりおいている。ラベルを貼った封筒に各分類の現金を入れておき、夫と外食したいときは「外食」の封筒を覗いて、行けるかどうか考える。家族旅行の計画はあまり早く立てすぎないようにしている。年末が来て「修繕費、税金、医療費」の封筒にお金が残っていたら、夏の旅行の足しにする。このやり方で過去十年間、一年を除いて毎年すばらしい旅行ができるだけのお金を貯めてきた。娘がサッカーの怪我で膝の手術をした二〇一一年だけは、休暇の資金を使い尽くしてしまった。

ジェーンが嫌いな月は一〇月だ。誕生日を迎える友人や親戚が七人もいて、いつも「贈り物」の封筒が空っぽになるのだ。でも今年はいとこのルーのプレゼントを省略しなかったし、「娯楽」の封筒からも借りずにすんだ。四時間かけてケーキを手作りし、とても喜ばれた。そのせいでくたくたになってしまった。

なにが起こっているの？

ジェーンの物語は、**心の会計**の極端な例だ。これも実際の価値とはほとんど無関係な、お金に関する考え方の一つだ。心の会計は使い方次第では役に立つが、とくに無意識に使う場合は、愚かな意思決定を招くことが多い。

お金の代替可能性を覚えているだろう？　どのお金もほかのお金と置き換えることができるという特徴だ。一枚の一ドル札には、ほかのどの一ドル札とも同じ価値がある。理論上はその通りだ。だが実際の私たちは、自分の持ち金のすべての一ドルに同じ価値を割り当てるわけではない。一ドル一ドルに対する私たちの見方は、そのお金を最初にどの分類に関連づけたか、つまりどういう「会計処理」をしたかによって変わるのだ。お金をいろいろな分類に（ジェーンの例でいえばいろいろな封筒に）振り分けるのは、お金を扱う合理的な方法ではもちろんない。だが機会費用と真の価値を見きわめるのがとても難しい状況では、この戦略を使うと予算を立てやすく、お金の使い方をすばやく決められる。これはよいことだが、他方では心の会計のゲームをすることで代替可能性の原則を破ることになり、その恩恵にあずかれなくなる。要はものごとを単純にすることで、お金にまつわるほかの多くのあやまちを犯しやすくなるのだ。

心の会計の概念を初めて提唱したのは、リチャード・セイラーだ。その基本的な考え方は、人は組織や企業と似たような方法でお金を扱う、というものだ。ジェーンの勤務する州立大学のような大組織で働く人は、毎年各部門が予算を獲得し、必要に応じて消化していくことを知っている。早くにお金を使い果たした部門は、お気の毒さま。次年度がはじまるまで新たな予算は割り当てられない。逆に、年度末にお金が残った部門では、全員にラップトップが支給されたり、打ち上げで売れ残りのベーグルやドーナツの代わりに高級な寿司が振る舞われたりする。

この予算方式を家計に当てはめるとどうなるのか？　私たちはプライベートでもいろいろな分類や科目にお金を配分する。一般には衣服や娯楽、家賃、請求書、投資、贅沢品などの予算を立てる。必ずしもその通りにお金を使うわけではないが、とにかく予算は組む。そして企業と同様、ある分類の予算を使い切ると、残念ながら補充はしない（補充する場合は罪悪感を覚える）。逆に余ったお金は気兼ねなく使える。ジェーンのように使い道を書いた封筒に入れるほどでなくても、だれもが意識的にであれ無意識にであれ、心の会計を使っている。

こんな例を考えてみよう。あなたはたった今、大人気の新しいブロードウェイショーのチケットを一〇〇ドルで買った。口汚いマペットと生意気なスーパーヒーロー、建国の父が、高校で乱痴気騒ぎを繰り広げるミュージカルだ。当日に劇場に着いて財布を開くと、びっくり仰天、チケットがなくなっている。さいわい、財布には一〇〇ドル札がもう一枚入っている。さてこの場合、あなたはチケットを買い直すだろうか？　こう聞くとほとんどの人がノーと答える。チケットにもうお金を使ってしまい、そのチケットがなくなったのだから、残念だがそれでおしまいだというのだ。ではもし代わりのチケットを買ったとしたら、その夜の観劇にいくら使ったことになるだろう？　たいていの人は二〇〇ドルと答える。一枚目と二枚目のチケットの合計額だ。

今度はショーの当日にちがうことが起こったとしよう。あなたは事前にチケットを買ってはいないが、やはり上演を楽しみにしている。劇場に到着して財布を開くと、真新しい一〇〇ドル札を二枚入れたはずなのに、一枚なくなっている。最悪だ！　一〇〇ドルなくしてしまった。でもさいわい、一〇〇ドル札はもう一枚ある。よかった！　さてあなたはここでチケットを買うか、それとも家へ帰るだろうか？　こう聞くと、大多数の人がチケットを買うと答える。一〇〇ドル札を一枚なくしたからといって、それが劇場に行かないこととどう関係があるのか？　では、もしチケットを買うとしたら、観劇にいくら使ったことになる？　この場合、一番多い答えは一〇

○ドルだ。

この二つの状況で私たちはちがう行動をとるが、純粋な経済学的見地からすれば、どちらの状況も本質的に同じだ。どちらのケースでも、観劇に行く予定の人が一〇〇ドル相当の紙切れ（チケットか紙幣）をなくした。だが人間の目から見ると、両者は明らかにちがう。一方は、なくした紙切れが芝居のチケットで、もう一方は一〇〇ドル札という貨幣だ。紙切れの種類がなぜ行動のちがいを生むのだろう？　なぜ一方では帰宅し、もう一方ではショーを見るのか？

企業と予算にいったん話を戻そう。もしも芝居のチケット用の予算があり、それを使い切ってしまったら（チケットを買えば）、お金は補充されない。だから新しいチケットは手に入れない。だがもしそのお金が、特定のものに費やされたのではなく、財布からなくなったのなら、特定の予算分類からとりだされたとは思わないだろう。だから特定の予算分類を罰する必要もない。つまり、なくなったお金は一般経費勘定から出ていたため、観劇の勘定科目にはまだお金が残っている。だからお金をなくしたからといって、愛国的な悪態をつくパペットの歌を楽しまない法はない。

この心の会計の考え方はとても理にかなっているように思われる。どこがいけないのだろう？

欺き金勘定

完全に合理的な観点からすれば、支出の決定は心の予算勘定の影響を受けるはずがない。どんな形態、場所、タイミングの勘定であってもだ。しかし実際には影響を受ける。

私たちはこの種の仕訳をいつも心のなかでやっている。お金を別勘定に分類する例をいくつか挙げてみよう。

一．低金利の当座預金にお金を預けながら、高金利のクレジットカードの残高を繰り越す。

二．ジェフはおもしろそうな町で講演やパフォーマンスをするとき、家族を連れて行くことがある。最近のバルセロナ旅行もそうだった。そんなときは、報酬や旅費がいくらであれ、入るお金より出ていくお金のほうが多い。パフォーマンスの報酬は浪費しやすい。稼ぐのと使うのが同時進行するからだ。報酬勘定の残高が増えると、休暇勘定の減少が目立たなくなるから、支出に関するルールは忘却の彼方に追いやられる。彼の心のなかでは、旅行中の食事や娯楽の費用は、家族旅行や教育、住宅の予算ではなく、いつも講演料から出ている。もしこれが普通の家族旅行なら、もっとお金に気をつけるか、少なくとも奥さんに遠回しのいやみをいうだろう。「ドリンクのお代わり、ほんとにいるのかい？」（ちなみに、この質問には「ええ、ちょうだい」という答えが必ず返ってくる）。

三．ラスベガスの町全体が、心の会計の好例だ。市観光局の役人は、私たち観光客が心の会計を用いることを心得ていて、分類を促すキャッチコピーまでつくっている。「ベガスで起こったことは、ベガスに残る」。もっとも根源的な衝動をあおられた私たちは、大喜びでそれに応えるというわけだ。ベガスに行く人は有り金すべてを心のベガス勘定に入れる。テーブルゲームで勝てば、やったね、臨時収入だ。負けてもなんのその、ベガス勘定に入れた時点で、出費扱いにしているのだから痛くもかゆくもない。じつはどの心の勘定科目に分類しても、自分のお金だということに変わりはないのだが、なぜかそうは思えない。ベガスにいるあいだになにが起ころうが――数千ドル勝とうが負けようが――お金は家までついてくる。ベガスに残りはしない。インスタグラムに投稿したきわどい写真も同じだから、スマホはホテルの部屋に置いておこう。

ゲーリー・ベルスキーとトーマス・ギロヴィッチの本に、五ドルもってルーレットをプレイしにいった男の話が出てくる。[1]信じられないほどの幸運がつづき、ある時点で賞金は三億ドル近くに膨らんだ。だがその後たった一度のまずい賭けで賞金を全部すってしまう。ホテルの部屋に戻り、妻にどうだったと聞かれると、男はこう答えるのだ。「五ドル負けたよ」。もしもこれが私たちに起こったなら、きっと五ドル以上負けたと感じるだろうが、三億ドル負けたとも思わないだろう。「自分のお金」に思えるのは五ドル、つまりその夜の元手だけだ。そしてその夜に稼いだ最初の一ドルから三億番目の一ドルまでのすべてを、「賞金」に分類するだろう。だからこの状況では、賞金の三億ドルを失っても、自分のお金は五ドルしか失っていないように感じるのだ。もちろん妻に正直に打ち明ける能力も失ったわけだが、それはまた別の話だ。

これらの三つのシナリオで、支出、貯蓄、ギャンブル、酒に回されたお金がすべて「自分のお金」という大きな資金プールから出ていると考えれば、どのシナリオも筋が通らない。現実にはすべて自分のお金なのだから、お金をどう分類するかは問題ではないはずだ。しかしここまで説明したように、私たちはお金を心のなかで分類し、それ以降はその分類によって、なににどれだけお金を使うことを心地よく感じるか、月末にどれだけお金を残すかといった、お金についての考え方を左右されるのだ。

心の会計：とても特殊な問題

心の会計は、この本でとり上げるほとんどの問題とちがって、「心の会計を利用するのはまちがいだ」といいきれるほど単純な問題ではない。ほかの問題と同様、お金に対する合理的なアプローチではないが、私たちの生活の状況や認知的限界を考えれば、有用な戦略にもなり得る。とくに賢明に用いれば、とても役に立つ。もちろん、賢明に用いられることは実際にはあまりなく、だからこそこの章が存在するのだが。まずは、なぜ心の会計が特異な問題なのかを説明しよう。

仮に、人間が次の三種類に分類できるとしよう。（一）完全に合理的な人。いわゆるホモ・エコノミクス（経済人）。（二）認知的限界のある、やや合理的な人。じっくり考える時間と精神的余裕さえあれば、最適な決定ができる人だ。（三）認知的限界と感情のある、やや合理的な人。つまり、人間だ。

（一）の完全に合理的な人にとって、心の会計は明らかにまちがっている。完全に合理的な世界では、どの勘定科目に入っているお金も同じように扱われるべきだ。しょせん、ただのお金だ。お金はお金にすぎず、ほかのお金と完全に交換可能なのだ。完全に合理的な世界では、お金について考える余裕が無限にあるため、お金を分類するのはまちがい、ということになる。分類することで代替可能性の原則を踏みにじり、お金を使う大きなメリットが得られなくなるのだから。

（二）の認知的限界のある人、つまり脳の情報保持・処理能力が現実的に限られている人にとって、心の会計は役に立つ場合がある。現実世界では、お金の決定をするたびに機会費用を考え、複雑な取捨選択をするのは至難のわざだ。そんなとき心の会計は、決定に役立つヒューリスティック、すなわち近道になる。コーヒーを買うたび、「このお金があれば、下着やiTunesの映画レンタル、一ガロンのガソリンなど無数のものを、今かこの先買うことができるんだな」、などといちいち考えていられない。そこで心の会計を使って、コーヒーを「食品」の勘定科目に分類すれば、その勘定内での機会費用を考えるだけですむ。そうすることで思考の範囲が狭くなるが、考えやすくなる。「おや、このお金があれば今日のランチの半分か、金曜の午後のもう一杯分のコーヒーに充てられるぞ」。これで計算が楽になる。心の会計はこの意味で、とくに人間の計算能力の限界を考えれば、合理的ではないが実際的な方法といえる。

　単純化のために分類すれば、お金を使うたびにありとあらゆる機会費用を考えずにすむ。実際、そんなことをしていたら身がもたない。この方法では、コーヒー、夕食、娯楽などの少額の予算と、その予算内での機会費用さえ考えればいい。完璧な方法とはいえないが、助けにはなる。実際、心の会計が合理的ではないが役に立つ場合があることさえ理解していれば、自分のためになるやり方で積極的に利用する方法を考えられるだろう。

　そこへ登場するのが、感情やストレス、イライラ、締切やもろもろのやるべきことに悩まされている（三）のタイプの人、つまりわれら現実の人間だ。たとえ小さな分類であっても機会費用をつねに考えなくてはならないのは、すべてのお金の取引についてすべての機会費用を考えることほどではないにせよ、やはり大変だ。コーヒー、ガソリン、アプリ、それにこの本など、なにかを買おうとするたび、その決定のよい点悪い点を考えるのは、面倒なことこの上ない。ダイエット中の人がカロリー計算を強いられるとむしゃくしゃしてどか食いに走り、計算をやめてしまうように、予算の分類が複雑になると、お金の管理をすっかりやめたくなることが多い。それは望ましい解決策ではない。

実際、僕らは支出をコントロールできないという相談を受けると、細かく予算を立てるのもいいが、きっと煩わしくなってつづかないといって、別の方法を勧めている。それは「嗜好品」などの大まかな分類にいくら使うかを決めておくことだ。嗜好品とは、必需品の反対で、特別な製法のコーヒーや高級シューズ、飲み歩きなど、なくても困らないものをいう。週ごとに嗜好品の予算を組んで、その金額をプリペイドのデビットカードに入金し、月曜ごとに新しい予算をスタートする。カードの残高を見れば、自分が使った金額とこの大まかな分類内の機会費用がわかるから、自分の決定の機会費用をよりはっきりと、直接的に把握することができる。それにはただ嗜好品の予算の残高を見ればいいのだ。それも労力にはちがいないが、コーヒー、ビール、ウーバー、この本の電子版などに勘定が細かく分かれている場合ほど煩わしくない。これは現実生活の複雑さやプレッシャーを考慮して、心の会計を建設的に利用する方法の一つだ。

その他の方法はまたあとで

このとおり、心の会計は私たちのお金の考え方の欠陥のなかでも、一風変わっている。普通に考えれば、心の会計は利用すべきではないのだが、ものごとを単純化するために利用する。ということは、心の会計を使うとき、自分がどんなまちがいを犯しがちかを自覚する必

要がある。これさえわかっていれば、自分のお金の使い方のクセを理解し受け入れたうえで、お金の使い方を考え直すことができる。

こうしたヒントを、第Ⅲ部でもう少し紹介しよう。お金に関する誤った考え方を考慮に入れたうえで、それを有利に利用する方法だ。だがさしあたって、まずはお金にまつわる私たちの不合理なクセをもう少し見ていこう。

規格外

こうしたお金の分類法は、私たちのお金の扱い方や使い方に影響をおよぼすが、私たちはお金を分類する方針をいつもはっきりもっているわけではない。私たちの生活は、会社のように事務用品や給料などに単純に分類できるわけではない。お金をどうやって手に入れたのか、どう使うつもりか、使うとどういう気分になるかといったことをもとに、いろいろなルールのある、いろいろな勘定にお金を仕訳する。このお金は仕事で得たのか、道ばたで拾った宝くじで得たのか？　それとも遺産、横領、オンラインゲーマーの仕事で得たのか？

たとえばアマゾンやｉＴｕｎｅｓのギフトカードをもらったら、たぶん自分で稼いだお金では使わないようなものに使うだろう。なぜだろう？　ギフトカードが「贈り物」の勘定に入るのに対し、仕事で苦労して稼いだお金は、より保護された、よりまじめな勘定に入るからだ。そしてそれぞれの勘定ごとに異なる支出のルールがある（どのお金も、交換可能な自分のお金なのに）。

私たちがお金を分類する方法について、興味深い研究結果が報告されている。お金を入手した方法にうしろめたさを感じている人は、その一部を慈善活動に寄付することが多いというのだ[2]。考えてもみてほしい。私たちのお金の使い方は、そのお金に対してもっている感情によっても左右される。そう、これがお金の分類方法に影響を与える、もう一つの隠れた要因だ。よろしくない状況で手に入れたお金にうしろめたさを感じたり、人にもらったから無料のお金のように感じたり、せっせと働いてお金を得たことに満足し、自分にはそれを使う権利があると思ったりする。

給料のようなお金は「まじめなお金」に感じられるから、請求書の支払いなどの「責任ある」ことに使われることが多い。他方、カジノで当てた三億ドルの賞金のように楽しい気分がするお金は、ギャンブルなどの楽しいことに使われがちだ。

ジョナサン・レバブとピート・マグロウによると、ネガティブに感じられるお金を手に入れた人は、それを「ロンダリング」することを試みるという。たとえば愛する親戚が遺してくれたお金にはよい感情をもつから、喜んで使うだろう。だが気に入らない出所――彼らの実験ではタバコ会社のフィリップ・モリス――から得たお金には、よくない感情を持つ。だから悪感情を洗い流すために、アイスクリームを買うといった利己的な目的ではなく、まず一部を教科書の購入や慈善団体への寄付などの建設的な用途に充てる。一部がよいことに使われれば、お金がきれいになったように感じられるから、残りは旅行や宝石、アイスクリームなど、自分を甘やかすものに気兼ねなく使えるのだ。

ジョナサンとピートは、これを**気持ちの会計**（エモーショナルアカウンティング）と呼ぶ。その一種が気持ちのマネーロンダリングで、ひどく汚れたお金を、まず負債の返済のようなまじめなことや、児童養護施設にアイスクリームを贈るような立派なことに使って浄化する。自分がよいと思うことをすると、お金につきまとっていた悪感情が消えるから、気兼ねなく使えるようになる。このような気持ちのマネーロンダリングは、もちろん合理的ではないが、気分をよくしてくれる。[3]

今の一文は、いろいろな状況での私たちのお金の扱い方をかなりよく表している。理屈に合った方法ではなく、気分がいい方法で扱うのだ（このことはたぶん、生活のほとんどのものごとにもあてはまるんだろう）。

バラはどんな名前で呼んでも高価だ

残念なことに、私たちはいろいろな意味で企業の経理部そっくりの行動をとる。たとえば自分の利益のために会計を操作して、システムの抜け穴を利用する。まるでエンロンなどの企業のようだ。エンロンを覚えているだろう？　二〇〇〇年代の企業不正の申し子、あの悪名高いエネルギー企業エンロンは、不正な会計スキームによって、関係者を不愉快なほど金持ちにした。経費を隠し利益を偽装するためにオフショア勘定を設けた。架空の商品のデリバティブを取引しているように見せかけた。エンロンの会計は、エンロン自体が出資する監査法人によって「監督」されていた。彼らは詐欺師だった。その手口はあまりにも見事で、彼ら自身までもが不正な会計処理の正当性を信じるようになったほどだ。

二〇〇八年の金融危機をもたらしたのは、主に不正な会計スキームだった。金融業界の一部の人々が資金を移動させ、振り分け、売り抜けるだけで、お金からお金を生み出した。都合のいいとき、利益になるとき、メリットがあるときに資金を自在に移動させ、利益をかすめとった。

私たちもこれと似た経理操作を行っている。いろいろなものをクレジットカード払いにして、すぐにそのことを忘れる。貯めるつもりでいたお金をほかに流用する。月々の予算に入っていない大きな支払いのことを考えない。「特別な」ことをするために、定期預金や当座預金から非常用資金にお金を移し替える。とはいえ、私たちの経理操作はふつう、世界的な経済破綻を引き起こすことはなく、たんに未来の家計が破綻するというだけだ。ふつうはね。

たしかに、私たちは今世紀初頭のエンロンのような企業ほど悪質でないかもしれないが、心の会計という点ではうしろ暗いものがある。私たちは感情、利己心、衝動、計画性のなさ、短絡的思考、自己欺瞞、外部圧力、自己正当化、混乱、強欲に簡単に惑わされる。これらをお金にまつわる十の罪と呼ぼう。大罪ではないが、よくないことはたしかだ。

また世界中のエンロンのような企業と同じく、私たちの心の会計部門を監督するのは、ものごとをじっくり考えるのが嫌いで、お金を使うことに目がなく、本質的な利益相反の問題を抱える怠惰な監査役、つまり私たち自身だけだ。私たちは自分のお金というニワトリ小屋を監視するキツネのようなものだ。

たとえば今は夕飯時で、お腹が空いているとしよう。昨夜はデリバリーを頼んだから今夜は自炊するつもりだったが、買い物に行きそびれた。予算的には、外食するべきじゃない。この前近所にできたイカしたレストランに行くなどもってのほかだ。友人たちは出かけるようだが、自分は家でなにかつくって、浮いたお金を八〇歳まで複利運用される退職金口座に入れよう。そうすれば、老後はいつでも外食できる。なのに「〈心の会計の〉ジェーン・マーティンや〈七つの大罪の〉モーセならどうしただろう?」と考えることも忘れて、ベビーシッターに電話をかけ、一時間後にはおしゃれなカクテルを手にテーブルに着いている。

安くてヘルシーな食事をしようと心に誓う。でもこのメニューのすごいことといったら！　チキンを食べるつもりだったのに、「ロブスター、ワインとバターのソース添え」が、ジューシーな爪を生唾流れるのどに絡めてくる。「時価」、か。大丈夫、たしか今年はメイン州で大漁と聞いたぞ。そんなわけでロブスターを注文し、こってりしたソースを一滴残らず厚切りトーストでぬぐいとる。水でがまんするはずが、上等なピノ・ノワールを勧められ、「ああ、いいね」と二つ返事だ。デザートこそパスするつもりだったが、ななんとシロップ三重がけのスフレじゃないか。

勘定書が来るころには、自宅でのパスタとオレンジの夕食の予算約六ドルをはるかに超えている。食事やお金の使い方に関するマイルールを破ったが、密告者なんていない。

食事したことやお金を使ったことにうしろめたさはない。どうせなにか食べなくてはいけないんだし、一週間働いた自分にご褒美をあげてもいいだろう？　ちょっと飲み過ぎて、貯蓄や請求書の支払いなんてしけたことを考える認知能力はもう残っていない。

心の会計はたしかに不合理だが、企業会計と同様、賢く使えば役に立つ。予算の分類は、お金の計画を立て、出費を抑える助けになる。だがやはり企業会計と同じで、心の会計は万能薬ではない。グレーな領域が多いのだ。「創造的会計」で抜け穴を利用する企業があるように、私たちも支出のルールを都合よく変えて同じことをしている。分類を利用しなければお金の管理が難しくなるが、利用すればしたで出費の分類をいじり、ルールを変え、都合のよいシナリオをでっち上げる。

マーク・トウェインが、そうしたルールの創造的操作の例について書いている。葉巻は一日一本と決めていた彼は、どんどん大きな葉巻を探して買うようになり、ついには「松葉づえにもなる」ほどの大きさの葉巻をつくらせたという。[4] 社会科学者はこの種の帳簿操作を、**可鍛《かたん》性のある（自在にかたちを変えられる）心の会計**と呼ぶ。支出の分類をあいまいにしたり、支出を別の心の勘定科目に都合よく振り替えたりすることをいう。そうすることにより、ある意味で勘定の持ち主（自分）をだますのだ。もしも心の会計に可鍛性がなかったなら、収入と支出のルールに厳密に縛られることになる。だが実際には可鍛性があるから、心の会計を操作して出費を正当化することができ、おかげで浪費を楽しみ、それを心地よく感じることができるのだ。

別のいい方をすれば、予算的に無理だとわかっていながら外食する方法を編み出したことになる。外食を「食事」から「娯楽」の勘定に移したのかもしれないし、子どもを大学まで行かせるのは自分の責任ではないことに決めたのかもしれない。要は、「ひとりエンロン」のように、目先の欲求を満たすために、お金の計画を修正液で書き換えたのだ。だからといって刑務所送りにはならないが、自分のルールを破ったことはまちがいない。食事と娯楽のあいだの壁を壊した結果、シロップ三重がけのスフレを含むすべてがなだれ込んできた。

また私たちは分類方法を変えるだけに飽き足らず、分類の定義そのものを変えることもある。宝くじや喫煙などの悪しき習慣のある人は、「こういうときはやってもいい」という恣意的なルールをつくることが多い。「賞金が一億ドル超えのときだけは数字くじを買ってもいい」。こんなルールはもちろんばかげている。宝くじを買うのは賞金の額にかかわらず愚かな判断だし、「曇りの日だけタバコを吸う」というのと変わらない。だがそういうルールにしておけば、愚かな選択だと自覚していることを気分よくやれる。

私たちはなにかしら理由を見つけては、その場限りのルールをこしらえる。職場でお金を出し合って宝くじを買うとき、行列に長時間並んでいるとき、とくに夢見がちなとき、いやなことがあって自分を慰めたいとき。もとのルールをつくったのは自分だし、自分以外はルールの存在を知らないことも多いから、驚くほど簡単に変更、修正、上書きでき、なんの支障もない（「賞金一億ドル超のルールは、茶色いズボンをはいているときは無効」など）。党派間の対立があっても、審議が足りなくても、心の立法機関は必ず承認してくれる。

悪貨が良貨を追いかける

宝くじの少額賞金やバルセロナでの講演料などの臨時収入が、実際に手に入ったとしよう。そんなとき私たちは、たいして考えもせずにその何倍ものお金を使い、罪悪感ゼロの気ままなボーナス勘定で得たよい気分に任せて、減りつつあるほかの勘定まで使ってしまう。臨時収入ですべての出費をまかなえると自分にいい聞かせて散財する。勘定の残高がとっくの昔にゼロになっているのもおかまいなしだ。たとえばジェフはバルセロナで、講演料から出ているのだと考えることによって、余分な出費を（スパークリングワインが多かったが、それだけじゃない！）正当化した。その場の勢いで、すべての出費を講演を祝うための特別経費ということにした。じつは一つひとつの贅沢を足し合わせるとかなりの金額になるのだが、ジェフはそんなふうに考えようとはしなかった――少なくとも、ひと月後に来たクレジットカードの請求書を見るまでは（クレジットカードについてはこのあとくわしく説明する）。

また心の会計の可鍛性のおかげで、目先の必要や欲求を満たすために長期貯蓄に手をつけることもできる。お金がピンチになったとき医療費を流用したり、気まぐれで新しい予算の分類をつくったりする。なお悪いことに、新しい項目をつくってしまえば、その先もずっとその項目で出費しやすくなる。「水曜を乗り切った自分をハッピーアワーでねぎらう」なんて項目があって、それが毎週繰り返されるだなんて、だれが思っただろう？

他方、せっかくお金を節約することができたのに、自分へのご褒美として、別のところでふだんは買わないような贅沢品にお金を使うこともある。ある心の勘定のお金を節約する目的は、別の勘定のお金を使うことではないのに。これは毎回とはいわないがしょっちゅう起こることだ。そんなとき、私たちはよい行動を悪い行動でねぎらうことによって、よい行動の効果を帳消しにしている。一週間に一〇〇ドル多く節約すれば幸先はよいが、節約できたことを祝って、外食やギフトなどの本来買うつもりもなかったものに五〇ドル費やしたら、財政事情が全体として改善するはずがない。

創造的会計には、**統合**という手法もある。二種類の別々の支出を、じつは一つの支出だと理屈づける。具体的には、少ないほうの支出を多いほうの分類に組み入れ、大きな買い物を一つしているだけだと自分をごまかすのだ。そうすれば、大きな支出と小さな支出が別々にあると考えるよりも、心理的疲労が少ない。

二万五〇〇〇ドルの車に三〇〇ドルのCDチェンジャーをつけて、それも車の一部だと考える。五〇万ドルの家のために六〇〇ドルのパティオセットを買って、裏庭の美しいウッドデッキを活用する。家と家具を別々の買い物ではなく、全体を家の購入と見なすのだ。こうやって二つの購入を結びつければ、二つの勘定（住宅と内装）から二つの支出（家と家具）をしたとは感じない。買い物で疲れた日は、豪勢な食事をして……デザートまで食べ……それから近所のバーで一杯やる。そしてこうした贅沢を、「また休日に羽目を外してしまった」のような曖昧な分類の心の勘定にまとめて放り込む。

また**誤分類**でずるをすることもある。ジェーンはいとこのルーの誕生日プレゼントにお金をかけたくなかったから、何時間もかけてケーキを焼いた。だが、この時間と労力も無料ではない。四時間あればのんびりしたり、親戚を訪ねたり、お金を稼ぐことだってできたかもしれない。金銭的にいって、彼女の時間には、ルーへの写真立てに費やしたかもしれない一五ドルを上回る価値があるだろうか？　たぶんある。もちろん、手作りの贈り物には感情的価値があるが、お金のことだけをいえば——ジェーンの主眼はそこにあったのだし——一五ドルと四時間の重労働とを交換するのは愚かな判断だが、誤分類のせいでそうしてしまうのだ。

心の会計のルールは明確でもないし、強制力もない。あいまいで漫然とした考えのまま頭に浮かんでいるから、探そうと思えばいくらでも抜け穴を見つけられる。前にも説明したように、私たちは可能な場合はいつでも楽なほうに流れる。いま一番心をそそられる選択肢を選び、それから深く考えずに分類という裏ワザを使い、自分をだましてでも決定を正当化する。

人は考えずにすませるためなら労力を惜しまないのだ。

私たちはべつに悪人ではない。自ら進んで強欲で愚かなことをする人や、生まれながらの悪人はほとんどいない。心の会計のルールをおおっぴらに、強引に破ったりしない。そうではなく、可鍛性を利用して、ルールから外れたお金の使い方を正当化するのだ。[5] ダイエットでずるをするのと同じで、創造性を駆使してほぼどんなことでも楽々と正当化する。週初にお昼をサラダですませたから、今アイスクリームを食べてもいいよね？　夏は一年に一度しか来ないんだから、豪勢なトッピングをしよう！

タイミングがすべて

時間を引き伸ばすことはできないはず……だが、私たちはいつも引き伸ばそうとする。実際、心の会計のずるで一番よくあるのは、時間に対する考え方や誤解を利用する方法だ。具体的には、支出と消費の時間差を利用する。

私たちのお金に関する考え方のなかでもとくに興味深いのが、支出を分類する方法によって、その支出に対する感情が変化する、ということだ。そしてその感情は、購入物の実際の価値というよりは、購入から消費までの時間の長さに影響される場合が多い。エルダー・シャフィールとリチャード・セイラーはワインについて研究し、ワインの事前購入が「投資」と見なされがちなことを明らかにした[6]。購入から数か月か数年経ち、ワインが開栓され、注がれ、賞味され、飲み干され、自慢げに語られるときには、ワインは無料のように感じられる。ワインを飲むその夜の出費はゼロだ。ワインはずっと前に行われた賢明な投資の果実なのだ。だがもしもワインがその日に購入されたか、またはあろうことか床に落ちて割れてしまったら、ワインの代金は今日の予算から出たように感じられるだろう。その場合、仲間と肩をたたき合って、賢明な投資を喜んだりはしない。なぜなら購入と消費のあいだに時間差がないため、別の分類に振り替えることができないからだ。今挙げたどの状況でも――つまり事前に買って今日飲む場合も、今日買って今日飲む場合も、事前に買って今日割れた場合も——お金を払ってワインを買っている。だが購入のタイミングと、購入と消費の時間差によって、コストに対する考え方が大きく変わるのだ。

私たちはなんて自己欺瞞的な厄介者だろう。ワインを飲めるのがせめてもの救いだ。

タイミングが重要なのは、支出だけではない。収入もだ。あなたが月給制の従業員だとしたら、どっちを選ぶだろう？　月一〇〇〇ドルの昇給か、一万二〇〇〇ドルの年末ボーナスか？　毎月一〇〇〇ドルもらうほうが合理的な選択だ。年末より前に手に入るお金は、年末までのあいだ貯蓄や投資、負債の返済、毎月の生活費などに充てることができるからだ。

だが一万二〇〇〇ドルの一括金と、毎月の追加の一〇〇〇ドルの使い道を尋ねると、一括金のほうは楽しい気分になれる特別なことに使うと、ほとんどの人が答える。なぜなら一括金の支払いは、毎月の収支の増減とは無関係なところで行われ、通常の会計システムの外に位置するからだ。他方、月々受けとるお金は月給に分類されるため、ほとんどの人がふだんの生活費に充てるだろう。これに対してボーナスは毎月の時間枠にとらわれないから、ほしいけれど買うのがためらわれるようなものに使える。

私たちがボーナスの楽しみを好むという証拠は、ＩＲＳ（アメリカ内国歳入庁）という、一般に「特別」や「楽しみ」とは無縁と思われる機関からも得られる。アメリカ人は税金の還付を受けるのが大好きだ。四月一五日にお金が戻ってくると、ボーナスをもらったような気分になる。年度末に税金の過不足がないよう源泉徴収を調整し、四月に貸し借りのない状態にすることもできるのに、多くの人は毎月の給料から税金をわざと払いすぎ——年間を通して自分への支払いを意図的に減らし——四月のボーナス、別名還付を受けるのだ。いうなれば、政府からの年に一度のボーナスだ。特別感があるだろう？　私たちがほかのもっと建設的な目的のために進んでお金を払おうとしないのは残念なことだ。

無料のものにお金を払う

都会の住民で車をもっている人は、都会の車生活にどんなにお金がかかるかを知っている。都市部は保険料率が高い。都市での運転は車に負担がかかるから、維持費が高くつく。パーキングメーターや駐車スペース、厳しすぎる駐禁切符にもお金をとられる。それでいて都市の住民は郊外の住民ほど車を使わない。合理的に考えれば、都市住民はふだんはタクシーを利用し、たまの週末の小旅行や郊外の大型店での買い物にはレンタカーを使ったほうがいい。こうした出費を合計しても、車の所有にかかるコストにはるかにおよばないだろう。なのに車をもっている都市生活者は買い物や週末の小旅行、「町外れ」の友人宅の訪問などに自家用車を使うとき、お金がかかっていないように感じるのだ。車をもたない人がタクシーやレンタカーに払っているお金を節約しながら、無料で自家用車を使っているように感じる。なぜなら、車にかかるお金は定期的、継続的に支払い、ドライブするそのときに直接払うわけではないからだ。

同様に、タイムシェアリゾートでは前払いで大金を支払い、好きなときにリゾートを利用する権利を得る。無料でだ！　まあ、たしかにリゾートを利用する週にお金は払わないが、ふつうは年に一度高額の料金を支払う。なのに購入と利用のタイミングがずれているせいで、無料に感じられる。

支払勘定

心の会計は、お金に関する決定に並外れて大きな影響をおよぼす。私たちの注意や思考を一定の方向や誤った方向に向け、なににお金を使うべきか、使うべきでないかの判断を左右する。ただし、心の会計は必ずしも悪いとは限らない。人間の認知には限界があるから、心の会計をうまく使えば便利な近道ができ、お金に関する秩序感覚を保つことができる。だがその際、いい加減な会計ルールをつくり、価値を判断できなくなることが多い。これがとくにあてはまるのが、消費の楽しみと出費の痛みが時間や支払い方法、注目によって切り離されている場合だ。

なに、出費に痛みが伴うことを知らなかったって？　財布をしっかりもって、ページをめくってほしい。

第6章　痛みを避ける

ジェフは結婚していて——悪いな、みんな——ハネムーンでの彼の経験は、私たちのお金の考え方について、じつに多くのことを教えてくれる。愛情とお金にまつわる、ジェフのロマンチックな物語を紹介しよう。

アンと僕は休暇で行きたい場所を見つけた。カリブ海に浮かぶアンティグア島のすてきなリゾートだ。ここは友人に教えてもらったところで、結婚式のお祝いにうってつけの場所のように思われた。写真は美しく、知人たち、まあ一種の知人たちをもてなすための式の計画に明け暮れていたアンと僕にとって、静かな海辺で酒を飲んでのんびりできるのはたまらなく魅力的だった。

僕らは費用全額込み前払い方式のパッケージツアーを申し込むことに決めた。全額込み方式は、アラカルトの都度払い方式よりたぶん高くつくだろうし、飲み過ぎ食べ過ぎの危険もある。でも結婚式の写真映りをよくするために数か月も無謀なダイエットに励んできたんだからと、思い切って決めた。この方式のとても単純なところも気に入った。それにいったん予約してお金を払ってしまえば、長い長い「やることリスト」から項目を一つ消すことができる。結婚式の計画がこんなに大変だなんて知らなかった。タキシードを借りてプレゼントを開けるだけだと思っていたが、とんでもない。花の手配や席次決め、それにもちろん、結婚式の誓いを書くなんて仕事まである。重労働だ。

結婚式の計画を初デートの義務にすることを僕らは提案したい。それをすませたら、映画を見てよいことにする。そうしなければ結婚なんてうまくいくはずがない。標準的な求婚プロセスが結婚式の計画からはじまれば、性格の不一致での離婚が減るはずだ。結婚は大変なのだ！

注：僕らのアイデアは名案とは限らない。

それはともかく、結婚式はすばらしかった。たくさんの愛情と笑い、そしてベン&ジェリーズのアイスクリーム・ウェディングケーキ——超おススメだ。

二日後、僕らはアンティグアに飛び、一〇億時間の睡眠をむさぼってから、ようやく休暇を楽しみはじめた。そう、飲み過ぎ食べ過ぎはもちろん、なにもかもやり過ぎた。やることはいくらでもあった。食べる。それに飲む。そして飲み食い。ボリューム満点の朝食に、ブラッディメアリー、シーフードのランチ、ココナッツのカクテル、昼寝、ラム酒のカクテル、ディナー、高級ワイン。それからデザート。山のようなデザートを食べた。だって毎晩デザートワゴンが回ってくるのだ、食べずにいられるものか！　家ではそんな好き放題はしないのに、余分なカロリーは帰りの税関で没収されると高をくくった。

合間にアクティビティもねじ込んだ。スイミング、テニス、セーリング、シュノーケリング。小旅行もしたが、いつも早めに切り上げた（アンティグアの歴史を研究するためだったのか、ラム酒を飲んだくれるためだったのかは、ご想像にお任せする）。ちょっと気ままSすぎる気もしたが、自分にご褒美をあげてもいいじゃないか。贅沢にうしろめたさを感じたのは、ときたま高級ワインを半分飲み残したときだけだ。もちろん、一本の半分しか飲まなかったわけじゃなく、二、三本めのワインを半分残したのだが。

実際経験してみると、費用全額込みの前払い方式には思いがけない喜びがあった。その一つが、リゾートではなんにでもどこにでも価格が掲げられていたことだ。食べもの、飲みもの、ビーチタオル。ビーチチェアにまで料金が貼りつけてあった。ボートに乗るときも島めぐりでも、価格が待ち構えていた。最初は悪趣味だと思ったが、そのうち今楽しんでいる無料のごちそうや遊びと、今節約している金額のすべてをいちいち思い出させられるのがうれしくなってきた。

あの休暇は現実からの逃避だった。結婚式の計画のことも、式の当日のことも、式で会った親戚のこともすべて忘れた。太って酔っ払って日焼けした。

するとと休暇のまんなかあたりで雨が降りはじめた。降りに降った。三日連続だ。

ふつうならガッカリするところだ。ハネムーンとくれば、ビーチでのんびりするものだろう？

でも逆境は楽しめばいい。

リゾートのバーに河岸《かし》を変えて、ドリンクをかたっぱしから試した。気に入ったものもあれば、飲み残したものもあった。楽しく飲んでいるあいだに、バーに逃れてきたほかのハネムーン客と親しくなった。気のいい人たちで、今も連絡をとり合い、時々会う仲だ。でも時間とラム酒のせいで、雨降りのあいだの記憶はあいまいだ。

ロンドンから来たカップルもいた。仮にスミス家と呼ぼう。彼らはちょうど雨が降りはじめたときに到着した。僕らの「ドリンク全制覇チャレンジ」には参加せず、注文したドリンクを、とくに気に入った様子もないのに、最後の一滴まで大事に飲み干していた（診断：ラム酒が足りなかったのだろう）。

降りつづいた雨がやむと、ビーチやレストランでもスミス家と顔を合わせるようになった——ただし夕食のときだけだ。彼らは朝食をパスして、夕飯だけをたっぷり食べることが多かった。お酒はあまり飲まなかったが、そのくせイギリスのゴキゲンなパブでの話をおもしろおかしく語った。夕食にはワインを二杯ほど飲んでいたが、ビーチではほとんどなにも頼まなかった。それに二人は口論が絶えないようだった。僕らがとやかくいう筋合いはないが、いわずにいられない。あとでわかったのだが、彼らはアラカルト方式のプランを選んでいて、お金の使い方で意見が合わなかったようだ。無理もない。ドリンクやアクティビティの料金は安くなかったから、なにをするか、なににお金を使うかを話し合うだけで、新婚の二人の緊張が高まったのだろう。

僕らはスミス家と同じ日にリゾートをチェックアウトした。空港行きのシャトルに乗り込むとき、二人が一九枚つづりの請求書をリゾートのスタッフと確認しているのが見えた。なんとも切ない別れだ。二人はシャトルに乗り損ね、フライトまで逃すところだったのだから。

もっとも、フライトを逃したほうがよかったのかもしれない。アンティグアで足止めはごめんだって？　僕らが足止めされたのはマイアミだ。マイアミもすてきな町だが、突然の短期滞在を楽しめる観光地なんてまずない。乗り継ぎの際にまず機材のトラブルが発生し、つづいて熱帯低気圧が接近したせいで、二晩も足止めをくらい、航空会社が手配した宿に泊まった。自腹でアップグレードしてもよかったが、二〇〇ドルも払う価値はないと考えた。宿は粗末で古びていて、治安がいいとはいえない場所にあったが、思いがけない経験を楽しむつもりだった。二人ともマイアミは初めてだから、三六時間楽しめるだけ楽しもうじゃないか。

その夜はおとなしくベッドに入り、翌朝近くの人気店に出かけて、朝食に大きなオムレツをシェアした。一人前ずつ食べるほど腹が減っていないし、ほんの数口に一五ドル払う気はしない。なかなかおいしかった。ビーチに行ったが、ボートも水上スキーもパラソルも借りなかった。ただのんびりすわっているだけで十分だ。大きな嵐が水平線のあたりまで来ていた。ランチも二人でシェアし、それから夕食とショーの計画を立てた。

高級レストランに行った。席からは荒れる前の海の絶景が見えた。パンでお腹を満たし、オードブルとサラダはパスして、メインディッシュを一品ずつ注文した。ワインはなし。カクテルを二杯ずつ飲んだが、デザートもなし。もう一生分の砂糖をとったからね（税関でカロリーを没収されるという期待は、悲しくも外れた）。まだ少しお腹が空いていたが、ショーを見ながらなにかつまめばいいさと思った。

もっとも、ショーは見なかった。地元のカリプソバンドを聴きに今風のクラブに行ったら、三五ドルのチケットしか残っていないというのだ。名も知らぬバンドにしては高すぎる気がして、ホテルまでぶらぶら歩いて帰ることにした。すると雨が降り出した。南国特有の暴風雨だ。走って部屋まで戻り、ドアをバタンと閉めてベッドに飛び込んだ。荷物から本をとりだして、読みながら寝落ちした。シンプルで気持ちのよい一日だった。

ようやく帰国すると、悪徳な長期駐車場に料金を一日分過大請求されたから、文句をいってとり返した。夜遅く帰宅し、寝坊しないようベッドに直行した。よい旅行の悪い終わりというわけだ。でも、人生ってそんなもんだろう？

その週末、友人に旅行の話を聞きたいといわれ、僕らも話したくてたまらなかったから、すてきなレストランで楽しい時を過ごした。みんなに会えたのも、いい色に焼けたねといわれるのもうれしかった（何気ない日常にこそしあわせはある）。そして勘定書が来た。黙っていようと思ったが、みんなが注文したシャンパンや高級ワインを僕らは一杯も飲まなかった――デトックスのためだ――ことを指摘せずにいられなかった。だれがなにを払うかで若干揉めたが、最後はみんなで勘定書とにらめっこして自分の飲み食いした分を払った。

支払いは貝殻と日焼けでもできますかと聞いたが、店員はくすりとも笑わなかった。クレジットカードを渡した。

よい食事の悪い終わりというわけだ。でも、人生ってそんなもんだろう？

終わりが肝心

何事も終わりが肝心だ。礼拝の結びの祈り、食事の締めくくりのデザート、サマーキャンプのさよならの歌。高揚のうちに幕を閉じることは大切だ。ものごとの終わり方は、私たちがその経験全体を思い返し、記憶し、評価する方法に影響を与え、特徴づけるからだ。

ドナルド・レデルマイヤーとジョエル・カッツ、ダニエル・カーネマンは、大腸内視鏡検査の終わり方（人体の究極の終わりの終わりだ）が、検査全体に関する患者の記憶にどのような影響を与えるかを調べた。[1] 一部の患者には標準的な方法で検査を実施し、残りの患者にはそれに加えて最後に五分間の処置を行った。この追加処置は時間はかかるが、それまでの処置に比べて痛みが少なかった。結果、時間は長いが終わりの痛みが少ない検査を受けた患者は、標準的な検査を受けた患者に比べて、痛みの総量は多かったのに、検査全体に感じた不快度は低かったのだ。

もちろん、休暇は大腸内視鏡検査とは似ても似つかないが、終わり方が重要なことに変わりはない。一般に、休暇は憂鬱な気分で、つまり一番いやなことをしながら終えることが多い。ホテルの請求書の支払い、シャトルバス、空港、タクシー、スーツケース、洗濯、目覚まし時計、職場復帰等々。こうしたエンディングの活動が、休暇全体に対する私たちの見方を彩り、あまりよくない色合いを与えることがある。

どんな休暇でも――たとえ三日間雨が降ったとしても――終わり方をよくすれば、よりよい思い出にできる。具体的にどうすればいい？　楽しくない部分がはじまる前に、旅行を「頭のなかで」終わらせるのだ。たとえばチェックアウト前夜に休暇の終わりを祝ったらどうだろう。そうすれば荷造りや空港、帰りの旅を、「旅行の終わり」ではなく「ふだんの生活」のくくりに入れられる。休暇は箱に封印して、ゴタゴタは外へ出してしまうのだ。

　別の方法として、旅行の経験を引き延ばすのもいい。帰宅してから、日常生活に再突入する前の、まだ旅の記憶が新鮮なうちに、時間をとって休暇中の思い出やできごとについて語らい、写真を眺め、記録しよう。休暇を味わう時間をつくることで、休暇の経験をふだんの生活に溶け込ませることができる。これも休暇をより穏やかに終える方法だ。

　そして休暇の終わりに、大腸内視鏡検査を受けるよりずっとましだったと自分にいい聞かせれば、楽しい思い出になること請け合いだ。

なにが起こっているの？

　ジェフの新婚旅行の経験には、さまざまなかたちの**出費の痛み**が表れている。出費の痛みとは読んで字のごとく、なにかの代金を支払うときに感じる、なんらかのかたちの精神的苦痛をいう。この現象は、ドレーゼン・プレレクとジョージ・ローウェンスタインの論文「赤と黒——貯蓄と負債における心の会計」[2]で初めて提唱された。

　身体的、感情的な苦痛はだれでも知っている。ハチ刺され、針の刺激、慢性痛、失恋など。だが出費の痛みとは、お金を手放すことを考えるときに感じる痛みをいう。この痛みは出費という行為そのものではなく、出費について考えることから生じる。考えれば考えるほど、痛みは増す。出費のことを考えながら消費すると、出費の痛みが消費経験全体に色濃く影響し、楽しみが大きく損なわれる。

「出費の痛み」という用語は、出費に伴う不快や苦悩の感情に由来するが、最近では神経画像やＭＲＩを用いた研究により、出費によって身体的苦痛の処理に関わる脳の部位が実際に刺激されることがわかっている。価格が高いほど、そうした脳内機構がより激しく刺激されるが、痛みを引き起こすのは高い価格だけではない。どんな価格もだ。それは、なにかを手放すとき、どんな人も感じる痛みなのだ。[3]

痛みなくして痛みなし

痛みを感じると、私たちはまず本能的にそれをとり除こうとする。痛みを和らげ、コントロールしようと考える。痛みを察知するとたじろぎ、身をすくめ、かわそうとする。出費の痛みに対しても同じことをする。問題は、出費の痛みを避けるためにとる方法が、長い目で見ればさらに厄介な問題を招きがちなことだ。なぜだろう？　ほかのより重要なことをないがしろにしてまでも、痛みの大きい出費を避け、痛みの少ないほうに逃れようとするからだ。こんなやり方で痛みを避けても、お金の問題の解決にはならない。今この瞬間の痛みを避けることはできても、将来さらに大きな代償を払うことになる。

苦痛回避は行動を起こす強力なきっかけにも、狡猾な敵にもなる。そのせいで価値から関心が逸れ、購入するものの価値ではなく、購入の過程で感じる痛みにとらわれるから、判断を誤るのだ。
痛みはつらいが大切だ。痛みは異常を知らせてくれる。足の骨が折れて痛いから、助けを呼ぶ。やけどの痛みを覚えているから、火に用心する。中1のときミーガン・Fに振られたから、ミーガンという名の女子には近寄らない。ごめんな、ミーガン・H。
コンロに触ってやけどの痛みを覚えた子どもは、やがてなぜ痛いのかを理解し、コンロに触らなくなる。私たちもなぜ痛みを感じるのかを理解し、避けることを学ばなくてはならない。それができているだろうか？　痛みを伴うようなことをやめているだろうか、それとも痛みをなだめ、痛みのあることを痛みなしでやりつづけているのか？　どう思う、サインフェルド？

人間が利口じゃないことを示す証拠はいろいろある。僕のお気に入りは、ヘルメットだね。ヘルメットをなぜ発明する必要があったのか、ってことだ。いったいなぜヘルメットなんてものを発明したのか？　頭をぶつけるような活動をたくさんしていたからさ。まずその状況について考えてみたんだろう。そしてその活動をやめるどころか、小さなプラスチックの帽子をこしらえて、頭をぶつけるライフスタイルをつづけられるようにしたんだ。ヘルメット以上にまぬけなものが、一つだけある。ヘルメット着用義務だ。頭をぶつける活動をやめようとしない鈍い脳みそを保護しようっていうんだから。

――ジェリー・サインフェルド（アメリカのコメディアン）
"I'm Telling You for The Last Time"（悪いことはいわないから）

出費に痛みがあるのだから、苦痛に満ちた出費の決定はやめるべきだ。なのに私たちは痛みを終わらせる代わりに――クレジットカードのような金融「サービス」の「助け」を借りて――痛みを和らげる方法を考案する。クレジットカードや電子ウォレット、自動引き落としなどを利用するのは、小さな「お金のヘルメット」をかぶるようなものだ。症状（痛み）にだけ対処して、病気の原因そのもの（出費）を放置する、ヤブ医者のようだ。

このことは、私たちがお金にまつわる決定を評価する方法をゆがめる、大きなあやまちの一つだ。

出費の痛みを引き起こす要因は、二種類ある。一つは、お金が財布を離れるタイミングと、お金を払って手に入れたものを消費するタイミングの時間差。もう一つは、私たちが出費に向ける注目だ。「出費の痛み＝時間差＋注目」が、その方程式になる。

では私たちはどんな方法で出費の痛みを避けるのか、またそのことは私たちがお金の価値を判断する方法にどんな影響を与えるのか？　痛みを避けるには、痛みを生み出す行動の逆をする、つまり出費と消費の時間差を大きくし、出費への注目を減らせばいい。ここでも時間差と注目がカギだ。

ジェフの経験の例でいえば、ジェフと奥さんは、新婚旅行に行くずっと前に支払いをした。あの大金の小切手を書いたとき、二人がたじろいだことは想像に難くない。だがアンティグアに着く頃には、出費とそれに伴う痛みはバックミラーの彼方に過ぎ去り、どんな活動も楽しみもドリンクも無料のように感じられた。ワインのお代わりを頼むときもボートを借りるときも、お金のことを考えたり、値段に見合う価値があるかどうかを検討せずにすんだ。お金の決定はすでに下していたから、気分と欲求、衝動のおもむくまま行動すればよく、二人は実際にそうした。それに、払わずにすんだ高いアラカルト料金を見て、さらに気をよくした。そのときはなにもかも無料で手に入れている気がした。

一方スミス家は、滞在中ずっと出費の痛みを感じていた。飲食であれ、泳ぎやシュノーケリングであれ、なにかしたいと思うたびに支払いをし、それに伴う痛みを感じ、そのせいで楽しみが薄れた。実際にお札をとりだして数えこそしなかったが、そのたびごとに費用と便益を考慮し、勘定を部屋につけ、チップに頭を悩ませた。ちょっとしたことにも出費が発生し、それにまつわる痛みを感じた。たしかに、カリブ海のリゾートでトロピカルドリンクの支払いに向けるささいな注目など、「先進国ならではの悩み」といわれればそれまでだが、それでも二人は出費にいやでも注目させられた。スミス家はいつも出費の痛みに悩まされ、緊張と口論が絶えなかった。

「二人を分かつ時」は間近に迫りつつあるようだった。

ジェフと新妻はマイアミで立ち往生したとき、まだハネムーンの最中で、ある意味ではまだ非日常的な環境にいた。見知らぬ土地にいて、旅行中で、空港やホテル、ビーチといった、計画された休暇の舞台設定がそろっていた。だから財布のひもは緩めで、よくわからないものを試してみようという気持ちがあった。ホテル代は航空会社もちで、気前よく使えるボーナスマネーをもらった気がした（心の会計）。それでも、全額込みだったときとは勝手がちがい、いちいち財布をとりだし、現金やクレジットカードで支払う必要があった。支払いに労力を費やし、銀行口座から出ていくお金に注目させられた。だからマイアミでは自由気ままとはいかず、控えめに行動した。よくわからないショーに行ったり、酒を注文しすぎたりもしなかった。アンティグアにいたときよりも財布のひもは固かった。フロリダ州沿岸部の経済には残念だが、ジェフの胴回りにとってはさいわいだった。

帰宅後は、財布のひもはさらに固くなった。二人は出費の痛みをひしひしと感じていた。ふだんの生活に戻り、ハネムーンの心の会計を離れたからだ。友人との外食では、結婚式と新婚旅行に数千ドル支払った直後だというのに、他人のワイン代まで負担させられそうになった。二人は出費の痛みのせいで不機嫌になり、少しでも痛みを減らそうと、クレジットカードを使った。これから見ていくように、あのプラスチック片をかざすのは、現金を手放すことに比べて痛みが少ないのだ。

お熱いのがお好き

出費の痛みを減らせば、お金をより惜しみなく使い、消費をより楽しむことができる。逆に出費の痛みを増やすと自制が働き、出費は減る。それなら出費の痛みをいつも増やす（または減らす）べきだろうか？　もちろんそんなことはない。なにごとにもふさわしい時と場所がある。

人生には新婚旅行など、一度――か二度、（政治家の場合は）せいぜい三度――しかできない経験もある。これらはとても特別な機会だ。そうしたほぼ一度きりの経験を楽しむためには、出費の痛みを減らすのもよいだろう。他方、日常生活で何度も繰り返し行うことのなかには、出費の痛みを増やしたほうがよいものもある。たとえばランチを買う、スーパーのレジ脇のくだらない雑誌をかごに入れる、ジムのあとでやたらと高いスムージーを買う、などの行動を考え直しても、貴重な瞬間が台なしになることはない。

いつでもどんなお金の取引に関しても出費の痛みを増減させることはできる。だが、知らないうちに勝手に増減させられるのではなく、自分がどれだけの楽しみを得たいのか、どれだけ出費を抑えたいのかを考えたうえで、自分の意志で増減させたいものだ。

時はどんどん過ぎていく……財布のなかで

消費と出費が同時に発生すると、楽しみが大きく損なわれる。逆にタイミングがずれていると、出費にあまり注目が向かわない。支払いのことを忘れるから、買ったものをもっと楽しむことができる。たとえるなら、なにかに出費するたび「罪悪税」が課されるが、その影響は一時的で、出費の最中か、出費のことを考えているあいだに限定される、といったところだ。

製品・サービスの代金を支払うタイミングは、主に三通りある。（ジェフがハネムーンの代金を支払ったように）消費の最中、（スミス家がリゾートでやっていたように）消費の間、そして（テイクアウトの夕食の代金をクレジットカードで支払うときのように）消費のあとだ。

ホセ・シルバとダンが行った実験を、タイミングという側面から考えてみよう。

この実験に参加した学部生は、研究室のコンピュータの前に四五分間すわることに対して一〇ドルの報酬を得た。なにもせずにただすわって一〇ドル全額をもらってもいいし、報酬の一部を使って低価格の娯楽をオンラインで購入してもよかった。学生はオンラインで三種類の情報を閲覧できた。とても魅力的な選択肢の漫画、二番目に魅力的な選択肢のニュースと科学記事、そしてもっとも好ましくない選択肢のポストモダン文学の教養記事だ。料金を支払えばこれらのうちの好きな情報を閲覧することができた。閲覧はコンピュータによって記録され、漫画は一本につき三セント、ニュースと科学記事は一本につき〇・五セントが課金され、ポストモダン文学は無料だった。[4]

そう単純でない誤解

あなたはポストモダン文学の愛好家だろうか？　ポストモダン文学を理解できるか、せめて理解していると人に思われたいだろうか？

このどちらかに当てはまる人には、ポストモダニズム・ジェネレーターという秀逸なウェブサイトがお勧めだ（www.elsewhere.org/journal/pomo/）。このサイトは、どこかから引用してきた文章に「フーコー」だの「フェリーニ」、「デリダ」だのといった名前をちりばめて、「ポストモダン的」な論文をランダムに作成してくれる。できあがった文章を読んでいるとわかったような気になるが、そのまま読み進めるうちにじつはなにひとつ理解していなかったことに気づく。まさに、ポストモダン文学を読んだときに多くの人が抱く気持ちだ。

僕らはこの本を書くのに、ポストモダニズム・ジェネレーターを使おうかとも思った。バレるものか。もしかしたら、本当に使ったかもしれない。

また集団によって報酬の支払方式を変えた。後払い集団は（月末の請求書のように）一〇ドルの報酬から閲覧料金を差し引いた金額をセッション終了時に受けとった。前払い集団は（ギフトカードのように）一〇ドルがチャージされた電子ウォレットを最初に受けとり、オンライン資料を閲覧するたび料金を差し引かれ、セッション終了時にウォレットの残高を現金で支払われた。最後の都度払い集団は、記事を開くたびに課金された。リンクをクリックするたび、「この記事に〇・五セント支払いますか?」「この漫画に三セント支払いますか?」と聞かれ、「ＯＫ」をクリックするとその場で料金を徴収され、報酬の残高が画面の上部にずっと表示されていた（ところで、実験に参加してくれる学生をダンはどうやってあんなに確保できるんだろうと、ジェフはかねがね不思議に思っている。連絡先がわかれば、ペンキ塗りや子守を頼めるのに）。

重要な点として、どの条件の協力者も、閲覧した情報に同額の料金を払った。それから、どの集団の協力者もあまりお金を使わなかった（一本当たりの記事の料金は低かった）。それなのに、協力者が出費について考えるタイミングのちがいが、出費の金額に大きなちがいをもたらしたのだ。

実験開始時に娯楽用口座に報酬がチャージされた前払い方式では、協力者が使った金額は平均で約一八セントだった。これに対し、普通の請求書のように実験終了時に報酬が支払われた後払い方式では、支出の平均額は一二セントに減った。これらの結果から、前払い方式では決まった活動にしか使えない口座に報酬が入金された影響で、出費が促されたことがわかる。このケースでいえば、支出額は五〇％も多かった。

そして驚くべきは、都度払いの条件が支出額に与えた影響だ。この条件の協力者は、毎回記事を購入する前に出費について考えさせられた。彼らの平均的な支出額は、たった四セントだった。平均すると漫画を一本と科学記事を二本読み、残りの時間を――苦痛だが無料の――教養記事を読んで過ごしたのだ。

以上の結果を総合すると、後払いか先払いかで選択が変化することがわかる。またもっとも重要なこととして、出費を強く意識させられると、出費のパターンが劇的に変わる。ひとことでいうと、商品はまったく同じでも、出費の痛みの影響で、前払いならより多くの出費を惜しまず、後払いなら出費を渋り、都度払いなら出費をさらに減らす傾向にあるのだ。出費のタイミングの影響はじつに大きい。なにしろ私たちにポストモダン文学を読ませるほどなのだから。

ポストモダン文学を茶化すつもりはないが――どこかのだれかにとってはきっと価値があるんだろう――実験協力者がそれを読んで楽しいと思わなかったことと、僕らのポストモダン文学を読むくらいなら黒板を釘でひっかく音を聞いたほうがましだと思っていたことを指摘しておきたい。いいかえれば、ポストモダン文学を読むという無料の活動は、出費の痛みが最少だったが、消費の痛みが最大だった。ポストモダン文学を読むことは、漫画を読むことに比べて楽しさがずっと少なかった。それなのに協力者は漫画の出費の痛みを避けるために、ポストモダン文学を消費する痛みを進んで受け入れたのだ。都度払いの協力者は、四セントの代わりに一二セント費やせば、実験の四五分間の経験が全体としてずっとましになったはずなのに、出費の痛みが強すぎてそうできなかった。

同様に、たとえば都度払い方式でハネムーンに行ったとしよう。夕暮れのビーチで、シャンパンのボトルはいかがですかと、コンシェルジュが勧めてくるが、請求書がたまっているし、いちいち値段を聞くのも面倒だから、水でがまんする。そう、割高なシャンパンの出費の痛みを避けたのだが、一生にほぼ一度の新婚旅行で夕日を見ながらシャンパンを飲むという楽しみまで退けてしまったのだ。

都度払い方式では、出費の痛みと消費の楽しみのバランスをとるのが難しい場合がある。ポストモダニズム・ジェネレーターによれば、フーコーもこういっている。「友よ、人生は楽じゃない」。

消費前に支払う

新婚旅行の料金を前払いしたジェフは、都度払いや後払いを選んだ場合よりも、たぶん消費が多く、楽しみも大きかった。支払い総額も多かったかもしれないが、それでもなお、喜びは大きかった。一部の企業は、このパターンにめざとく注目している。前払いは今やトレンドなのだ。ロサンゼルスのトロワ・メックやシカゴのアリニア、ニューヨークのアテラといった人気レストランでは、オンライン予約時に前払いを求められる。

前払い方式はトレンドというだけでなく、どこにでもある。ブロードウェイのチケット、航空料金、バーニングマンのチケットなどは、使用するずっと前に購入する。きっとこの本も、最後のページを読み終えてからではなく、消費する前に買ってくれたのだろう（読み終える頃には感謝状に多額のチップを添えて僕らに送りたくなるはずだ）。

なにかを消費する前に代金を支払うと、実際の消費時にはほとんど痛みがないように感じる。その時点で出費の痛みはないし、将来の支払いに頭を悩ませることもない。無痛の取引だ。

アマゾン・ドットコムは、配送コストをプライム会員の前払いの年会費に頼っている。年会費は九九ドルだが、年間の送料がただになるという触れ込みだ。もちろん、九九ドル払っているから送料は実際には無料ではないが、会費を払った一年のあいだはなにかを購入するたび配送料を支払う痛みが新たに発生するわけではない。その時点では無料に感じられるのだ。価格の真横に「プライム会員なら翌々日配送無料」の色鮮やかなサインが配置されているからなおさらだ。そんなにおトクなら、もっと買わなければと思わされる！　そしてアマゾンで買えば買うほど、買い物はますます安く、「ますます無料」に感じられる。なんておトクなんだ！

たとえば一週間のアフリカ・サファリ旅行に行くとしよう。旅行代金の二〇〇〇ドルを支払う方法は二通りある。代金の全額を旅行の四か月前に一括前払いするか、旅行が終了した時点で現金払いするかだ。経済効率がより高いのは当然、サービスの提供が完了してから最後に支払う方法だ。なにはなくとも、そのお金は四か月のあいだ利子を生みつづけるのだから。でも旅行の楽しみという点ではどうだろう？　サファリを、とくに最終日をより楽しめるのは、どちらの支払い方法だろう？　前払いにしたほうが楽しめると、ほとんどの人が考える。最終日に代金を支払う場合、「これは代金に見合う価値があるのか？」「自分はどれだけ楽しんでいるのか？」などと考えて、最後の数日間を過ごすはめになるからだ。そんなことでいちいち頭を悩ませていたら、サファリの楽しみが台なしだ。

前払いは、ギフトカードやカジノのチップなどのしくみにも組み込まれている。スターバックスやアマゾン、ベビーザらスのギフトカードにお金をチャージした時点で、そのお金は特定の支出に分類される——たとえば二〇ドル紙幣をスターバックスカードと交換すると、その二〇ドルはコカコーラや中華料理ではなく、ラテやスコーンに振り分けられる。そのうえ、お金がいったんその分類に割り当てられると、支払いがすんだような気になる。実際に現金を使うわけではないから、支払い時に罪悪感を感じない。ふだん現金で買うときはSサイズのコーヒーを注文するのに、ギフトカードではベンティサイズのソイチャイティーラテにビスコッティもつけるという贅沢ぶりだ。だって、無料だろう？　ギフトカードでの支払いに痛みを感じない理由は、現金を使うときとはまったくちがう気分になるからだ。

当然だが、私たちはみな消費するのが好きで、しかも代金を支払うのは嫌いだ。だがドレーゼンとジョージが研究で示したように、支払いのタイミングは大きなちがいを生み、すでに支払いをすませたものを消費するときのほうが気分がよい。[5]

消費中に支払う

なにかを使っている最中にその代金を支払うことは、出費の痛みや私たちの価値観にどんな影響を与えるのだろう？

たとえば退職／中年の危機を祝って、ゴキゲンなスポーツカーを買うとしよう。ローンで購入し、毎月支払いが発生する。車の乗り心地は予想どおり最高で、迫り来る老いや、人生の誤った選択のことをしばし忘れられる。だが運転する機会は年々減っていき、ハンドルを握っても前ほどときめかなくなった。毎月支払いの日が来るたび、軽率で高くつく買い物をしたことを思い知らされ、ますます出費を正当化しづらくなる。そこでローンを一括返済することに決めた。大金を一度に支払うのは痛みが大きかったが、毎月の定期的な出費の痛みとうしろめたさから解放され、おかげでルーフを下げて街中を乗り回すのを楽しいと感じるようになった。毎月の支払いが頭から離れたため、そう頻繁に運転はしないにせよ、車を楽しめる。

消費しているあいだに支払いを行うと、出費の痛みを強く意識させられるだけでなく、消費の楽しみまで薄れてしまう。たとえばあるレストランで、客が平均二五口《くち》食べ、二五ドル支払うとする。一口につき一ドルの計算だ。ある日、店のオーナーが半額キャンペーンと称して、一口五〇セントの料金を設定した。そのうえこんなことをいう。「召し上がった分だけお代をいただきます！　残った分はお支払いいただかなくて結構です」。食事が運ばれ、一口食べるたびに横に立っているウェイターがメモに正の字を書いていく。食事が終わると、ウェイターがレジを打って食べた分だけ一口五〇セントで計算する。とても経済的な食事になることまちがいなしだ。でも、楽しみという点ではどうだろう？　全然楽しめない気がしないだろうか？　ダンはあるとき教室にピザをもっていき、学生から一口二五セントを集めた。この方式の影響は？　大口化だ。学生たちは超大口で食べることで、出費の痛みを避ける抜け道を見つけたつもりだった。もちろん、喉を詰まらせ目を白黒させて苦しんだことを考えれば、大しておトクではなかったし、当然楽しくもなかった。一般に、食べた分だけ支払う方式は、食事が信じがたいほど不愉快な経験になるから、好ましい支払い方式とはいえないことが多い。とはいえ、ダイエットにはうってつけかもしれない。食事の不快感が楽しみを打ち消し、何口食べたかを数えるほうがカロリー計算より楽なのはまちがいない。

出費と消費を同時に行うことの苦痛を示すビジネス界の実例として、ＡＯＬというしがない企業が、支払いと消費を分離したときのことを考えてみよう。ミレニアル世代の諸君、ＡＯＬを知らなければググってほしい。

一九九六年にＡＯＬ社長のボブ・ピットマンは、それまで二種類だった支払い方式を新方式に統合すると発表した。従来は月二〇時間まで一九ドル九五セントの定額、追加一時間につき二ドル九五セントのプランか、一〇時間まで九ドル九五セント、追加一時間につき二ドル九五セントのプランの二種類から選べた。これを新方式の、接続時間無制限で月額一九ドル九五セントの定額制プランに移行するとした。ＡＯＬ社員は、料金改定によって予測されるユーザーの接続時間の変化に備えた。まず利用時間が一〇時間と二〇時間の制限時間に近いユーザーの分布を調べ、新プラン導入後はこれらのユーザーの一部が利用時間を増やすだろうと予測した。また利用時間が制限時間に遠くおよばないユーザーは、新プランでも利用状況が変わらないだろうと予測した。つまり、旧プランで七時間しか利用していなかったユーザーは、新プランでもそれほど利用時間を増やさないと考えたのだ。これらの前提を考慮して、利用可能なサーバの量を数パーセント増やした。無制限アクセスの時代の幕明けに向けて準備万端だろう？

とんでもない。彼らを待っていたのは、一夜にして接続時間が倍増するという事態だった。ＡＯＬは当然まったく準備ができておらず、やむなくほかのインターネットプロバイダに協力を要請した。他社は喜んで応じた（おまけにサービス料として法外な金額をＡＯＬに請求した）。ピットマンは失態をこう弁解している。「当社は世界最大規模ですから、参考にすべき前例がありませんでした。利用量が二倍になるなんて、いったいだれが予想したでしょう……テレビ局の視聴率が二倍になるようなものですよ」

だがＡＯＬのデータオタク集団は、本当にこれを予測できなかったのだろうか？　もしも支払いをとりまくさまざまな要因と出費の痛みを考慮に入れていれば、おそらく察知できただろう。消費と出費が同時に起こるとき、またとくに（旧プランでのように）残り時間をカウントダウンする時計が画面上部に表示されているとき、ユーザーは残り時間や超過料金が頭から離れず、思う存分楽しめない。だから制限時間（一〇時間または二〇時間）までの残り時間を示す時計が撤廃されるやいなや、出費の痛みも消えたため、彼らは前より長く、いやずっと長くサービスを利用し、楽しめるようになったのだ。

消費と同時に起こる継続的な出費の痛みは、いちがいに悪いとはいえない。出費に敏感になるというメリットがあるからだ。その興味深い一例が、エネルギーだ。車にガソリンを入れると、給油ポンプのメーターが上がっていくのが見える。出費を意識するから痛みを感じ、もっと燃費のいい車を買おうとか、カーシェアリングをしようなどと考える。だが家庭では光熱費のメーターは外にあるか隠れていることが多く、めったに見ることはない。それにある一日や一週間の利用量はひと月以上経たないとわからない。また料金は口座から直接引き落とされるから、今どれだけ使っているかを知ることはできない。そんなわけで出費に鈍感になり、痛みも感じにくいのだ。家庭のエネルギーの利用や浪費の解決策はなんだろう？　（第Ⅲ部でくわしく説明しよう）。

消費後に支払う

やれやれ、未来か。未来の出費、つまり消費後の支払いが、出費の痛みに与える影響を理解するには、私たちが将来のお金を現在のお金よりも低く評価しがちだということを念頭に置く必要がある。今一〇〇ドルもらうか、一日／一週間／一か月／一年後に一〇〇ドルもらうかの選択肢がある場合、ほとんどの人は今すぐもらうほうを選ぶのだ。将来のお金の価値を現在に引き直したものを、割引価値という（人が将来の結果を割り引く不合理な方法については、じつに多くの研究が行われている）[6]。出費をあと回しにすると、同じ金額を今支払うより痛みが少ない。また出費のタイミングが遠い未来になればなるほど、今の痛みは減り、ほとんど無料に感じられることさえある。予見し得ないバラ色の楽観的な未来がやってきて、宝くじ当選者や映画スター、ソーラー式ロケットベルトの発明者になるまで、僕らは支払いはしないつもりだ。

功績があれば認める

これが、クレジットカードの邪悪で巧妙な特質の一つだ。クレジットカードの主な心理的効果は、消費と出費のタイミングを分離することにある。またクレジットカードを使えば出費をあと回しにできるから（支払い期日はいつだっけ？）、お金の時間感覚があいまいになり、機会費用をはっきり意識しなくなり、現在の出費の痛みが薄れるのだ。

考えてもみてほしい。レストランの食事代をクレジットカードで支払うとき、今支払っているような気がするだろうか？　そんなことはない。今はただサインしただけで、支払いをするのは未来のいつかだ。同様に、その後クレジットカードの請求書がきたら、これから支払いをするような気がするだろうか？　そんなことはない。その頃には、もうレストランで支払いをすませた気でいる。クレジットカード会社は出費の痛みを和らげるために、タイムシフトの幻想をただ利用するのではなく、二度も利用する。一度めはあとで支払うような気にさせ、二度めはすでに支払ったような気にさせる。おかげで私たちは思い切り楽しみ、より気兼ねなくお金を使えるというわけだ。

クレジットカードは出費の痛みを避けたいという私たちの願望に巧みにつけ入り、価値に対する認識を変える力がある。支払いを簡単に、目立たなくすることと、支払いと消費のタイミングをずらすことにより、なにかを買う瞬間に感じる痛みを最小限におさえる。支払いと消費を分離することにより、出費を促すのだ。エリザベス・ダンとマイク・ノートンによれば、こうした分離は、その瞬間の気分に影響を与えるだけではない。購入経験に関する記憶までをも変化させ、「いくらお金を使ったかを思い出しにくくさせる」効果があるという。[*7] たとえば店に行って靴下とパジャマとダサいセーターを買うとき、クレジットカードで代金を支払ったときのほうが、現金で支払った場合に比べて、帰宅したときにいくらお金を使ったかを覚えている可能性が低い。クレジットカードは、ＳＦ映画の記憶消去装置そっくりだが、それが私たちの財布のなかに生息しているのだ。

研究によれば、人はクレジットカードを使うとき、金離れがよくなるだけでなく、[8] より高額な買い物をし、より高額のチップを払い、自分の支払った金額を低く見積もったり忘れやすくなり、購入決定をより早く下すようになるという。そのうえステッカーや読みとり装置といったクレジットカードの関連物を見せられ、クレジットカードとその「恩恵」を意識させられるだけで、クレジットカードに影響された行動が誘発されるという。うそではない。はるか昔の一九八六年に行われた研究で、[9] クレジットカードのロゴ入りグッズをデスクに置いただけで、より多くのお金を使わせることができたという。

つまり私たちはクレジットカードによって、またクレジットカードの暗示だけでも、より多く、より早く、より軽率に、より忘れっぽくお金を使うようになるのだ。クレジットカードはある意味では、情報処理能力と合理的に行動する能力を鈍らせるドラッグのようなものだ。クレジットカードは――少なくとも今はまだ――飲んだり鼻から吸い込んだり煙を吸ったりはできないが、深く気がかりな影響をおよぼす。

またクレジットカードを使うと、購入品に対する評価が変化し、よい面に注目する。一方、現金で買う場合は、悪い面にも目が向くから、現金を手放すことのデメリットについてもしぜんと考えるようになる。クレジットカードを手にもっていると、あれはどんなにおいしいだろう、あれを炉棚に置いたらどんなに見栄えがするだろうと考えるのに対し、現金で支払うときは、このデザートを食べたらどんなに太るだろう、そもそもうちには暖炉なんかないじゃないかと考える。[10]

同じ価格の同じ品なのに、支払いの方法、簡単さ、支払いが引き起こす痛みによって、評価が大きく変わるのだ。

お金を使うためにあくせく働く

クレジットカードの力は、楽しみと支払いのタイミングをずらす時間シフトに限らない。支払

＊またこの研究は、大学の学部生がクレジットカードの請求額を三〇％低く見積もり、ＭＢＡ学生はクレジットカードを使うとき商品に最大で二倍の金額を支払ったと報告している。

いへの私たちの注目を減らす力もあるのだ。注目が低ければ低いほど痛みは小さくなり、根拠のない価値判断を下しがちになる。

カードを機械に通すという動作は、財布をとりだし、いくら入っているかのぞき込み、紙幣をつかみ、数えて渡し、おつりを待つ動作に比べてずっと簡単だ。現金を使うときは、使おうとしているお金のことを具体的に考え、目をやり、手に触れ、つかみ、とりだし、選り分け、数える。その一連の動作のあいだに損失を実感する。クレジットカードを使うときは、損失はそれほど鮮明にも、痛切にも感じられない。

またクレジットカードは、ひと月分の買い物を一枚の簡単な請求書にまとめることによって、支払いの煩わしさと痛みを減らす効果もある。クレジットカード会社は食品、衣服、娯楽などの買い物を一つの利用代金にまとめるアグリゲーター（集積者）である。利用残高はどんどん積み上がっていくから、もう一つ買い物をしても、クレジットカードの負債は総額ではあまり変わらないような気がする。

相対性の章でも見たように、ある金額（たとえば夕食の二〇〇ドル）が、より大きな金額（ひと月分のクレジットカード請求額の五〇〇〇ドル）と関連づけられると、同じ金額を単体で考えた場合よりも、金額が少なく、重要でなく、痛みが小さく感じられる。だからクレジットカードで支払うときは、もう二〇〇ドル余分に使っても大したことはないと感じるのだ。これはよくあるバイアスで、とくに信用が絡むときに生じやすい。たとえば四〇万ドルの住宅ローンを借りたとき、ろくに考えずに平気でフローリングに数千ドルかけたり、新車にすでに二万五〇〇〇ドル出費しているとき、二〇〇ドルのＣＤチェンジャーを追加したりする。

痛みを減らし価値を混乱させるアグリゲーション効果を利用する金融商品は、クレジットカードのほかにもいろいろある。ファイナンシャルアドバイザーは各種手数料というかたちで、投資家から収益を得ている。一般にはポートフォリオ（彼らは「運用資産」と呼びたがる）の時価総額の一定割合、たとえば一％などを手数料として徴収する。つまり私たちが投資でお金をふやしているあいだ、彼らはその上澄みを手数料として削りとっているわけだ。私たちはその一％の金額を実際に目にせず、はっきり認識してもいないから、それが失われたとは思わず、出費の痛みも感じない。だが、もしファイナンシャルアドバイザーへの支払い方法を変えたらどうなるだろう？　たとえば（おそれ多くも一〇〇万ドルのポートフォリオの場合）約八〇〇ドルを月々支払うか、年度末に一万ドルの小切手を切ることにしたら？　そうすれば、サービスに対する考え方が変わらないだろうか？　もっと助力やアドバイスや時間を要求しないだろうか？　自分のお金の運用コストを意識したら、ほかの選択肢も検討しようと思わないだろうか？

そんなに莫大な運用資産をもっていないという人は、スミス家の一九枚つづりのリゾートの請求書に記されていた全項目や、各種サービス料金や通信料金が接続料金とセットになっている携帯電話の請求書を考えてほしい。ケーブル会社の電話・インターネット・テレビと「ボブと働くブーブーズ」の月額視聴料のセット料金でもいい。

制限つきの利用

ギフトカードの話に戻ろう。ギフトカードは決まったものにしか利用できない、「利用制限つき決済方法」と呼ばれる決済手段の一例だ。カジノのチップや航空会社のマイレージサービスなども、この一種だ。こうした方法を利用すると、出費の痛みが驚くほど軽くなる。心の会計によって通常の価値の手がかりから隔離されているうえ、意思決定のつらい負担がおおかたとりのぞかれるから、さらに出費しやすい。「ベストバイ」でしか使えないギフトカードや、ラスベガスの「ハラーズ」でしか使えないチップ、ユナイテッド航空のマイレージなら、ベストバイやハラーズやユナイテッドが一番おトクかどうかを悩む必要はない。すでに分類が決まっているから、なにも考えずにただその金額を使うだけだ。そしてなにも考えないから、支出の決定を厳しい目で評価することもない。

カジノについて補足しておくと、カジノは人にお金を使わせる術に長けている（金融業界が僅差でつづく）。チップ、無料のドリンク、隠された時計、二四時間営業の食事とエンターテインメントを通して、一人ひとりの客から一セントでも多くむしりとる方法を知り尽くしている。この本の最初に登場したわれらが友人ジョージ・ジョーンズが、ブラックジャックのテーブルに着いたとたん、お金の心配が消えてしまったのを覚えているだろう？　あれがカジノの魔力だ。

もちろん、支払いに手がかかるかどうかで支出の判断が影響を受けるような状況は、ほかにも多くある。合理的に考えれば、支払いの煩わしさによって価値判断が影響されるのはおかしいが、それが現実なのだ。

今感じるか？

アマゾンが初めて訴訟で防御した特許が「ワンクリック技術」だと知っていただろうか？　マウスを一度クリックするだけで、商品を――どんなにかさばる商品や無駄な商品でも――購入できるこの技術は、出費をとても簡単で痛みのないものにし、アマゾンの成功に大きな役割を果たした。これまで見てきたとおり、オンライン決済はすでに信じられないほど簡単になっている。フェイスブックをダラダラ見ているわずか数分のあいだにワンクリックすれば、新しいソファがあっという間に到着する。お金を使ったことさえほとんど意識していないのに。

私たちに出費の痛みを回避させようとして、企業があの手この手で開発してくる先進的な方法がこわいのは、まさにこの点――出費を意識させない点――にある。最近の技術進歩によって支払いがあまりにも簡単になったため、私たちは支払いをしていることにさえ気づかないことが多い。EZ（イージー）パス技術を使えば、高速道路料金が自動的に課金され、月末まで金額を知ることもない（それさえめったに確認しない）。自動引き落としも同様だ。自動車ローンや住宅ローンの月々の返済額は、クリックもしないまま引き落とされる。ICカードやペイバイフォン（電話振替サービス）、電子ウォレット、ペイパル、アップルペイ、ベンモ（モバイル送金サービス）、それに開発間近の網膜スキャンなどもそうだ。たしかにこうした「進歩」によって支払いはより簡単に、フリクションレスに（煩わしさや手間がない）、無痛に、軽率になる。なにかが起こっていることさえ知らないのに、どうしてそれを感じられるだろう？　どうして影響を理解できるだろう？　都市伝説なら、腎臓を盗られたあと氷風呂で目覚め、自分の身に起こったことを悟るところだが、自動更新の決済ではそれすらかなわない。

なにかを（このケースでは支払いを）意識している状態を表すオトナ語が、顕著性《セイリエンス》だ。出費の痛みを感じ、自分の選択のコストと便益を理解し、判断し、評価するには、まず支払いを意識する、すなわち顕著にすることが欠かせない。そしてコンロに触ってはいけないことを学ぶには、痛みを感じるしかない。

現金での支払いには、顕著性がもともと組み込まれている。お金を見て、触って、数えて、おつりを確認する。小切手は顕著性がやや低いが、それでも金額を記入して渡す手間がいる。クレジットカードは物理的にも（カードを機械に通してボタンを一、二個押すだけ）、支払う金額に関しても、より顕著性が低い。チップの額を計算する時を除けば、金額にはほとんど目もくれない。そして各種の電子決済方法はさらに顕著性が低い。

なにかを感じなければ、それで苦しむこともない。人は楽なほう、痛みのないほうに流れがちだ。賢明で思慮深い方法より、楽で痛みのない方法を必ず選ぶ。

出費の痛みを感じるからこそ、贅沢な外食のあとでうしろめたい気持ちになり、衝動買いを（ある程度は）思いとどまる。今後デジタルウォレットが主な決済手段になれば、決済システムからフリクションがほぼとりのぞかれるおそれがある。そうなれば私たちは今よりさらに誘惑に陥落しやすくなるだろう。まるで無料のドリンクや軽食、デザートを手の届くところに置いて、日がな一日ビーチで寝そべっているようなものだ。どうなるだろう？　長い目で見て健康や貯蓄率に悪影響がおよぶことはたしかだ。

金融界が出費の痛みを減らすことに明け暮れるのをやめ、より慎重で、思慮深く、痛みのある支払い方式を選ぶ機会を提供してくれることを願っている。現金で支払う場合、選択の余地はほとんどない。財布からお金をとりだしおつりを数えることに時間と注目をかけざるを得ない。だが電子マネーでは、出費の痛みを隠すような支払い方法をついつい選んでしまう。もしもどこかの銀行が、痛みが大きく熟慮が必要な決済方法を開発したら、出費の苦しみをいくらかでも感じられる方法を私たちは選ぶだろうか？　今はつらくても、あとで自分のためになる、痛みのある方法を選ぶだろうか？　お金を使っていることを意識するために、お金のなる木やアプリなど存在しないことを思い知るために、今健全な痛みを感じるような方法を選ぶべきだ。問題は、私たちが実際にそれを選ぶか、ということにある。

痛みからの逃走

もしも毎日がジェフの新婚旅行のようだったらどうなる？　なにもかもがいつも無料に感じられたら？　食べる量が増えるだろうか？　日常生活をより楽しめるだろうか？　なにかを無料に感じると、出費の痛みがないから気分がいい。でもそれは長い目で見て、自分のためになるのだろうか？

無料は奇妙な価格だ。そう、無料も価格の一つだ。無料のものにはコスト便益分析を当てはめないことが多い。私たちは無料でないものより無料のものを選びがちだが、それは最善の選択とは限らない。

たとえばある日ランチを買いに出たら、屋台の並びがあった。食事に気を遣っているから、ビストロ風の屋台に惹かれる。ヘルシーな全粒粉のパンに、たっぷりの野菜、低脂肪のトッピングのサンドイッチ。完璧じゃないか！　そのとき、別の屋台が目に飛び込んでくる。お客様感謝デーで、揚げチーズサンドが無料でもらえるらしい。そんな食べものに興味をもったこともないし、アメリカ産チーズはイマイチだと思っているのに、なぜかお客様として感謝される気満々だ。あなたなら理想のランチを買うだろうか、それともイマイチのランチを無料でもらうだろうか？

ほとんどの人が無料を選ぶ。

この種の誘惑は、食べものからお金まで、日常生活の多くの場面に潜んでいる。たとえば年率一二％で年会費無料のクレジットカードと、年率八％で年会費一〇〇ドルのカードがあるとき、ほとんどの人は年会費に気をとられ、年会費無料で年率一二％のほうを選ぶだろう。そしていつか必ず支払いを逃したり、残高を繰り越したりして、長い目で見ればずっと割高なカードを選んだことに気づくのだ。あるいは新聞のネット購読の選択肢が二つあるとする。料金は一方が月額二ドル、他方が月額一ドル五〇セントだが、前者は海外記事が多めで、後者は政治記事が多めだから、内容のおもしろさも考慮するだろう。記事を読むのに費やす時間を考えれば、五〇セントはたいした差ではないから、両紙が提供する情報の価値をもとに選択すればいい。では今度は料金が少し変わって、一方が五〇セント、もう一方が無料だったら？　それでも自分の時間の価値とコンテンツの価値を考慮して、慎重に選ぶだろうか？　それとも、無料で痛みのないほうを単純に選ぶだろうか？　この場合も料金のちがいは同じ五〇セントだが、無料の選択肢がまじったとたん、ほとんどの人は思考停止してそれを選んでしまう。それは、出費の痛みを避けるためにほかならない。

無料がおよぼすもう一つの影響は、当初無料だったものに、あとからお金を払いはじめるのはとても難しいということだ。現実を見つめよう。出費の痛みがゼロだと、最初は喜び浮かれ、やがてそれがあたりまえになる。たとえば曲名を教えてくれるアプリをスマホに入れていたとしよう。知らない曲を探すのが好きだから、大学のラジオ番組を聞いたり、映画のサウンドトラックをチェックしたりする。店や車で知らない曲が流れてきたら、すぐにアプリを起動して曲名を調べる。ほら、もうなんの曲かわかった！　ところがある日このすごいアプリを使おうとすると、利用を継続するには一度限りの料金九九セントをお支払いください、というメッセージが表示された。さてどうする？　お気に入りのアプリを使いつづけるのに一ドル弱を支払うか？　それとも、機能は劣るが類似の無料サービスを探そうとするか？　一ドルは全体として見ればたいした金額ではない。生活を豊かにしてくれるものに払うならなおさらだ。コーヒーや交通費、身だしなみなどに毎日かける金額に比べればはした金だ。なのに料金が無料から一ドルに変わったとたん、前から無料で使っていたものにお金を払うことになぜか抵抗を覚える。毎日ラテに平気で四ドルも払っているのに、無料だったアプリに一ドル払うのはとんでもないと思う。

だれにでもできる実験がある。「無料試供品」と張り紙をしたトレーにコップをいくつか置いて、人通りの多い交差点でもって立っていよう。コップになにが入っていても、多くの人がコップを手にとって飲み干すだろう――あなたが何者で、なにを、なぜ提供しているのかさえ尋ねずに。ちょっとひどいが、おもしろい実験だ。

痛みを分割する

ジェフと奥さんが新婚旅行のあとに行った、友人たちとの食事に話を戻そう。割り勘に関する有益な研究によれば、食事代を頭割りにすることを全員が知っている場合、いつもより飲み食いの量が増えるという。[11]友人のグレッグが高価なワインを注文したように、疑うことを知らない仲間につけ入るわけだ。割り勘の際に注文しすぎるこの傾向を回避するには、各自が自分の飲み食いした分を支払うことにして、その方針を食事の前に宣言するのがベストだろう。でもこれは一

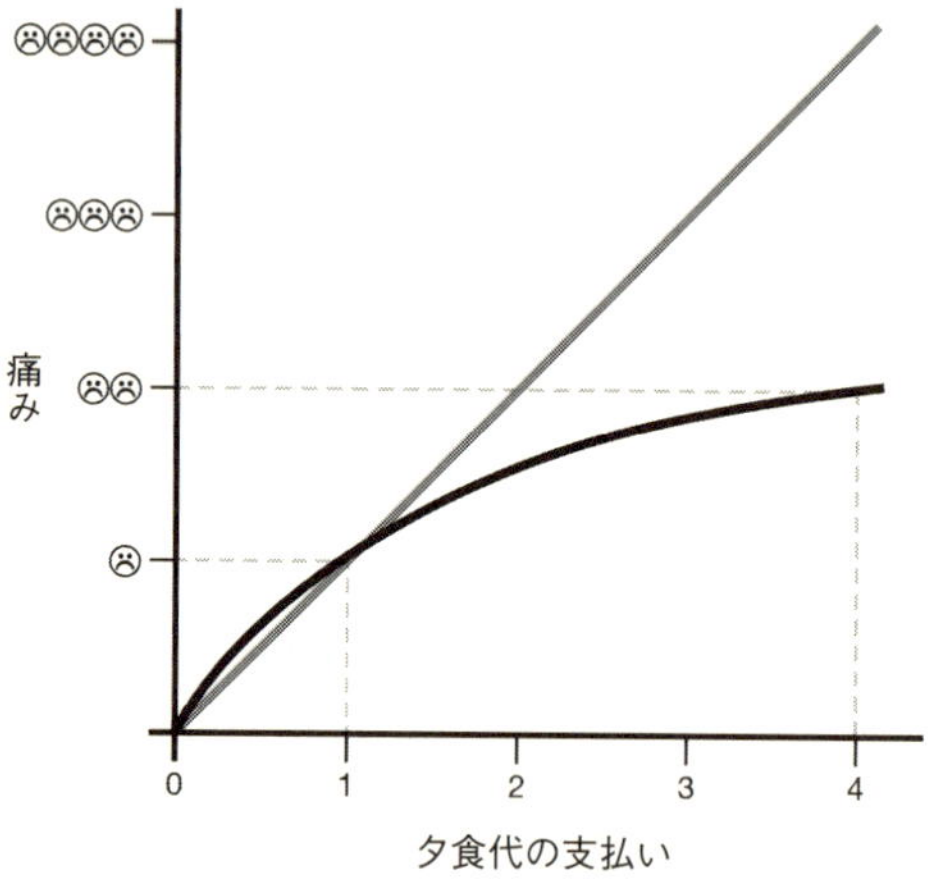

夕食代を支払う痛みに対する感応度逓減

番楽しい方法だろうか？　一番痛みの少ない方法だろうか？　とてもそうはいえない。

出費の痛みを考えに入れるなら、友人との食事代を割る方法として、クレジットカード・ルーレットをお勧めする。食事がすんで勘定書が来たら、全員がクレジットカードを出し、ウェイターにどれか一枚を選んでもらい、選ばれた人が全額支払う、というものだ。これと似ているが、それほど運任せでないバージョンに、友人同士で支払いを回り持ちにする方法がある。何度か一緒に食事をして、順番に当たった人は全員分の代金を支払う。いつも固定メンバーで食事に行く場合にうってつけだ。ただし自分の番の時に「うっかりして」約束をすっぽかしたい誘惑に駆られるかもしれない。そんなことをすると、支払いの回数が減るのはいいが、友人の数まで減ってしまうから気をつけよう。

クレジットカード・ルーレットのどこがそんなにいいのか？　全員が一堂に会する「効用」、

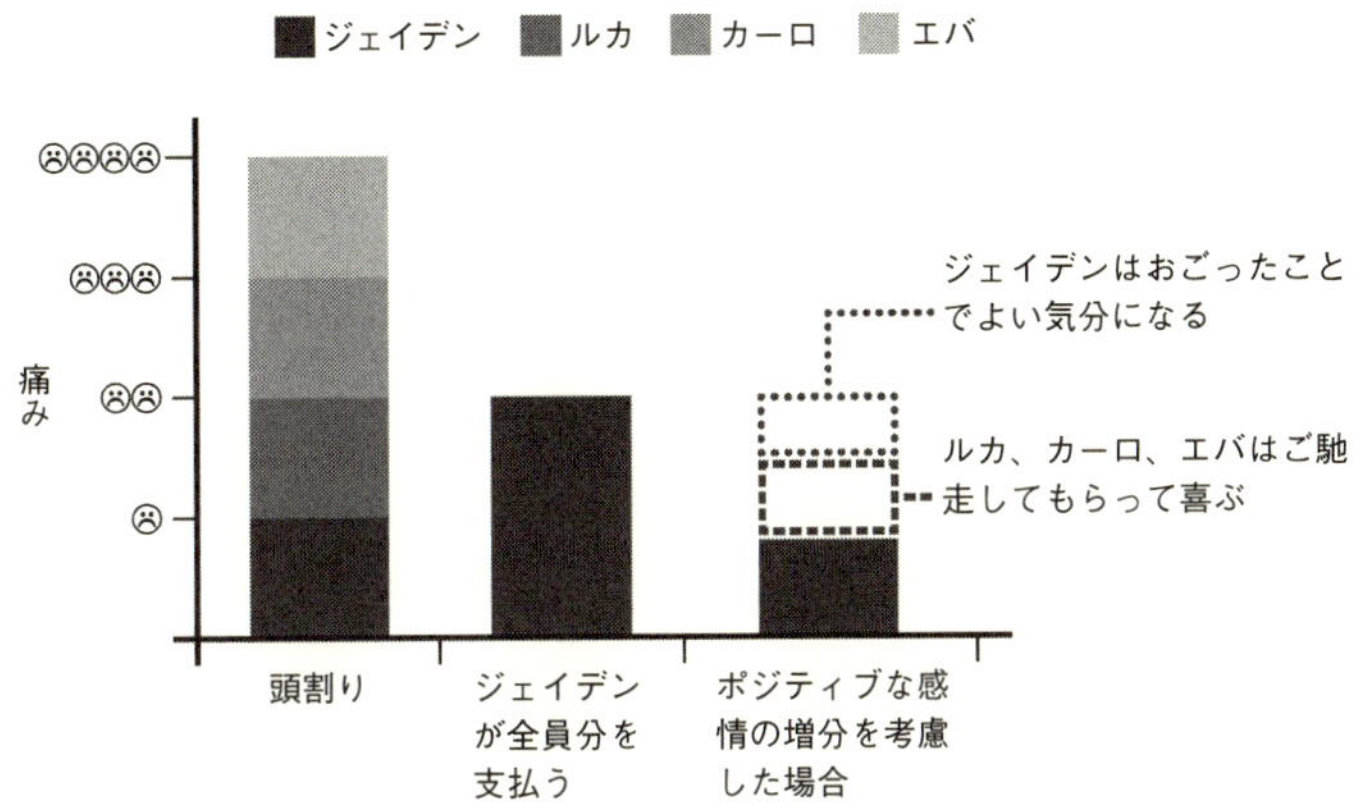

一人が全員の分を支払う場合、長い目で見れば全体としての痛みは少なくなる

つまり全員でテーブルを囲むことで得られる楽しみを考えれば、一人が全額を支払うことのメリットはわかりやすいだろう。各自が自分の分だけを払う場合は、全員がいくらか痛みを感じる。でもだれか一人が全員の分を支払えば、その人の出費の痛みは大きくなるが、全員が免れた痛みの総和を帳消しにするほど大きくはならない。実際、自分の分だけを支払った場合と比べて、それほど増えはしない。出費の痛みの大きさは、金額に比例して増えるわけではないのだ。自分一人の分を支払うときは心が痛むが、自分と友人三人の分を払っても、四倍痛むことはない。そしてクレジットカード・ルーレットの一番よい点は、支払わない人が全員「無痛」で食事ができる点にある。

つまり、四人が自分の食べた分だけをそれぞれ支払うとき、痛みの総和は四つのしかめっ面になる。一人が全員の分を支払うときは、一つのひどいしかめっ面と三つの満面の笑顔になる。

それに、支払いを回り持ちにすることで、全員の楽しみの総和が増すことも考えに入れるべきだ。だれかにごちそうしてもらうのは気分がよいものだし、払った人も友人たちにおごったことでよい気分になれる。

これはスポーツでよくいう、「みんなのためにいやなことを引き受ける」の典型例だ。この場合の「みんな」は友人たち、「いやなこと」は出費にあたる。

この方式は、経済効率はよいだろうか？　たぶん、よくはない。なぜなら金額は毎回ちがうし、メンツがちがうかもしれないし、嫌いな人におごることになるかもしれない……。だがこの方式をとることによって、たとえ長い目で見れば支払う金額がやや増えたとしても、出費の痛みは減り、外食の楽しみは増えるだろう。そのうえ、ごちそうしてもらう回数も増えるのだ。

夕食代の支払いを回り持ちにするというアイデアは、出費の痛みそれ自体が悪いのではないことを示している。痛みは痛みとして現に存在する。その力を理解すれば、お金の面でも社交の面でも、いくらかよい効果をもたらすことができる。

だれもが痛みを感じている。そしてだれもがそれぞれの方法で痛みを和らげている。酒を飲む、ドラッグをやる、リアリティ番組を見る、結婚して新婚旅行に行き、痛みを分かち合える（痛みの責任を押しつけ合える）相手を得たことを祝う、など。自分が痛みを避けるような選択をしていることを自覚していれば、その選択を広い視野でとらえ、生活への影響を抑えることができる。

第7章　自分を信頼する

昔むかしの一九八七年のこと、アリゾナ大学のグレゴリー・ノースクラフトとマーガレット・ニールの両教授が、楽しい実験をしようと思い立った。二人はある住宅のオープンハウスに、アリゾナ州トゥーソンのもっとも尊敬され信頼を集める不動産業者の集団を招いた。全員がトゥーソンの不動産を専門とし、地元の市場や不動産価格にかけてはだれよりもくわしいプロだった。ノースクラフトとニールは彼らに家を検分してもらい、近隣の類似物件の販売価格（参考価格）とマルチリスティングサービス（不動産情報システム、ＭＬＳ）の情報、その他の説明情報を提供した。

業者に与えた情報はすべて同じだが、ＭＬＳに登録した売却希望価格だけが変えられていた。

売却希望価格	専門家による平均推定価格
$ 119,900	$ 111,454
$ 129,900	$ 123,209
$ 139,900	$ 124,653
$ 149,900	$ 127,318

一一万九九〇〇ドルと伝えられた業者もいれば、一二万九九〇〇ドル、一三万九九〇〇ドル、一四万九九〇〇ドルと教えられた業者もいた（主要都市にいま家を持っている人は、この数字を見て泣かないように――大昔の話だ）。売却希望価格は、検分する住宅に関して彼らが目にした初めての情報だった。

つづいてノースクラフトとニールは、トゥーソンの不動産業者に住宅の適正な購入価格を尋ねた。つまり、トゥーソンの市場での予想売却価格だ。

売却希望価格が一一万九九〇〇ドルという情報を与えられた業者は、住宅の価格を平均で一一万一四五四ドルと推定した。売却希望価格が一二万九九〇〇ドルの場合は、平均推定価格は一二万三二〇九ドル、売却希望価格が一三万九九〇〇ドルの場合は、平均一二万四六五三ドル、そして売却希望価格が一四万九九〇〇ドルの場合は、平均一二万七三一八ドルだった。[1]

いいかえれば、彼らが最初に目にした価格である、売却希望価格が高ければ高いほど、推定価格も高かったのだ。売却希望価格が三万ドル高いと、推定価格も約一万六〇〇〇ドル高かった。

専門家の能力にショックを受けた人のためにいっておくと、ノースクラフトとニールがまったく同じ方法を用いて一般人を対象に実験を行ったところ、一般人は売却希望価格にさらに影響を受けやすかった。売却希望価格が三万ドル高いと、推定価格は三万一〇〇〇ドル高かったのだ。たしかに専門家は最初に見た価格に影響を受けたが、影響の度合いは一般人の半分だった。

とはいえ、売却希望価格はどんな人の住宅の価値判断にも、どんな方法でも影響を与えるべきでない。不動産の価値は、直近の取引価格（参考価格）や住宅の品質（検分とMLS情報）、区画面積、近隣の学校の質、競合価格（近隣物件の売却希望価格）などの市場状況によって決定されるべきだ。これはとくに市場や住宅価格に精通している専門家の場合にいえることだが、実際はそうでなかった。売却希望価格が彼らの価値評価に影響を与えていたのは明らかだった。

さて、おもしろいのはここからだ。不動産業者の大半（八一％）が、推定価格を算出する際に、売却希望価格をいっさいまったく参考にしなかったと答えた。一般人では、決定を下す際にこの情報を考慮に入れなかったと答えたのは六三％だった。いいかえれば、売却希望価格は全員の不動産評価方法に影響を与えていたのに、ほとんどの人がそのことに気づきもしなかったのだ。

なにが起こっているの？

あなたが一番信頼を置いているアドバイザーはだれだろう？　疑問や不安があるとき、だれに助言を求める？　親、牧師、教師、それとも政治家？

じつは私たちが一番信頼しているのは、なにを隠そう自分自身だ。これはあまりよいことではないかもしれない。意識していようがいまいが、私たちは価値判断を下す際に自分の叡智《えいち》を頼りにする。人より経験豊かでなくても、賢くなくてもかまわない。自分への過信がもっとも顕著でもっとも危険な影響をおよぼすのは第一印象で、そのとき私たちはアンカリングのえじきになりやすい。

アンカリングとは、なにかの決定を下す際、その決定とはまったく関連性のないはずのものごとに引きずられて、結論を引き出してしまう傾向をいう。無関係な情報によって、意思決定プロセスが汚染されるのだ。私たちが数値によって決定を惑わされるようなことはあまりないから、アンカリングはそう気がかりではない、とあなたは思うかもしれない。だがアンカリングの第二のより危険な影響は、最初の無関係な出発点が、それ以降のすべての決定の判断材料になりかねないことだ。

トゥーソンの不動産業者はアンカリングを経験した。ある数字を目にし、それについて考え、それによって影響された。彼らは自分自身を信頼したのだ。

住宅の売り出し価格が一四万九九〇〇ドルだと聞くと、その数字は不動産業者の頭にとどまり、住宅の価格と関連づけられた。そしてそれ以降、その数字は彼らが価格を推定する際の判断基準となった。それを意識していたかいなかったかはともかくとして、彼らが信頼する個人的な基準点（アンカー）となったのだ。

「一四万九九〇〇ドル」という数字をただ見聞きすることは、住宅の価値評価に本来なんの影響も与えるべきでない。それはただの数字だ。でもそうじゃない！　ほかの明確な情報や、検証可能な確実な価格情報がないなかで――そしてほかの背景情報がたくさんあったにもかかわらず――不動産業者はその数字を見せられたがために推定価格を変え、それ以降その数字に影響されつづけた。まるで磁石やブラックホールのように、そう、まさにアンカー（錨《いかり》）のように、その数字に引き寄せられたのだ。

錨を上げて

毎日一時間だれかの犬を散歩させる代金として、あなたならいくら請求する？　ジュース一缶をいくらで買う？　こんな質問なら、少なくとも大体の答えを出すのに、そう時間はかからないだろう。たとえばあなたはジュース一缶に一ドルなら出せると考えている。これをあなたの留保価格という。一般にジュースのようなものについては、どんな人の留保価格もほぼ同じになるが、それはなぜだろう？　ジュースが同じくらい好きだから？　可処分所得の水準がほぼ同じだから？　似たような選択肢を検討するから？　だれもが似たような答えにたどり着くだなんて、私たちはジュースに払ってもいい金額を決めるのに、どんなプロセスを経ているのだろう？

需給の法則によれば、留保価格を決める際に考慮に入れるべきは、その品が自分にとってどれだけの価値があるか、ほかにどんな出費の選択肢があるか、の二点だけだ。だが現実には、私たちは売値を大いに考慮する。この品は食料品店やホテル、空港で、通常いくらで売られているだろう？　売値は需給の枠組みとは別次元の考慮事項だが、ほかのアンカーと同様、支払い意思額（その品に支払ってもよいと考える金額）に影響を与える。「このジュースの売値はふつう一ドルだから、一ドル払ってもいいだろう」「顧客は一ドル払ってくれるから、売値を一ドルにしよう」という、循環的な関係になる。これがアンカリングの効果だ。ジュースの価格は一般に約一ドルだから、その金額を支払う。いったん一ドルで缶ジュースを買うと、その決定がいつまでもつきまとい、それ以降の価値判断に影響をおよぼしつづける。私たちはある金額をある品と末永く結びつけたのだ。死が――または振った炭酸ジュースの缶が――両者を分かつまで。

アンカリングの影響が初めて実証されたのは、一九七四年にエイモス・トベルスキーとダニエル・カーネマンが行った、国連に関する実験においてである。[2] この実験ではまず大学生にルーレットを回してもらったが、ルーレットには細工がしてあり、一〇か六五の数字にしか止まらない仕掛けになっていた。それから学生に二つの質問をした。

問1．国連加盟国のうちアフリカ諸国の占める割合は一〇／六五（ルーレットの止まった数）％より多いか少ないか？

問2．国連加盟国のうちアフリカ諸国が実際に占める割合は何パーセントか？

問1で、「国連加盟国のうちアフリカ諸国の占める割合は、一〇％より多いか少ないか？」と聞かれた学生の場合、問2の回答の平均値は二五％だった。他方、最初に六五という数字を見せられた学生の場合、問2の回答の平均値は四五％だった。つまり、問1で使われたルーレットの数字が、それとは独立した問2の答えに大きなちがいをもたらしたのだ。最初に一〇（または六五）という数字が使われたために、学生はその数字を、国連加盟国に占めるアフリカ諸国の割合と関連づけて考えた。いったん一〇／六五という数にさらされると、その数字によって、本来なんの関係もないはずの問2における判断が影響を受けたのだ。これがアンカリングの作用だ。

この無意味でなんの役にも立たない数字が頭から離れない読者のためにいっておくと、一九七〇年代には国連加盟国の二三％がアフリカ諸国だった。

このことから、なにかの値（住宅が何ドルか、サンルーフがCDチェンジャー何個分か、国連に加盟しているアフリカ諸国は何か国かなど）を知らないとき、私たちはとくに暗示（ランダムな数字であれ、意図的な操作であれ、自分の愚かしさであれ）に影響されやすくなることがわかる。

出費の痛みと相対性の説明でも触れたように、私たちは不確実性の海で遭難すると、なんであれ流れてきたものにしがみつく。そんなときアンカー価格は、簡単でなじみのある出発点になるのだ。

トゥーソンの売却希望価格は、回る国連ルーレットと同様、価値の認識における出発点になった。売却希望価格が高いほど、認識された価値も高かった――本来なら支払い意思額をもとに決定されるべきだというのに。そして支払い意思額は、売り出し価格ではなく、機会費用をもとに決められるべきだ。

トゥーソンの物語の重要な点は、実験に参加した不動産業者がもっとも情報に精通していて、経験豊かで、真の価値を推定できると期待されていたことだ。いうなれば、海で一番遭難しそうもない人たちだ。価値だけを考慮に入れて住宅価格を評価できる人がいるとしたら、彼らを置いてほかにいない。なのに彼らにはそれができなかった。このことは、不動産がいかにいい加減かを示す証拠だという人がいるかもしれないし、そのことにわれわれ住宅所有者は同意するかもしれない。だがより一般的に考えれば、そんなことがプロに起こるなら、だれにでも起こり得るといえる。実際、そのとおりなのだ。

だれでもどんなときも、たいていは知らず知らずのうちに、アンカーに影響されている。実際、不動産業者の八一％と一般人の六三％が、自分はアンカー価格に影響されていないと断言した。じつはひどく影響されていたことがデータで示されているのだが、彼らは影響されていることに気づきさえしなかった。

アンカリングとは、自分自身を信頼することにほかならない。なぜならアンカーが意識に入り、自分のものとして受け入れたとたん、私たちはそれが重要で、たしかな情報に裏打ちされていて、合理的だと、直感的に信じてしまうからだ。だって自分を惑わそうとする人なんているはずがないだろう？　それにこんなに利口な自分がまちがっているわけがない。人は自分のまちがいを、自分にもだれにも認めたがらないものだ。自分のまちがいを認めるのは簡単ですか、とだれかに聞いてみるといい。とんでもない！　それはこの世で一番難しいことの一つだ。

このケースで人が自分の誤りを認めたがらないのは、傲慢というより怠惰によるものだ（傲慢が一般的に重要な行動促進要因ではないといいたいのではなく、単にこのケースでは重要な要因でないというだけだ）。難しい選択はしたくない。必要に迫られない限り無理はしたくないから、簡単でなじみのある決定に流れる。そしてその決定は、脳に錨で固定（アンカリング）された出発点の影響を受けることが多いのだ。

立ち聞き

ここで**ハーディング**と**自己ハーディング**について考えてみよう。ハーディングとは、群衆と同じ行動をとること、すなわち他人の行動を基準にものごとの善し悪しを判断することをいう。だれかがそれを好きなら、よいレビューを書くなら、見るなら、するなら、お金を支払うなら、それはよいものにちがいないと思い込む。他人が高く評価しているように見えるから、価値が高いにちがいないと考える。ハーディングは、イェルプなどのレビューサイトを支える心理であり、行列ができるレストランやクラブに私たちが引きつけられる理由でもある。そうしたクラブは客を中で待たせられないのか？　いや、わざと外で待たせているのだ。長い行列は、デザイナーの手がけたウォッカや強烈な爆音にお金を使いたがっている人たちを駆り集める、ファッショナブルで魅力的な灯台の役目を果たす。

　自己ハーディングは、アンカリングの第二のより危険な部分だ。自己ハーディングは、ハーディングと基本的に同じだが、他人の決定ではなく、過去の自分が下した、似たような決定が基準になるという点だけが異なる。自分が前に高く評価したから、高い価値があるはずだと考える。私たちが「ふだん」や「いつも」の価格を参考にするのは、自分自身の行動を信頼しているからにほかならない。自分が特定の価値判断を何度も下したことを覚えているから、時間と労力をかけてその決定をじっくり評価したりせず、もとから正しいものと見なす。自分は意思決定の名人だから、自分が前に下した決定は最高で、もっともな理由があるに決まっている。当然だろう？　一度ラテに四ドル、オイル交換に五〇ドル払ったら、その後もそれをつづける可能性が高い。自分がその決定を下し、そのことを覚えていて、しかも自分の決定を好ましく思っているからだ。たとえそのせいで無駄なお金を使うはめになってもかまわない。二五ドルのオイル交換を待ちながら、無料でコーヒーが飲める場所があったとしても、おかまいなしだ。

　このように、アンカリングは一つの決定からはじまるが、やがて自己ハーディングと化すとより大きな問題になり、自己欺瞞と誤信、誤った価値判断という、果てしのない悪循環を生み出す。

希望価格というアンカーのせいで、なにかを特定の価格で購入すると、その購入価格は、それがよい決定だったという証拠になる。そしてそれ以降はその価格が、類似品を買うときの出発点になるのだ。

アンカリングと自己ハーディングに似た、価値判断を惑わす別の手がかりに、**確証バイアス**がある。確証バイアスが頭をもたげるのは、私たちが自分の予想や期待を確証するような方法で、新しい情報を解釈するときだ。また自分の過去の決定を肯定するような方法で新しい決定を下すときにも、確証バイアスが作用している。過去にお金に関する決定を下すと、自分は最善の決定をしたにちがいないと思い込む。そこで自分の考えを裏づける情報を探して、自分の決定のすばらしさに一層満足する。その結果、過去の決定はさらに強化されるから、今もこの先も単純に先例に従うようになる。

確証バイアスの威力を知るには、自分が世の中に関する情報をどうやって手に入れているかを考えるだけでいい。気に入った報道機関のニュースを視聴し、自分がすでにもっている考えに反する情報を退ける。先入観を裏づけるニュースや合致するニュースに注目する。これは個人としては気分のよい方法かもしれないが、市民や国家として望ましい方法とはいえない。

過去の自分の決定を信頼するのは、ある意味では当然のことかもしれない。だれしも自己不信のストレスを感じながら生きていたくないし、また過去の決定には実際に理にかなった、繰り返す価値のある決定もあるだろう。とはいえ、過去の決定に頼るのは、その決定を下した過去の自分を過信するということでもある。四ドルのコーヒーを買うという意識的な選択であれ、家に一四万九九〇〇ドル支払うことを検討するという無意識の選択であれ、最初の価値判断を下した自分自身を信頼するということだ。「第一印象はとても大事で、やり直しはきかない」というが、これは人間関係だけでなく、お金の決定にも当てはまるのかもしれない。

アンカリングが影響をおよぼすのは不動産価格だけではない。給与交渉（最初の提示額が結果に大きなちがいを生む）や株価、賠償金にはじまり、「一二個買ったら一個無料」のような表示につられて買いだめする傾向など、じつにさまざまなお金の決定に影響を与えるのだ。[3]

アンカリングの例はいくらでも挙げることができる。では（一）これから紹介する例の数は、一〇〇個より多いか少ないか？　（二）実際に紹介する例は何個か？　いやいや、からかっただけだ。

▼ 車の購入に話を戻すと、メーカー希望小売価格で車を買う人などほとんどいないのに、でかでかと表示されているのにはわけがある。アンカリングだ。

▼ ショッピングモールの奥のほうを歩いていると、靴屋の前を通りかかった。ウィンドウにきらびやかなパンプスが輝いている。だが一番目を引くのは二五〇〇ドルという、思わず息を呑んでしまうような値札だ。靴一足に、にせんごひゃくドルですって？　ちょっと考えてみるが、とても信じられない。とにかく店に入ると、とてもとても気に入ったが、ぜったいぜったい買ってはいけない、別の五〇〇ドルのハイヒールをいつの間にか手にもっている。でも二五〇〇ドルのパンプスの国では、五〇〇ドルの靴は掘り出し物だ。

▼ 靴より食べもののほうがいい？　それなら、高級レストランで美しいメニューを見てい

るとしよう。最初に目に飛び込んでくるのはなんだろう？　ロブスターと、牧草だけを食べマッサージを受けて育った贅沢な神戸牛のトリュフがけの盛り合わせ、一二五ドルなり。これは食べたい品でもないし、注文もしないが、それでも私たちの視点をメニューのほかの品の価値にアンカリングし、ほかのどの品も相対的に手頃だと思わせる役目を果たすのだ。*

▼アメリカ企業の役員報酬が高騰しているが、その理由の一つがアンカリングだ。それまで一〇〇万ドルや二〇〇万ドル、三五〇〇万ドルといった報酬を得ていたCEOが労働市場に参戦すると、そうした金額は――少なくとも、ほかの経営幹部の目から見た――企業幹部の経営能力の価値に対する期待値や推定値を上昇させる。この種の報酬のアンカリングを、彼らは「ベンチマーキング」と呼ぶ。「高報酬のもらい逃げ」より聞こえがいいからだ。

▼相対性のところで出てきた、サルバドール・アサエルの黒真珠を覚えているだろう？　黒真珠はダイヤモンドや宝石の隣に置かれたため、高価に見えた。この位置が、黒真珠の認識価値をダイヤモンドなどの希少な宝石の認識価値にアンカリングする役目を果たした。ダイヤモンドの認識価値は、デビアス一族の努力の甲斐あって非常に高いのだ。

こうした無数の例から、アンカリングが価値に対する私たちの認識をさまざまな方法で変え得ることがわかる。

ゼロというアンカー

アンカリングには価格を低く抑える効果もある。でも、ただお金を節約したからといって、価値を正しく判断したことにはならない。

前にとりあげた無料アプリの例を考えてみよう。アプリはいくつかの価格帯にすっきり分類されていて、そうした価格がいったん定着すると、私たちはアプリの利点を、同じ金額を別のことに費やした場合に得られるメリットと比較対照したりせず、たんにアプリの価格を最初のアンカーと比較して考える。

たとえば週二回、一五分ずつ一年間利用できる新しいアプリが、一三ドル五〇セントだったとする。この価格は高いのか、それとも安いのか？　アプリを使用することで得られる楽しみと効用の絶対量を、同じ金額を使ってできるほかのことと比較するのは難しい。そこで私たちは、このアプリと今使っているほかの無料アプリの価格を比べ、このアプリには価格に見合う価値がないと判断する。でもちょっと待った！　このアプリは年に二七時間も楽しむことができる。その時間は一八本分の映画に相当し、それだけの映画をｉＴｕｎｅｓでレンタルすれば七〇ドルかかるし、映画館で見ればもっと高くつく。また三〇分一話のテレビ番組の五四話分に相当し、それだけ見るには一話九九セントとして、計五三ドル四六セントもかかる。そう考えると、一三ドル五〇セントで二七時間楽しめるのは悪くないかもしれない。問題は、私たちがこんなふうに考え

＊レストランコンサルタントのグレッグ・ラップらによると、メニューの一番高い品は、二番目に高い品の購入を促すことにより、実際に収益を生むのだという。これはアンカリングと相対性を利用した、おとりの価格設定だ。

ないことだ。むしろ価格だけを基準にこのアプリをほかのアプリと比較する——そしてその価格はゼロ（無料）にアンカリングされている。その結果、楽しみを最大化せず、経済的にも不合理な方法でお金を使うことになるのだ。

知らぬが仏

私たちは知識がないときほどアンカーに頼りやすい。不動産業者の例に戻ろう。トゥーソンの不動産業者も「普通の人たち」も、まずアンカー価格を見せられ、それから住宅の価値を評価した。住宅の価値にかけては一般人より造詣が深いはずの不動産専門家は、あまり知識のない人たちほどには、アンカー価格に影響されなかった。また、もしもこの実験で、ＭＬＳ情報や競合価格、その他の有用な情報を与えられない集団があったなら、知識がさらに少ないせいで、アンカリングの影響を一層強く受けたことだろう。

この研究成果、つまり価値を大まかに把握しているときは、まったくわからないときに比べてアンカリングの影響を受けにくいことを覚えておこう。最初から頭のなかで価値と価格帯が確立されていれば、価値判断はアンカーの影響を受けにくいのだ。

ウィリアム・パウンドストーンは著書のなかで、アンディ・ウォーホルの死後、ロングアイランドのモントークにある彼の邸宅が売りに出されたときの話を伝えている。芸術作品の価格ですら恣意的に思えるのに、著名な芸術家が（ときたま）暮らしていた家の価格をどうやって決めればいいのだろう？　この場合の価値標識はなんだろう？　ウォーホルの存在感、オーラ、それとも「一五分間の名声」（ウォーホルの名言、「未来には誰でも一五分間は有名でいられるだろう」による）だろうか？　邸宅は、当初五〇〇〇万ドルというばかげた価格で売り出されたが[4]、のちに四〇〇〇万ドルに値下げされた。一〇〇〇万ドルも値下げできるなら、なぜそもそも法外な価格で売り出したのか？　アンカリングだ。五〇〇〇万ドルはアンカーとして残り、やがてだれかが二七五〇万ドルを支払った。元の提示価格のほぼ半額だが、それでも提示価格はご・せん・まん・ドルだったのだ。もし当初の提示価格が九〇〇万ドルだったなら――これでも大金だが、この地域の物件の水準にまだ近い――売却価格がその約三倍に上がったはずがない。法外な提示価格が、邸宅の認識価値を引き上げたのだ。この売値は、有名ブランドのトマトスープ缶を描いた偉大な画家が死後に放った、消費者文化に対する皮肉だったのかもしれない。

　ウォーホルの別宅のような、正確に評価できないモノやサービスを前にすると、私たちはアンカリングに強く影響される。従来のどんなものともかけ離れた新製品を初めて見たときは、さらに強く影響される。想像してほしい。市場も、類似品も、ベンチマークも、背景情報もなにも存在しない製品／サービスだ。宇宙からやってきたような品だ……。

　スティーブ・ジョブズがｉＰａｄを発表したとき、だれもそんなものを見たことがなかった。彼はスクリーンに「九九九ドル」という数字を表示し、どんな専門家に聞いても九九九ドルが適正価格だといわれたと、聴衆に告げた。彼はその数字をスクリーンに表示したまましばらく話しつづけ、そして最後に……四九九ドルという価格を明かしたのだ。おお～！　なんておトクなんだ！　目玉が飛び出るほどだ！　子どもたちはうれし泣きしている。電子の大フィーバーだ！

　ダンは以前行った実験で、次の活動を行う対価として、いくら要求するかを協力者に尋ねた。顔を青色に塗る、三足の靴のにおいを嗅ぐ、マウスを一匹殺す、街角で一五分間歌う、三足の靴を磨く、新聞を五〇軒に配達する、一時間犬の散歩をする。これらのなかには靴のにおいを嗅ぐ、マウスを殺すなど、市場が存在せず、自分のよく知っている方法で価格を決められないような活動もあった。これに対して、靴磨きや新聞配達、犬の散歩などは、最低賃金の近辺にわりあい標準的な価格帯が存在する。アンカーが存在するこうした活動の場合、協力者は最低賃金と大差ない価格を答えた。だがアンカーが存在しない最初の四つの活動（顔を塗る、靴のにおいを嗅ぐ、マウスを殺す、歌う）に関しては、答えはまちまちだった。無料に近い金額でやるという人もいれば、数千ドルほしいという人もいた。

なぜだろう？　靴のにおいを嗅ぐなどの活動は、市場価格がわからないから、自分の志向を出発点にするしかない。これは人によって千差万別だし、簡単には見きわめられないことが多い。自分の内面を見つめ、自分はなにが好きなのか、嫌いなのか、なににお金を支払う用意があるのか、それをどれだけ楽しめるか、なにをあきらめる用意があるか（機会費用）等々を考えなくてはならない。この厄介なプロセスをなんとかやり抜き、ようやくはじき出した価格は、人によって大きく異なる。

他方、オーブントースターなどの市場価格があるものに関しては、自分の志向をじっくり考えたりしない。そんな必要はない。市場価格を出発点にできるからだ。それでも機会費用や予算は考慮するかもしれないが、出発点は自分の基準価格ではなく市場価格だから、最後にたどり着く価格は出発点とそう変わらない。

これを別の角度から考えるために、一晩のすばらしい快眠を金額で表してみよう。寝つきがどれだけいいか、寝るのがどれだけ好きかなどによって、一人ひとり答えはちがうはずだ。この経験の価値はお金にするといくらだろう？　簡単には答えられない。でもチョコレートを食べたりミルクシェークを飲んだりする楽しみをお金に直すのはどうか？　自分にとっての価値はすぐわかるはずだ。それは、この経験から得られる楽しみを計算できるからではなく、市場価格を出発点として、最終的にそれに近い価格をはじき出すからだ。同様に、三〇秒間足を踏まれることの対価を決めるのは難しいが、もしも足踏まれの市場があれば、もっと簡単に価格を設定できるだろう。それは、楽しみを評価する作業が簡単だからではなく、別の手法（アンカリング）を使って答えを出すことができるからだ。必ずしも正しい答えではないが、答えだということに変わりはない。なにはともあれ、これをきっかけに足踏まれと靴のにおい嗅ぎの分野で読者が起業してくれることを望みたい。

理由なき一貫性

もう気づいていると思うが、アンカリング効果では、最初に目にした価格（メーカー希望小売価格など）も、過去に自分が（缶ジュースなどに）支払った価格も、アンカーになり得る。希望小売価格は外的なアンカーの一例だ。憧れの車の価格は三万五〇〇〇ドルだという考えを、自動車メーカーによって植えつけられる。ジュースの値段は内的なアンカーで、過去にコーラやダイエットコーラ、ニュー・ダブルダイエット・ニュー・カフェインフリー・チェリーコークゼロ・ライム入りを買った自分の経験に基づいている。これら二種類のアンカーは、基本的に同じ影響をおよぼす。[5] 実際、なにがアンカーになるかはあまり重要ではない。私たちがなにかをある価格で買おうと決めるとき、アンカリング効果が作用している。この場合の数値（価格）は、完全にランダムで恣意的な場合もある。

　ドレーゼン・プレレク、ジョージ・ローウェンスタインとダンが行ったおもしろいアンカリングの実験を紹介しよう。ＭＩＴの学部生にコンピュータのマウス、コードレスキーボード、高級チョコレート、高評価のワインなどの品を見せて、それぞれをいくらで買うかを尋ねた。だが価格を聞く前に、学生に自分の社会保障番号の下二桁というランダムな数字を書きとめてもらい、その金額でそれぞれの品を買うかどうかを尋ねた。たとえば下二桁が五と四の学生には、キーボードやワインなどを五四ドルで買いますかと聞いた。その後、それぞれの品に支払ってもいい実際の上限金額を答えてもらった。

　この実験結果でとくにおもしろいのは、学生が支払ってもよいと答えた金額が、各自の社会保障番号の下二桁の数字に相関していたことだ。つまり、数字が大きい人ほど支払い意思額が高く、数字が小さい人ほど金額は低かった。社会保障番号はそれぞれの品の真の価値とはもちろんなんの関係もないのに、それでも彼らが品々に与えた評価に影響したのだ。

　ドレーゼン、ジョージ、ダンが、社会保障番号が価値評価や価格に影響を与えたと思うか、と学生に尋ねたのはいうまでもない。全員がノーと答えた。

　まさにこれがアンカリングの作用だ。しかもこのケースでは完全にランダムなアンカリングだったのに、価格に影響をおよぼした。これ以上ないほどランダムな数字でも、いったん頭のなかで価格として確立されると、関連するほかの品の価格に、現在と将来にわたって影響を与えつづける。[6] 論理的に考えればおかしな話だが、実際そうなのだ。私たち人類は遠い昔に論理をどこかへやってしまったようだ。

大事なことだから繰り返そう。どんなにランダムな数字であっても、なんらかの決定と関連づけられれば、アンカー価格になる。そうした決定は力をもち、それ以降の決定に影響をおよぼしつづける。つまり価格づけに関する初期の決定が重要だということ、そうした決定が頭のなかで価値を確立し、それ以降の価値計算に影響を与えることを、アンカリングは示しているのだ。

話はそこで終わらない！　アンカーは**理由なき一貫性**と呼ばれるプロセスを通して、長期的な影響力をもつようになる。理由なき一貫性とは簡単にいえば、たとえ私たちの支払い意思額がランダムなアンカーに大きく影響されていたとしても、いったんそれがその商品分類の価格として確立すると、同じ分類のほかの商品のアンカーになるということだ。さっきの実験に参加した学生は、同じ分類の二種類の商品に値段をつけた。二種類のワインと、二種類のコンピュータアクセサリ（ワイヤレスキーボードとマウス）だ。では同じ分類の最初の品（一本めのワインとキーボード）に関する決定は、同じ分類の二番めの品（二本目のワインとマウス）に関する決定に影響をおよぼしただろうか？　もう驚かないと思うが、答えはイエスだ。最初の決定は二番めの決定にたしかに影響を与えた。最初に見たものが普通のワインだった人は、二本めの高級なワインにより多くの金額を支払う意思があり、最初に高級なワインを見た人は、二本めのワインに対する支払い意思額はより少なかった。コンピュータのアクセサリについても同様だ。

つまり、いったんある分類内で最初の決定を下してしまうと、最初のアンカーのことは頭から抜け落ち、次の決定は最初の決定をもとに下すようになる。一本めのワインには、社会保障番号の七と五のランダムな影響で六〇ドル支払うが、二本めのワインは七と五とは無関係に、六〇ドルのワインとの比較で価格を決める。つまりアンカリングから相対性に移るわけだ。もちろん、アンカーも要因としてその価格に織り込まれている。一本めのワインに四〇ドルなどではなく六〇ドルの価格をつけたのはその影響だし、もし二本めのワインが一本めの半分の価値しかないと判断すれば、二〇ドル（四〇ドルの半額）ではなく三〇ドル（六〇ドルの半額）を支払うのだから。

実生活では、私たちはほとんどのものごとの評価を相対的に下す。テレビはテレビと、車は車と、家は家と比較する。理由なき一貫性が教えてくれるのは、二つのルールが存在し得るということだ。最初は、ある分類の品の基準価格を完全に恣意的な方法で定めるが、いったんその分類内で決定を下してしまうと、それ以降同じ分類の品に関する決定は相対的に、つまり決定同士を比較することによって下される。賢明な方法のように思えるが、そうではない。無関係なアンカーが出発点になっているため、それ以降のどの価格にも真の価値が反映されないのだから。

ドレーゼン、ジョージ、ダンが実験で示したのは、ランダムな出発点と、そうしたアンカーからはじまった価値判断のパターンによって、秩序の錯覚が生み出されるということだ。私たちはなにかの価格がわからないとき、いやそれをいうならなにかに確信がもてないとき、藁にもすがろうとする。アプリ、ｉＰａｄ、泡なしソイラテ、靴のにおい嗅ぎは、確立された価格が存在しない、またはそれまで存在しなかったものごとだ。いったん希望価格が提示され、妥当なものとして受け入れられると、その価格が頭のなかに固定され、それ以降アンカーとなって将来にわたり類似品の価値評価に影響を与えつづける。

最初のアンカーは、いろいろな意味で、お金に関するきわめて重要な価格指標になる。それは現実の判断基準となり、私たちは長いあいだにわたってそれを現実的で妥当と見なすのだから。

マジシャンやマーケター、政治家は、社会保障番号のアンカーのような単純で強力なトリックがのどから手が出るほどほしいだろう。だが私たち一般人に、こうした数字や相対性、価格が教えてくれるのは、よいワインであれ相対的に劣るワインであれ、だれしもお酒を必要としているということだ。

自分の考えを鵜呑みにしてはいけない

一〇代の頃は自分を完璧だと思い込むことが多い。自分はスーパーヒーローだ。だが歳をとるにつれ、限界を感じるようになる。自分はまちがいもする。スーパーヒーローなんかじゃない、ただの赤いタイツをはいた人間だ。自分の肉体的限界や選択の愚かさを思い知るようになる。でも私たちがなにかを——大したことでなくても——学ぶのは、意識的に決定を下したときだけだ。無意識の決定や注意を払わない決定、忘れてしまった決定、なんとなく人生の判断基準としてきた決定には、そもそも疑問をもったりしない。

なにかが自分にとってどれだけの価値があるのかなんて、本当のところはわからない。そのことはもうわかってもらえただろうか。そして私たちはアンカーという示唆された価格にあまりにも簡単に、無意識のうちに影響されるため、価値を評価することはさらに難しい。だから私たちは手がかりを探し、自分自身を頼りにする。過去の自分の価値決定が賢明であろうとなかろうとおかまいなしだ。私たちはいわば巨人の肩の上に立っているが、その「巨人」は、自分が過去に犯した巨大なまちがいかもしれないのだ。

投資関連の資料には「過去の実績は、将来の業績を保証するものではありません」という免責事項が記載されている。アンカリングが私たちの価値判断能力に多大な影響をおよぼすことと、多くのアンカリングが自分の過去の選択を基準にしていることを踏まえて、人生にも免責事項を適用すべきかもしれない——「過去の決定は、将来の実績を保証するものではありません」。

またはこういいかえてもいい。自分の考えを鵜呑みにしてはいけない。

第８章　所有物を過大評価する

トムとレイチェルのブラッドリー夫妻は、アメリカの中都市に住む架空の夫婦だ。子どもが三人と車が二台、犬が一匹いて、気の利いた冗談とホームコメディ、甘ったるい飲みものをこよなく愛している。レイチェルはフリーランスのコピーライター、トムは高品質ウィジェットの製造、流通、販売を手がける全米有数の企業、ウィッジコー社の営業主任だ。彼がこの会社に入ってもう一五年になる。

トムとレイチェルの双子の子ども、ロバートとロバータが大学生になって家を離れたため、夫妻は小さめの家に引っ越すことにした。ちょうど第三子のエミリーが高校に上がったところだし、親しい友人も多いから、この地域を離れたくない。でも寝室は四つもいらないし、お金が浮けば別のことに回せる。

自宅売却の第一歩として、二人は手数料を節約するために自力で物件登録した。売却希望価格は一三〇万ドル。*だが買い手からのオファーがないばかりか、イライラさせられることも多かった。オープンハウスに来た客は、ささいな欠陥にばかり気をとられるのだ。ペンキのはげ、さびついた給湯器、「おかしな」設計など。トムとレイチェルは、キッチンとリビングでの子どもたちの思い出を語り、愛犬とじゃれ合った場所を教え、これまでにしたリフォームや、空間を広く使うためのレイアウトの工夫を得々と説明するのに、だれも感心した様子がない。この家がどんなにすばらしくて、どんなにお買い得かに気づきもしないようだ。

ブラッドリー夫妻は、とうとう不動産業者の助けを借りることにした。不動産ブローカーのミセス・ヘザー・シッカリモノは、売却希望価格を一一〇万ドルに下げるべきだと主張する。二人は異を唱えた。知り合いが近所の似たような家を三年前に一四〇万ドルで売ったし、この家には一三〇万ドルと一五〇万ドルで売却を打診されたこともある。あれは三年前のことだったが、インフレ率を考慮すれば、今もそれくらいの価値は十分あるはずだ。

「あの頃は不動産ブームでしたから」とヘザーはにべもない。

「あれから三年も経ってるんだから、価値は上がってるはずよ……」とレイチェルは食い下がる。

「それにうちのほうがずっとステキなんだから」

「あなた方にとってはそうでしょう、でもあちこちガタが来ているじゃありませんか。それに近頃オープンフロアは流行らないんですよ。買ってから大幅な手直しが必要になりますからね」

「なんだって⁉」とトムが叫ぶ。「これだけ改造するのにどれだけの時間と手間とお金をかけたと思う？　すばらしいじゃないか」

「あなた方にとってはたしかにそうでしょう……まあ、あれはいったいなんですの？」

「自転車のラックだ」

「食卓の上に？」

「食事が楽しくなる」

彼女はあきれたような顔をする。「まあ、どうされるのもご勝手ですが、悪いことはいいません、お売りになりたいのなら一一〇万になさるんですね。それに近い金額で売れたら御の字ですよ」

この家は一四年前に四〇万ドルで買ったから、どう転んでも大きな利益が出るのはまちがいない。それでもこの家のすばらしさがわからないなんて、ヘザーも買い手も見る目がないな、と二人は思う。

深夜におよぶ話し合いを重ね、結局シッカリモノ社を通して一一五万ドルで売りに出した。すると一〇九万ドルのオファーがあった。ヘザーは大喜びで、すぐにでも受けるべきだというが、二人はもう少し様子を見たいと粘った。一週間すると、ヘザーがせっついてくる。「現実的になりましょうよ。これ以上待ってもせいぜい一万五〇〇〇ドルか二万ドルの上乗せでしょう。割に合いませんよ。今売れば、早く引っ越せるじゃありませんか」

結局、彼らは一〇八万五〇〇〇ドルで家を売った。不動産会社ヘザー・シッカリモノ&アソシ

＊今日のアメリカの中都市の不動産相場は、第7章の一九八七年のアリゾナ州トゥーソンの相場とは大きく異なる。

エイツは、この取引で六万五〇〇〇ドルを得た。

そうこうするあいだにも、二人は新しい家を探している。いろいろ見たがどれも気に入らない。意味不明なおかしな改修に、家中子どもの写真だらけだ。それに売り手ときたら、こんな価格を設定するなんてどんな妄想だ。どう考えても実際の価値をはるかに超えている。「市場が過熱していたのは三年も前だぞ」「ほんと、どうかしてるわ」「時勢は変わったんだ。売り出し価格だって変えないと」

最後にすてきな家が見つかった。希望価格六五万ドルに対し、六三万五〇〇〇ドルのオファーを出すが、売り手は待ってほしいという。不動産業者からは「急いでお決めになったほうがいいですよ、買い手がほかにも現れましたから」と急かされるが、二人は信じない。最終的に六四万ドルで買えた。一件落着だ。

なにが起こっているの?

ブラッドリー夫妻の不動産経験は架空の物語だが、多くの実話に基づいている。さらに重要なことに、この物語には所有物を過大評価する私たちの傾向がよく表れている。

理想的で合理的な市場では、ある品の価値について、売り手と買い手が同じ評価に達するはずだ。そしてその価値は、効用と機会費用によって決まる。だが現実の取引では、所有者の評価が買い手の評価より高い場合がほとんどだ。ブラッドリー夫妻は持ち家の価値を実際より高く見積もった——たんにその家をしばらく所有し、数々の「すばらしい」リフォームを施し、そのせいで「自分のもの」という意識が高まったというだけの理由で。私たちはなにかに投資をすると所有意識が高まり、そのせいで所有物に実際の価値とほとんど無関係な評価を与える。なにかを所有すると、どのようないきさつで所有するようになったかにかかわらず、それを過大評価する。なぜだろう？　それは**授かり効果**と呼ばれる傾向のせいだ。

ただなにかを所有しているというだけで、その価値を高く評価するという概念は、ハーバード大学の心理学者エレン・ランガーによって初めて実証され、のちにリチャード・セイラーによって展開された。授かり効果の基本的な考え方は、あるものを今所有している人はそれを過大評価し、そのために将来の所有者が買おうとする金額よりも高い金額で売ろうとする、ということだ。[1]なぜなら、それを買おうとする人は所有者ではないため、所有物への愛着から生じる授かり効果の影響を受けないからだ。一般に、授かり効果を試す実験では、売値は買値の約二倍にもなる。

ブラッドリー夫妻の売却希望価格（彼らにとっての価値）は、買い手の購入希望価格より高かった。そのくせ夫妻の立場が売り手から買い手へと逆転すると、価格のミスマッチも逆転した。つまり、買い手としての夫妻は、目をつけていた家を所有者より低く評価した。

表面的に見れば、これはあたりまえのように思える。売値はできるだけ高く、買値はできるだけ低くしたいと考えるのは、まったく理にかなったことだ。安く買って高く売るのはビジネスの鉄則だ。この現象も「売値は高く、買値は低く」の一例だろう？　そうではない。これは交渉テクニックの話ではないのだ。精密な実験の結果、高い売値は所有者が実際にその品に認める価値で、低い買値は潜在的な買い手が実際にその品に認める価値だということが判明している。なにかを所有すると、そのものを実際より高く評価し、そのうえ他人も高い価値に気づいて割高な金額を払ってくれるはずだと、あたりまえのように考えるのだ。

このような過大評価の原因の一つは、所有意識のせいで所有物のよい面に着目しがちだということにある。

ブラッドリー夫妻は家を売るとき、懐かしい思い出にとらわれていた。ここはエミリーが初めて歩いた場所、どっちのほうが親に愛されているかをめぐって双子が喧嘩した場所。階段を滑り降りたのはここ、サプライズパーティーをしたのはここ。子どもたちをまちがった名前で叱ったこともあったっけ。夫妻はそうした思い出によって、知らず知らずのうちに家から得た喜びを増幅させ、家の価値を膨らませた。古くなった給湯器やガタがきた階段、危険な自転車ラックのことは、家を買おうとしている人たちほど気にしなかった。よい面に、しあわせだった時代に目が向いていたのだ。

そうした価値はまったく個人的な理由から上乗せされたのに、夫妻は自分たちの視点にとらわれるあまり、二人の経験を知らない他人までもが、同じ視点から家を評価するものと思い込んだ。そうした感情や記憶は、夫妻の家に対する評価を無意識のうちに底上げしていたが、もちろん同じ思い出を共有しない他人にとっての実際の価値とはなんの関係もなかった。だが私たちは所有物を評価するとき、感情による価値の水増しを受けているのが自分だけだということに気づかないのだ。

所有のいきさつ

所有意識はいろいろなかたちで現れる。所有意識が高まる原因の一つに、労力の投資がある。

私たちはなにかに労力を費やすと、それが自分のものだという感覚や、自分がなにかを生み出したという感覚を持つようになる。どんなものでも、労力をかけると、その創出に関わったことで、一層愛着を感じる。それは大きな関わりである必要もなく、実際に関わる必要すらなく、ただなんらかのかたちで創出に関わったと思うだけで愛着が増し、そのため一層高く評価するようになるのだ。家、車、キルト、オープンフロアの設計、お金に関する本など、なにかに労力を費やせば費やすほど、ますます愛着が増し、所有意識が高まる。

労力と所有意識の物語はそこで終わらない。なにかをつくるのが難しければ難しいほど、それを生み出すのに関わったという意識が高まり、愛着がさらに増すのだ。

マイク・ノートン、ダニエル・モチョンとダンは、この現象を「イケア効果」と名づけた。イケア効果とは、あのミートボール・レストラン兼家具屋からとった名称だ。イケアの家具を組み立てるのになにが必要か考えてみよう。車を運転して、不便な場所にある巨大なイケアストアまで行き、駐車場を進み、よその子に気をつけながら、ばかでかい買い物袋を一枚とり、矢印に沿って進み、宇宙時代のキッチン設備に見とれ、連れを宇宙時代のキッチン設備から引き離し、意味不明な商品名を茶化し、ようやくお目当ての品を見つけ、苦労して車まで運び、トランクに積み込む。それから車を転がして家に戻り、荷物を降ろし、全部の荷物を上の階に運び、しゃれているが理解不能な説明書に毒づきながら何時間か費やし、必要なツールがそろっていないと決めつけ、あれ、足の下にあったじゃないか、でもうそだ、これじゃうまくはまらないよ、ねぇ、ちょっとトンカチを上までもってきてくれるかい、ああ問題ないよ、もう少しで完成するから！　大丈夫、ここんところをちょっとはがして、と。平気平気、どうせ裏側だから見えやしない。とうとうできた！　ナイトスタンドとランプの完成だ！　なぜか余ったパーツは家族の見えないところに隠しとこう。

これだけの労力をかけたのだから、強い愛着と誇らしい気持ち、達成感を覚えて当然だろう？これは自分のものだ、自分でつくったんだ！　はした金でなんか売るものか。これがイケア効果だ。[2]

ブラッドリー夫妻がどれだけの労力を家に費やしたかを考えてみよう。オープンフロアの設計、写真、頭上の自転車ラック。これだけの労力が、なにか特別なものを生み出したという感覚をもたらした。彼らの目には、小さな変更や改善を施すたび、家の価値が高まったように見えた。家が彼らの好みにぴったりだったのは、特別なものにするための手間を惜しまなかったからだ。こんなにすてきな家なのに、他人がよさをわかってくれないことが、二人には信じられなかった。

労力をかけずに、なにかを一方的に「所有」することもある。ジブ・カルモンとダンが行った実験で、くじを引いてバスケットボールのチケットを当てたデューク大学の学生は、チケットをもたないほかの学生の支払い意思額をはるかに超える金額でしかチケットを売ろうとしなかった。同じ時間に行われ、同じ経験を提供する、同じ試合のチケットだったのに。[3] くじの勝者は、くじを所有しているという点を除けば、チケットを他人より高く評価する理由はなかった。同様に別の実験で、無料のマグカップをもらったコーネル大学の学生は、もらわなかった学生の二倍の値をマグにつけた。[4] それは学生が〔カフェインの「門限」とされる〕午後二時まではなにがなんでもコーヒーを必要とするからというだけでなく、たまたまマグをもらった学生がすぐに所有意識をもち、その結果マグを過大評価したからでもあった。

かたちのあるものは授かり効果の対象になりやすい。人はなにかを実際に手にもっただけで、それをより高く評価するのだ（第6章で登場したＡＯＬが大昔に会員を増やすためにＣＤ‐ＲＯＭを頒布していたのは、たぶんこのためだろう）。なぜ社会科学者のあいだでマグカップが人気が高いのかは謎だが――大学生にはビール用の赤いプラスチックコップのほうが似合いそうなのに――オハイオ州立大学とイリノイ州立大学の研究者もマグカップを使って、直接手に触れることの重要性を証明した。三〇秒以上マグカップを手にもっていた人は、一〇秒未満の人やまったくもたなかった人よりも多くのお金をマグカップに支払うことを惜しまなかった。[5] 考えてもみてほしい。たった三〇秒で、価値評価がゆがむほどの所有意識をもたせることができるのだ。すごいことだ！　デパートは洋服の三〇秒以上の試着を顧客に義務づけ、自動車ディーラーは顧客に車をしばらくハグさせるといいだろう。そして子どもはつかんだおもちゃを自分のものにするために、「ぼくの！」「あたしの！」と叫びつづけるだろう。

　次は、月額サービスの無料または格安のトライアルオファー（お試し期間）について考えよう。当初三か月間の購読料を月額一ドルの特別価格で提供する雑誌社、当初一年間は利用料無料で新型携帯電話を提供する携帯電話会社、当初一年間はテレビ・インターネット・電話を月額九九ドルのセット料金で提供するケーブルテレビ会社など。いずれ料金は引き上げられ、雑誌の購読料は月額二〇ドルに、携帯電話の利用料は月額三〇ドルになり、テレビ番組を見る人は月額七〇ドルを請求される。

「解約はいつでも可能」だが、ふつうは解約などしない。なぜだろう？　ケーブルテレビのようなものは「所有」することはできないが、トライアルオファーによって所有意識が植えつけられるのだ。サービスや製品を手に入れて利用すると、ただ利用しただけなのに、より高く評価する。

だから価格が上がってもサービスを利用しつづける。もう利用しているのだから、文句をいいつつも高くなった料金を払って利用しつづけるのだ。

ケーブルテレビのパッケージ、家具、AOLのCD‐ROMなど、私たちがいったんなにかを所有すると、それに対する見方が変化することを、マーケターは心得ている。所有していない場合よりも高く評価するのだ。企業のトライアルオファーは、麻薬ディーラーの商法と変わらない。私たちは最初の一つを無料で与えられると、たちまちとりこになって、もっとほしいと懇願する。もちろん、ケーブルテレビ局が麻薬カルテルと同じといっているわけではなく、私たちが家に引きこもり、（ビール、ワイン、タバコ、チャンキーモンキー・アイスなど、お好みの麻薬をやりながら）ネットで番組を見まくるかもしれないといいたいのだ。

また**仮想の所有意識**と呼ばれるものもある。完全に購入しているわけではないものに所有意識をもち、その品の趣きや感触、感覚を十全に感じることがあるのだ。仮想の所有意識は、実際には所有していないという点で、トライアルオファーとは異なる。

たとえばイーベイでミッキーマウスの時計に入札するとしよう。オークションは間もなく締切で、現時点ではあなたが最高額入札者だ。オークションは終了していないから、まだ商品を所有していない。なのにすでに落札して所有しているように感じ、自分が商品を所有し、使っているところを想像する。だから、だれかが終了間際に最高額で入札し、商品をかすめとっていくと激怒する。これが仮想の所有意識だ。ミッキーマウスの時計を所有したことは一度もないのに、所有しているように感じ、その結果より高く評価する。

ダンは以前、数千万ドルの超高級邸宅の売却に関わった不動産ブローカーに話を聞いたことがある。売却は入札方式で行われ、交渉は六か月超におよんだ。入札者は交渉開始時点で、いくらまで支払うかを決めていた。だが時間が経ち交渉が長引くにつれ、彼らの支払い意思額はどんどん上がっていったという。不動産に変化があったわけでも、新しい情報が明らかになったわけでもなく、ただ時間が経過しただけだ。いったいなにが変わったのだろう？　その間、彼らは物件の所有者になったように感じ、この家をどう使おう、どう暮らそうなどと夢想していた。彼らが物件を所有していたのは想像のなかだけだったが――交渉は合意に至らなかった――仮想の所有意識が生じたために、実際に所有する可能性をあきらめたくなくなった。プロセスが長引くにつれ、仮想の所有意識は高まり、その結果物件をますます高く評価するようになったのだ。

やり手のコピーライターには、魔術師のような一面がある。広告を見る人にたいして、クライアントの商品をすでに所有しているような気にさせるのだから。もうその車を運転していたり、家族連れで旅行に行っていたり、ビールのＣＭのモデルと写真に収まっているような気にさせる。これも真の所有意識ではなく、仮想の所有意識だ。私たちはＣＭによって妄想をかき立てられ、商品とつながる。このつながり――脳内での三〇秒間の接触――が所有意識を生み出し、それが支払い意思額を引き上げるのだ。広告業者がテクノロジーを利用して、私たち自身を広告に登場させるのも、時間の問題だろう。海岸にねそべり、若者たちとあのスペインのビールを飲んでいるのは、自分だ。オヤジ体型も仮想の減量や仮想の称賛で加工してくれるといいのだが。

失ってわかる

授かり効果は**損失回避**と深い関わりがある。損失回避の法則は、ダニエル・カーネマンとエイモス・トベルスキーが初めて提唱した概念で[6]、利益を得るときと損失を被るときとで、価値の評価が異なることをいう。私たちは損失の痛みを、同等の利益を得る喜びよりも強く感じる。しかもちょっとしたちがいではなく、二倍ほども強く感じるのだ。一〇ドルの損失の痛みは、一〇ドルの利益の喜びの二倍の強さで感じられる。感情的なインパクトを同じにするなら、一〇ドル失った痛みを帳消しにするには、二〇ドル獲得する必要があるともいえる。

損失回避は授かり効果とともに作用する。自分の所有するものを手放したくないのは、それを過大評価しているためでもあり、過大評価するのはそれを手放したくないからでもある。

損失回避のせいで、潜在的な利益よりも潜在的な損失のほうがずっと重く感じられる。冷血な経済学的観点からすれば、これはまったく意味をなさないことだ。損失と利益は、同等で逆の経済的効果をおよぼすものと見なさなくてはならない。私たちは冷血な巨大スーパーコンピュータとして、効用だけをもとに決定を下すべきだ。でもさいわい私たちは期待効用最大化マシンでも、スーパーコンピュータでもなく、人間だ（だからこそ、いつか冷血なスーパーコンピュータに支配されるんだろう）。

所有しているものを手放す際に感じる痛みは、所有していないものを得る喜びよりもずっと大きい。これはブラッドリー夫妻の持ち家の例からも明らかだ。損失回避がもたらすこの非対称性が、お金に関するさまざまなまちがいの原因になる。

ブラッドリー夫妻が不動産市場の上げ下げについて語ったとき、そこには損失回避の作用が見てとれた。彼らは持ち家の価格を、市場が冷え込む前の大昔の最高値を基準に考え、当時ならもっと高く売却できたはずだと考えた。史上最高値と比較した場合の損失にとらわれていたのだ。

退職のための蓄えと投資も、損失回避と授かり効果のせいでものごとを客観的に見る能力が脅かされる領域の一つだ。自分だけは損失回避の餌食にならないと思っている人は、次の質問をパッと見てどう思うか答えてほしい。

問１．あなたは現在の収入の八〇％で生活できますか？
問２．あなたは現在の収入の二〇％を失っても生活できますか？

二つの質問に対する答えはまったく同じはずだ。数学的、経済学的、スーパーコンピュータ的には同じ質問だからだ。現在の収入の八〇％で老後の生活を支えられるのか？　ところが実際に聞いてみると、問２より問１のほうがずっとイエスの答えが多い。[7]なぜだろう？　問２は二〇％を失うという、損失の側面を強調するからだ。損失は重く感じられるから、問２ではその痛みに関心が集中する。問１はどうか？　こちらのほうがイエスと答えやすいのは、損失にまったく触れていないからだ。

ちなみに、また潜在的に重要なことに、このフレーミング（枠づけ）の問題は、終末期介護の決定にも影響をおよぼす場合がある。医療関係者によれば、家族が治療方針の決定を迫られる際、意思決定がどのようにフレーミングされるかによって、判断が大きく変わってくるという。リスクの高い処置が、「生存率は二〇％です」などのようにポジティブな側面が強調されると、「死亡率は八〇％です」などのようにネガティブな側面が強調された場合に比べて、処置を選ぶ人がずっと多くなる。[8]読者の損失回避のジレンマがこれほど深刻なものでないことを祈りたい。

損失回避と授かり効果の相乗効果のせいで、私たちは無料でもらえる退職資金（マッチング拠出など）を拒否することすらある。マッチング拠出とは、従業員が退職年金に掛け金を支払えば、会社がそれに上乗せして掛け金を拠出してくれる制度をいう。たとえば自分で一〇〇〇ドルの掛け金を拠出すれば、勤め先も一〇〇〇ドル拠出するから、一〇〇〇ドルが無料で手に入る、など。ただし自分で掛け金を拠出しなければ、会社も拠出しない。現状では掛け金をまったく拠出しない人も多いし、上限まで拠出しない人もいる。どちらの場合も、ただでもらえるお金を逃しているのだ。

無料のお金を逃すほど愚かなことを、なぜしてしまうのだろう？　理由は三つある。第一に、退職年金への拠出は損失のように思えるからだ。毎月の給料は、食料品や夜のデート、ワイン頒布会の会費など、使い道がたくさんある。給料の一部を今積み立てるのは、こうしたものごとをあきらめることのように感じられる。第二に、（年金を通じて）株式投資を行うと損失を被る可能性がある。ここで損失回避の心理が働く（株式投資についてはこのあとくわしく説明する）。第三に、会社の拠出する掛け金を逃すことは、損失を被るというよりは、利益を逃すことのように感じられる。「損失」と「未実現利益」はほとんど変わらないと、冷静な頭ではわかっていても、実際にはそう感じないし、そのような行動もとらない。信じられないという人は、説明するからこのまま読み進めてほしい。

ダンが行ったある実験で、協力者に次のような状況を想像してもらった。あなたの年間給与額は六万ドルで、会社はその額の一〇％を上限として、あなたと同額を退職年金に拠出します。それから協力者に食費、娯楽費、教育費などのお金を与え、だれもがいつもやるように、そのなかでやりくりするよう求めた。なぜならこの実験は、六万ドルではすべてをまかなえないようにできていたからだ——人生ってそんなものさ。このとき退職年金に限度額の上限まで拠出した人はほんの数人で、ほとんどの人がごくわずかな金額しか拠出せず、したがって最高額のマッチング拠出を得られなかった。

別の集団には実験の設定を少し変え、毎月初めに会社が協力者の退職金口座に五〇〇ドルを入金した。協力者はそのうちの好きな金額を自分のものにできるが、そのためには自分で同額を拠出する必要があった。つまり、毎月自分でも五〇〇ドルを退職金口座に入金すれば、会社の拠出額を全額自分のものにできるが、たとえば一〇〇ドルしか入金しなければ、五〇〇ドルのうちの一〇〇ドルしかもらえず、残りの四〇〇ドルは口座から消え、会社に返金される。またこの設定では、毎月退職金口座に上限額まで入金しなかった協力者に、マッチングされなかった無料のお金を失ったことを知らせる文面が送られた。そこには会社がいくら口座に入金し、協力者がいくら拠出し、会社にいくら返金されたかが記されていた。「口座への当初入金額は五〇〇ドル、あなたの拠出額は一〇〇ドル、会社に返金された金額は四〇〇ドルでした」など。これによって損失がとても明確になった。かくして損失回避の心理が働き、協力者はまもなく４０１ｋ（確定拠出年金）の掛け金を上限一杯まで拠出するようになった。

私たちも損失回避のしくみを理解し、多くのものごとを利益または損失としてフレーミングできること、利益よりも損失のフレーミングのほうが強力な動機になることを認識すれば、退職金口座への拠出方法などの選択をフレーミングし直して、幸福度を長期的に高めるような方法で行動できるかもしれない。

長期的な幸福度といえば、私たちは損失回避のせいで長期的なリスクを正しく評価できないこともある。これはとくに資産運用計画に影響のある問題だ。運用リスクが存在し、市場の変動によって年金資産が増減する状況では、目先の損失にとらわれずに長期的利益を追求するのはとても難しい。長期的に見れば、株式投資は債券投資をはるかに上回るリターンを上げるが、短期的な損益にとらわれると、損失でつらい思いをする時期が多い。

たとえば株式相場が上昇する確率が五五％、下落する確率が四五％だとしよう。これはかなりいい成績だが、数週間、数か月、一年などの短期間ではなく、長期的に見た場合の確率だ。

厄介なのは、相場が上昇するか下落するかで、私たちの感じ方がまったく異なることだ。上昇局面ではちょっと嬉しいが、下落局面ではみじめな気持ちになる（前述のとおり、幸福度を数値化すると、相場の下落局面では、同等の上昇局面での喜びの二倍のみじめさを感じる）。下落局面で感じるみじめさのほうが強いために、全体として見れば五五％の確率で（相場が上昇して）うれしいとは感じず、九〇％（四五％の二倍）の確率で（下落して）悲しいと感じるのだ。

損失回避の心理が働くせいで、株式投資を短期的にとらえるとつらい思いをする。逆に、株式市場を長期的視点だけでとらえることができれば、ずっと楽な気持ちでリスクをとれるだろう。実際、従業員は短期の収益率より長期の収益率を提示されたほうが、株式投資の比重を進んで増やそうとすることが、シュロモ・ベナルチとリチャード・セイラーによって示されている。長期的視野に立てば、損失回避の影響が小さくなるからだ[9]。

損失回避は、ほかにも投資にまつわるさまざまな問題を引き起こす。一般的には、利益確定のための売り急ぎ（利益を逃したくない！）や損失の塩漬け（損失を確定したくない！）などがあ

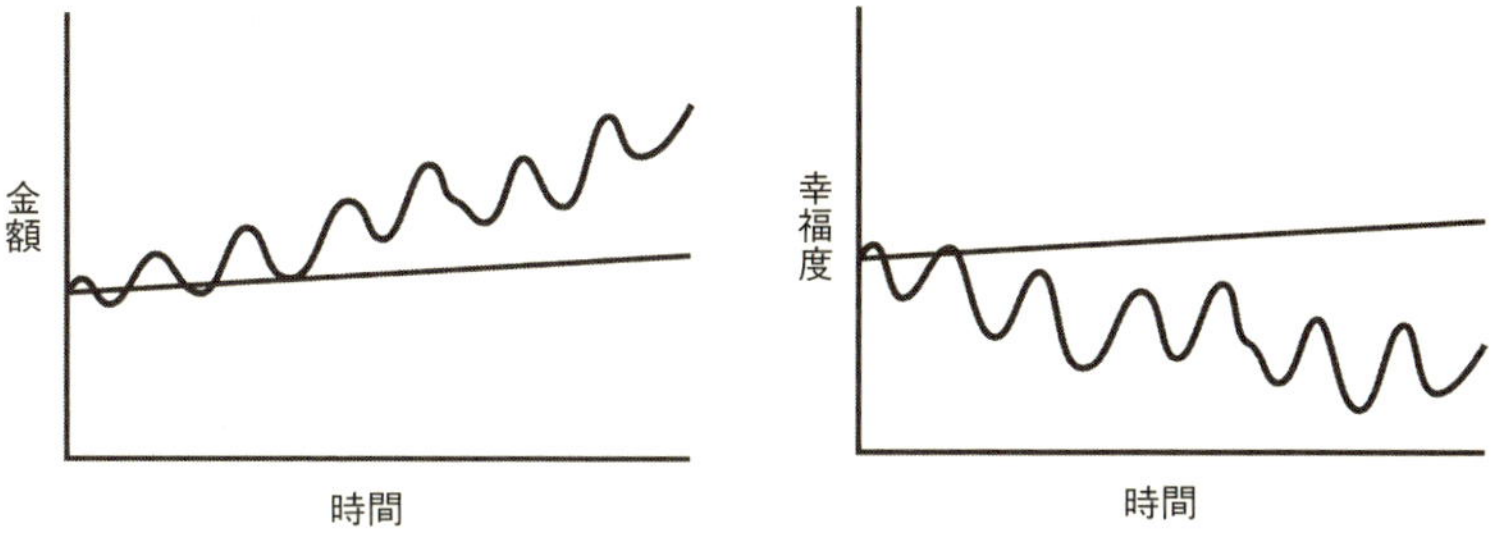

直線は固定金利、波線は収益率の変動を表す。左図は実際の投資額、右図は損失のインパクトが二倍大きいという損失回避効果を考慮した場合の、損益への心理的反応を表している。実際の投資金額は増えているのに（左図）、経験としてはずっとネガティブに感じられることに注目してほしい。

る。[10]

短期的損失の痛みを避けるためによくとられるのが、怖くてリスクの高い株式はやめて債券に投資する、ゼロに近いが一定の利回りが保証されている預金口座に入れる、といった方法だ。債券は株式ほど大きく下落（上昇）しないから、それほど損失回避が作用せず、それほどみじめな気分にならない。もちろんその分、運用資産の長期的な収益機会を切り捨てているのだから、ほかの意味でみじめな思いをすることになるかもしれない。だがその場合、損失を実感するのは今ではなく退職後で、投資方針を変更するにはもう手遅れだ。

僕らが気に入っている別の方法は、運用状況を見ないことだ。ちょっとした変動も気になるという人は、長期的な運用方針を決めて、それを守ることをお勧めする。そうすれば損失回避のせいで軽率な行動をとることもない。ポートフォリオを確認するのは年に一度にする（よう努力する）。要は、自分の不合理性を自覚し、まともに闘っても勝てるはずがないことを受け入れ、闘いを完全に回避するのだ。「孫子の兵法」とはほど遠いが、このやり方をぜひ勧めたい。

ちょっと待った！　まだあるぞ！

多くの企業が、複数の品や項目として宣伝するものに対して、単一の価格を課しているのを知っているだろうか？　たとえば携帯電話会社は、テキストメッセージ、通話、データ通信、FC C（連邦通信委員会）手数料などの料金を細かく設定しているが、顧客に多くの小さな損失を感じさせたくないという思いやりと魂胆から、料金を合算して大きな金額を一括請求する。おトクじゃないか！　損失を一度被るだけで、多くの貴重な機能が得られるのだから。

この携帯電話方式は、損失をまとめ、**利益を分ける**方式と呼ばれる。損失回避の心理に基づき、一度きりの痛みに満ちた損失と、多くの楽しい利益を与える方法だ。製品に多くの機能があるとき、一つひとつの機能を別々に提示し、そのすべてに対して単一の価格を請求するのは、売り手の利益にかなっている。消費者はこの販促慣行によって、製品全体を部分の総和よりもずっと魅力的に感じるのだから。

利益を分ける好例は、テレビのインフォマーシャルだろう。万能クロス、ナイフセット、八〇年代のロック名盤一〇枚セット——こうした商品を紹介するインフォマーシャルは、多くの用途や拡張機能のある多くの品に、一つの低い価格を提示するのが決まりだ。

だからジェフは奥さんに求婚するとき、インフォマーシャルをまねようと思った。「いま〝イエス〟といってくれたら、結婚式には僕の片手のほかに、片腕ともう片方の手、それにもう片方の腕をおつけしますよ……。胴体、頭、洋服一式、学生ローンの残額、ユダヤ人の義母、ほかにもまだまだあります！　今行動を起こせば、一人だけじゃなく、二人でもなく、六人の甥っ子姪っ子がもれなくついてきます。一年中誕生日プレゼントを買うことができますね！　でもお急ぎください、このオファーはまもなく終了します。オペレータがそばにひざまずいて待っていますから、いますぐ〝イエス〟といってください！」。彼はネタのために、もう少しでそんなプロポーズをするところだったが、潜在的損失を恐れて、リスクの少ない伝統的な「お願いお願い、結婚してください！」方式に変えた。うまくいった。ホッ。

俺の所有権を沈めたな

利益より損失を重く感じ、所有物を過大評価する人間の傾向は、**サンクコスト**にとても強力に作用する。

サンクコスト（埋没費用）効果とは、いったんなにかに投資すると、その投資を簡単にあきらめられなくなる心理をいう。そのせいで同じものにずっと投資しつづけてしまう。別のいい方をすると、投資したものを失いたくないがために、希望的観測をもって損の上塗りをするということだ。たとえばあなたは自動車メーカーのＣＥＯで、コストが一億ドルの新車の開発計画を進めている。必要な一億ドルのうちの九〇〇〇万ドルを投資したあとで、競合他社がより環境に優しく、燃費がよく、手頃な車の開発を終えようとしていることを知る。このとき、計画を中止して残りの一〇〇〇万ドルを節約するだろうか、それとも残りの一〇〇〇万ドルも投資して、他社より劣る車が売れることに望みをかけるだろうか？

さて、次は状況は同じだが、開発の総コストが一〇〇〇万ドルで、まだ一ドルも投資していない場合を考えてみよう。計画を開始しようというまさにそのとき、競合他社がより優れた車を設計したことを知る。この場合、今一〇〇〇万ドルを投資するだろうか？　この意思決定時点では、つまり一〇〇〇万ドルを投資するかしないかという問題に関しては、二つのケースにちがいはない。だが最初のケースでは、過去を振り返ってすでに費やした九〇〇〇万ドルのことを考えずにいられない。こうした状況では、ほとんどの人が投資を続行する。二つめのケースでは、ほとんどの人が投資を検討することさえしない。合理的人間はどちらのケースでも同じ決定を下すはずだが、現実にそんな人はほとんどいない。人生でさまざまなものごとに投資する場合も、教訓は同じだ。仕事やキャリア、人間関係、家、株式などにすでに費やしたお金や労力、時間を考えるのではなく、それが将来役に立つ可能性がどれだけあるかに注目すべきなのだ。でも私たちはそこまで合理的ではないし、そうするのはそれほど簡単なことでもない。

サンクコストとは、人生という台帳の「損失」欄に永久的に記録されたコストだ。それはいつまでもついて回り、決してとり返すことはできず、私たちを束縛する。お金に限らず、そのお金に伴った選択や労力、希望や夢もあきらめきれない。サンクコストを過大評価するから、ますますあきらめきれなくなり、さらに深く墓穴を掘ってしまう。

ダンはサンクコストの概念を学生に説明する方法の一つとして、ゲームをすることがある。このゲームでは二人の学生が一〇〇ドル札に入札する。ルールその一：入札は五ドルからスタートする。ルールその二：入札額は五ドル刻みで上がっていく。ルールその三：勝者は最終入札額を支払って、一〇〇ドル札を手に入れる。ルールその四：二番目に高い入札者も自分の入札額を支払うが、なにももらえない。ゲームが進むにつれ、入札額は上がっていき、五五ドルに達した時点でダンのもうけが確定する（五五ドルの入札者は五五ドル払って一〇〇ドル札を手に入れ、もう一人の入札者は五〇ドルを払ってなにも手に入れない）。ある時点で一人が八五ドルで入札し、もう一人が九〇ドルで応札する。ここでダンが割って入り、今入札をやめれば一人めが一〇ドルの勝ち（一〇〇ドルマイナス九〇ドル）で、二人めが八五ドルの負けになると指摘する。ダンが八五ドルの入札者に、九五ドルまでつづけるかと聞くと、決まって「イエス」の返事が返ってくる。一人めにも同じ質問をすると、一〇〇ドルまでつづけることに喜んで同意する。

ところが入札は一〇〇ドルで止まらない。ダンが九五ドルの入札者に、一〇五ドルまでつづけるかと尋ねる。前と同様、もし「ノー」と答えれば、入札額の九五ドルをまるまる失うことになる。しかし入札額が一〇〇ドルを超えるこの時点で「イエス」と答えるのは、必ずお金を失うことを知りながら、進んで入札するということだ。この時点での損失は五ドル（一〇五ドルの入札額マイナス一〇〇ドル）だが、それ以降も損失は増える一方だ。果たして二人はどんどんせり上げていき、ある時点で一人がとうとう自分たちの馬鹿さ加減に気づき、二人は入札をやめる（そして入札をやめたほうの人が、九五ドル多い損失を被る）。

ダン曰く、「僕がこのゲームで一番儲けたのはスペインでやったときだ。一〇〇ユーロ札を五九〇ユーロで売ったんだからね。公平を期すために、最初にちゃんと伝えている。これは本気のゲームで、最後には必ずお金を払ってもらうと。そのほうが教訓を学べるし、それに僕の評判も守らないとね」

このときのダンのゲーム／実験／ペテンでは、学生／協力者／カモの九五ユーロの潜在的利益

（一〇〇ユーロマイナス入札開始額の五ユーロ）は、サンクコスト効果によって、たちまち四九〇ユーロの損失に変わった。これは「勝者の一人勝ち」市場で二社が繰り広げる競争に似ている。こうした状況では一般に、勝者が売上のすべてまたはほとんどを独占し、敗者はなにも得られない。両社は四半期ごとに、研究開発と宣伝への投資をつづけるか、競争プロジェクトを放棄するかの決定を迫られる。もしもこのままずっと競り合いをつづければ、両社とも大きな損失を被ることが、ある時点ではっきりする。だがそれまでの投資があきらめきれないから、なかなかやめられない。この種の市場競争（とダンのゲーム）で失敗しない秘訣は、そもそも参加しないか、参加するとしても、ものごとが思うように進んでいないことが明らかになったその時点で、すぐに損切りすることだ。

ハル・アークスとキャサリン・ブルーマーは、サンクコストのせいで判断が鈍るもう一つの理由を示した。いま一〇〇ドル支払ってスキー旅行を予約したとする（一九八五年の話だ）。次に、どこから見てもこの旅行よりよいが、わずか五〇ドルのスキー旅行があることを知り、それもお金を払って予約した。ところが二つの旅行は日程が重なっていて、どちらも返金不可だとする。さてこのとき、協力者はどちらのスキー旅行を選ぶだろう？　一〇〇ドルのそこそこよい旅行だろうか、たった五〇ドルだがずっとよい旅行だろうか？　協力者の半数以上が、高いほうの旅行を選んだ。（一）得られる楽しみという点で劣り、（二）どちらを選んでも一五〇ドルは払ってしまっているのにだ。[11]

サンクコストは私生活の決定にも影響をおよぼす。ダンの友人は離婚すべきかどうか迷っていた。悩みに悩んでなにも手に着かないほどだった。ダンは簡単な質問をした。「もし君が今奥さんと結婚していなくて、彼女について今知っていることをすべて知っていて、この一〇年間友人同士だったとしたら、君は今彼女にプロポーズする確率は〇％だと答えた。そこでダンはいった。「その答えがヒントにならないかな？」。今の葛藤のどれだけが、過去へのこだわりから生じているのか？　結婚生活につぎ込んだ時間と労力を過大評価しているのではないか？　過去の投資にとらわれず、前を向いて、この先費やす時間と労力に目を向けたらどうか？　ダンの友人はすぐにこの視点を理解し、離婚を決断したという。こんな方法で決定を下すのは非情だという人のためにいっておくと、彼らには子どもがいなかったし、それにときにサンクコストをあきらめ、新鮮な目でものごとを見るのは、だれにとってもよいことなのだ。

要するに、生活のいろいろな場面で、過去の投資のせいで同じ道を歩みつづける必要はないということだ。実際、合理的な世界では、以前の投資はなんの意味ももたない（また、以前の投資が失敗していれば、それこそ「サンク（埋没した）コスト」だ――成否にかかわらずどっちみち支払ったコストで、もうとり戻せない）。より重要なのは、未来の価値をどう予測するかだ。ときには未来だけに目を向けるべきときもある。

未来は自分のもの

所有意識は私たちの見方を変化させる。私たちは所有意識のレベルに適応し、そのレベルが損益の判断基準になる。

所有意識の罠を避けるには、所有物の価値をできるだけ正確に評価するために、心理的に距離を置くといい。これまでのことではなく、今がどんな状態で、この先どうなるのかを考えよう。もちろん、口でいうほど簡単なことではない。とくに私たちが生活や所有物（家、投資、人間関係など）に感情や時間、お金を多くつぎ込む傾向にあることを考えれば、なおさら難しい。

　ブラッドリー夫妻は所有意識のせいで、将来のために手に入れるべきもの――別の家を買い、すてきな外食を楽しみ、ロバートとロバータに通わせる、近からず遠からずのよい大学の学費を払うためのお金――ではなく、手放しつつあるもの――手間暇かけて自分好みにした美しい家――に目が向いていた。大学に関していえば、トムとレイチェルが定期的に訪問できるほど近いが、週末ごとに洗濯をさせられるほど近すぎない、九〇分ほど離れた場所が理想的だ。子どもたちが家を出るのは寂しいが、そこまで寂しくはない。

第９章　公正さと労力にこだわる

傘　５ドル
雨の日セール　10ドル

ジェームズ・ノーランは早朝からミーティングだ。というか、プレゼンテーションを聞くのだ。どうせ時間の無駄だが、仕事だからしょうがない。彼の勤務するウィジェット社は（ウィジェットはいま売れに売れている）業務上の問題を特定、対処するために、外部のコンサルティング会社と契約した。六週間が経ち、ジェームズら中間管理職はその結果を聞くために集まっている。結果はおびただしいパワーポイントのスライドで示されるというわけだ。

コンサルタント会社のプロジェクト長ジーナ・ウィリアムズが、巨大なバインダーを三冊抱えてよたよたと会議室に入ってきて、テーブルにどさっと置いた。ジュニアコンサルタント四人、アシスタント二人、ＩＴ担当者、そして警備員が、ＡＶ機器ともう数冊のバインダー、プロジェクター、紙の山、コーヒーポット、焼き菓子のトレーを運び込んできた。なぜミーティングがはじまる前に設置をすませなかったのか、ジェームズは納得がいかないが、砂糖とカフェインが効いてくるとどうでもよくなり、イスにゆったりすわって静観を決め込んだ。

コンサルタント軍団が設置を終えると、ジーナが七四枚のパワーポイントのスライドの説明をはじめた。二か月前のフライトの搭乗時刻にはじまり、すべての会議、資料、訪問地、ミーティング、食事、事務用品までの詳細が記され、矢印と略語がちりばめられたスライドだ。二〇分の休憩のあと、コンサルタントの経歴とジーナの家族写真、通話記録を記した数枚のスライドがつづく。プレゼンテーションは五時間におよんだ。最後のスライドはこう締めくくられていた——「ウィジェット社があなたになにをしてくれるかを問うのではなく、あなたがウィジェット社のためになにができるかを問いましょう」

会議室にいた社員は感動のあまり総立ちになる。焼き菓子の食べかすが床に散らばり、戸口で固い握手が交わされ、コンサルタント軍団は蛍光灯に照らされた廊下を凱旋する。達成感と目的意識に満ちた未来への行進だ。バンザイ！

その日しばらくして役員室を通りかかったジェームズは、ＣＥＯが上機嫌でプロジェクト代金の七二万五〇〇〇ドルの小切手を切っているのを目撃する。的外れなＪＦＫ演説のパクリに、七二万五〇〇〇ドルだって？　いや、あれだけの労力をかけたんだから、当然かもな。

午後は五〇ドルのオイル交換に行くために、早めに会社を退けた。整備工場に車を預けに行くと、ほかに客はいなかった。整備工はカードゲームから顔を上げて、二、三時間で終わりますよという。

コンサルタントとのプロジェクトを終えて晴れやかな気分のジェームズは、家までの三キロほどの道のりを歩いて帰ることにする。あいにく途中で雨が降り出し、思いがけない土砂降りでずぶぬれになった。近くのコンビニで雨宿りをしていると、店主がカウンターの奥から傘のつまったラックを引っ張り出してきた。一本買おうと近寄るが、店主が「五ドル」の札《ふだ》を外して手書きの「一〇ドル」の札に替えるのを見て、手を引っ込めた。

「なんだそれ？　五ドルだろう？」

「いんや、一〇ドルです。雨の日スペシャルですよ」

「なんだって？　そんなのスペシャルじゃない、ぼったくりだ！」

「もっと安いところを探したらどうです」店主は外を指さすが、どこもかしこも水浸しだ。

「それはないぜ！　俺を知っているだろう、いつも来ているじゃないか」

「じゃ、傘はこの次買ってくださいよ。五ドルで大売り出しの時に」

ジェームズは店主をしばらくにらみつけてから、ここには書けない悪態をつき、襟を立てて傘なしで飛び出した。建物の角を曲がり、そのまま家まで走りつづけた。家に帰ってずぶ濡れの服を脱ぎ捨てたとたん、雨はやんだ。またしてもここには書けない暴言を吐き、半裸のまま階段を駆け上がった。

整備工場から電話があり、思ったより手がかかるから一晩車を預からせてほしいという。抗議する間もなく電話は切れた。むしゃくしゃしたジェームズは、もやもやを吹き飛ばそうと、もう一度走りに出た。終わって家に戻ると、カギを忘れて締め出されたことに気づく。ヤバい。妻のルネはまだ出張から戻らないし、子どもは友だちの家に遊びに行き、スペアキーを預けた隣人は旅行中ときた。おまけにまた雨が降りそうだ。ジェームズはしぶしぶ錠前屋を探して電話をかける。もう二軒にも聞いてみるが、出張料金と解錠・交換の費用で一五〇ドルから二五〇ドルというのが相場のようだ。もっと安いところを探したかったが、錠前屋は下手をすると泥棒になることに気づき、最後に電話をかけたところに頼んだ。二〇分後、錠前屋がやってきてドアに向かい、なんとかっていうやつをひねり、例のあれをひょいと動かし、なんちゃらを力一杯引っ張ると、もうドアが開いた。しめて二分ほどだ。

二人でキッチンに行って水を飲むと、錠前屋はいった。「ありがとうございます、二〇〇ドルになります」。

「二〇〇ドルだって？ ほんの一分かそこらだぞ！ ええっと、時給に直すと」と指で勘定していった、「一万二〇〇〇ドルじゃないか⁉」

「さあ、それはわからないけど。とにかくお代は二〇〇ドルです。いやなら外へどうぞ。また締め出しますよ。ほかに頼んだらどうです？ どうせ一分で開きますよ。どうぞご勝手に」

「わかったよ」ジェームズは小切手を切る。それからすごすごと廊下を戻り、ネットフリックスをつけ、一人の時間をしばらく楽しむ。

ルネはその夜遅く上機嫌で帰宅した。出張の成果は上々で、そのうえ格安航空券検索サイトのカヤックを初めて使って、おトクな旅行ができたと満足げだ。車が修理中だから、空港からウーバーで帰ってきた。ルネはウーバーが大のお気に入りだ。ウーバー狂を通り越して超《ウーバー》ウーバー狂だ。仕事の予定が読めないから、ウーバーを使うと車を手配したり公共交通機関を調べたりする手間が省けるのだ。

それから数日経ち、彼女のウーバー信仰がまだ崩れていないときに吹雪が来た。よりによってクライアントと夕食に行く日だ。ウーバーは全然つかまらないうえ、いつもは市内まで一二ドルのところを、四〇ドルとふっかけてきた。よん・じゅう・ドルですって！　ひどすぎる！　抗議の意味でウーバーを使わないことに決め、普通のハイヤーを呼んだ。それから数週間はハイヤーを予約し、バスに乗り、車を借りるなどしてしのいだ。面倒だが、ぼったくられるのはしゃくなのだ。

なにが起こっているの？

これが、**公正さ**が私たちの価値認識におよぼす影響だ。年齢が五歳以上で政治に従事していない人は、公正さの概念を理解しているはずだ。なにかが公正かどうかは、それを実際に目にしたり、話にとりあげたりすればすぐわかる。だが毎日のお金の決定に公正さが重要な役割を果たしていることには気づかないものだ。

コンサルタントの助言、雨の日の傘、ドアの解錠、帰りの足が提供する価値は、私たちがその価格を公正だと思うかどうかとは本来なんの関係もない。それなのに、購入や支払い意思額に関する私たちの判断は、その価格がどれだけ公正に思えるかによって大きく影響される。

なにかの取引を評価するとき、伝統的な経済学のモデルでは、単純に価値と価格とを比較する。だが現実の人間らしい人間は、価値と価格のほか、公正さなどの要素も考慮に入れる。人は不公正だと感じれば、効率的で申し分のない経済的解決策でも嫌うことがあるのだ。この感情は、取引が妥当なときや、たとえ公正でなくても取引からまだ大きな価値が得られるとき——いつもより多い金額を支払って濡れずに家に帰るための道具を手に入れるなど――でさえ、影響をおよぼす。

需給の基本法則により、雨が降れば（需要が増えて）傘の値段が上がり、吹雪が来れば（供給が減り、需要が増えて）ウーバーの料金が上がるのは当然だから、ふだんより高い金額を払うのはまったく妥当なことだ。オイル交換やドアの解錠の価値は、公正感とはなんの関係もないはずだ。ただすばやく効率的に仕事が行われただけだ。なのに私たちは簡単そうに見える仕事や、時間のかからない仕事に高い金額を支払うとき、ムッとし、目をむき、足を踏みならし、土を蹴り、思いどおりにさせるものかと脅す。なぜだろう？　それは、私たちが価格は公正であるべきだと信じる未熟者だからだ。不公正だと思えば、価値のあるものさえ退ける。不公正を罰しているつもりが、そうすることによって自分を罰するはめになることも多い（ずぶ濡れになったわれらがウィジェット社の幹部社員、ジェームズが好例だ）。

不公正を罰したくなる心理をよく表す、有名な実験がある。それは最後通牒ゲームと呼ばれるもので、サスペンス映画のような名前だが、ジェイソン・ボーンは登場しない。

基本設定として、このゲームは「送り手」と「受け手」の二人の協力者で行う。二人は別々の部屋にいて、お互いがだれだか知らず、実験中に会うこともないから、相手の報復を恐れずに好きなように行動できる。送り手はある金額――この実験では一〇ドル――を与えられ、そのうちのいくらを受け手に与え、いくらを自分のものにするかを決める。五ドル、一ドル、三ドル二六セントなど、いくら与えてもかまわない。提案された金額を受け手が受け入れれば、二人はそれぞれの金額をもらい、その時点でゲームは終了し、二人は家に帰る。だが受け手が拒否すれば、お金は全額実験者に戻され、二人ともお金はもらえない。二人の取り分はナッシング。ゼロ。〇ドル〇セントだ。

分配される金額や分配方法などのルールを双方が理解したら、ゲームを開始する。

一歩下がって合理的、論理的、冷血なスパコン搭載ジェイソン・ボーン的に考えれば、受け手はゼロ以外のどんな金額を送り手に提案されても受け入れるべきだ。一セント玉一枚だって、そこにいるだけでもらえるなら御の字だ。ただでもらえるお金だし、どんな金額でもなにももらえないよりマシだ。世の中が超合理的なら、送り手は一セントを提案し、受け手はそれを受け入れる。めでたしめでたし。

だが現実の人間は、最後通牒ゲームでそんな行動をとらない。受け手は、不公正だと思う提案をほぼ必ず拒否するのだ。一般に、送り手の提案した金額が総額の三分の一より少ないと、受け手は提案を拒否し、双方が手ぶらで帰ることが多い。ただ不公正な金額を提案したというだけの理由で、知り合いでもなく、今後会うこともないだろう相手を罰するために、無料のお金を拒否するのだ。この結果から、私たちが公正感のせいで、一ドルを〇ドル未満と評価しうることがわかる。

考えてもみてほしい。道を歩いていて知らない人に五〇ドル札を差し出されたら、その人が一〇〇ドル札を自分のものにしているからという理由で断るだろうか、それともお礼をいって受け取り、これから毎日この道を歩こうと心に誓うだろうか？　マラソンを走っていてだれかに水の入ったコップを差し出されたら、テーブルに置かれたコップを全部くれないからという理由で、コップを払いのけるだろうか？　いや、そんなことをするのは馬鹿者だ。それなら、なぜほかの場合にはコップの空っぽな部分、公正でない部分に目を向けがちなのだろう?
もしかしたら、私たちは本当に馬鹿者なのかもしれない。最後通牒ゲームの不公正な提案（一〇ドルのうちの一ドルなど）と公正な提案（一〇ドルのうちの五ドルなど）は、脳内の異なる部位を活性化させることが、研究によってわかっている。またいったんそうした「不公正な」部位が活性化されると、私たちは不公正な提案を拒否しやすくなる。[1] いいかえれば、私たちの脳は不公正を好まず、私たちはそのせいで不快を示す行動をとらされるのだ。なんと愚かでまぬけな脳よ。気に入らないかもしれないが、それが私たちの脳なのだ。

経済学者とのゲーム

「最後通牒ゲームでは不公正な提案が拒否される」という原則があてはまらないのが、経済学者だ。彼らはどういう行動が合理的かをわきまえている。そうやって、自分が普通の人より賢いことを、いやみったらしく誇示しようとするのだ。だから万が一経済学者と最後通牒ゲームをすることになったら、思う存分残酷で不公正な仕打ちをしてかまわない。なにしろ彼らは低い金額を、適切で合理的な反応と見なすよう、教え込まれているのだから。

ジェームズは、自分が必要としていて十分買うことのできる傘を、価格が不公正だからという理由で拒否した。あの状況での一〇ドルという価格は、ぬれずに帰れることを考えれば、おそらく十分な価値があったにもかかわらずだ。また錠前屋のサービスは拒否しなかったが、すぐに家に入れたことをありがたいと思わず、不快感と苛立ちをあらわにした。ルネはウーバーの悪天候による値上げに腹を立て、吹雪のあとしばらくウーバーの利用を止めた。通常の天候でのウーバーの利用価値は変わらなかったのにだ。

（注意深い読者は気がついたかもしれないが、ジェームズは長ったらしいパワーポイントのプレゼンに上司が七二万五〇〇〇ドル支払うのを見ても顔色一つ変えなかったその同じ日に、ぬれずに帰るための余分な五ドルを支払おうとしなかった。ジェームズの脳がこの二つの取引に矛盾を感じなかったことには理由がある。もうすぐ説明するから、このまま読み進めてほしい）

もしもコーラの自動販売機に温度計がついていて、外気温が高くなったら価格を引き上げるようプログラミングされていたらどう思う？　三五℃の日にそんなことが起こったら、どんな気がするだろう？　これはコカコーラのCEOダグラス・アイベスターが売上を伸ばすために実際に提案したことだ。アイデアは消費者の猛反発を受け、消費者の足下を見ているとライバル会社のペプシ社に批判され、アイベスターは更迭された――そんな自販機を実際に製造してもいなかったのに。需給を反映した価格戦略は理屈にかなっていて、おそらく合理的でもあったが、人々には不公正に感じられた。顧客の足下を見る恥知らずな企てととられ、消費者を激怒させた。

私たちの経済的取引には「咳払い」が潜んでいるようだ。私たちは取引の相手に「私を食い物にするな！」といいたい、気難しく非難がましい人間だ。不公正だと思えば意地でも報復しなければ気がすまず、十分な価値のある取引さえ拒否する。

不公正感を刺激されると、値上げの正当な理由が目に入らなくなり、市場の見えざる手を払いのける。ある電話調査で（電話って、覚えてる？）回答者の八二％が、吹雪のあとに雪かき用のシャベルを値上げするのは不公正だと答えた（雨の日の傘と吹雪の日のウーバーが一緒になったようなものだ）。標準的な経済学の需給法則では、それこそが効率的で正当で適切な行動だというのに。[2]

二〇一一年にネットフリックスは、価格体系を近々変更することをブログで発表した。月額九ドル九九セントだったストリーミング配信とDVDレンタルのサービスを分離して、それぞれを月額七ドル九九セントで提供するとした。それまで主にストリーミングかDVDレンタルのどちらか一方を利用していた人にとっては、月額で二ドルの値下げになる。だが両方を利用していた人にとっては、実質的に六ドル近くの値上げだ。

ネットフリックス加入者のほとんどが、どちらか一方だけのサービスを利用していた。だが彼らは変更にどう反応しただろう？　そう、猛反発したのだ。価格面で不利益を被ったからではなく――圧倒的多数の顧客にとっては有利だった――不公正に思われたからという理由で。[*] ネットフリックスを愛する忠実な顧客は、ＪＣペニーの顧客よろしく、ネットフリックスを見捨てた。加入者は一〇〇万人近く減少し、株価も暴落した。数週間と経たないうちに、ネットフリックスの経営陣は新計画を廃止した。ネットフリックスの顧客は、企業利益のためにないがしろにされたと感じたから、プラン変更後でもまだ十分な価値のあるサービスを拒否したのだ。少なくとも九ドル九九セントの価値のあるサービスが、たった七ドル九九セントで受けられるというのに。ネットフリックスの顧客は不公正を罰することを望み、そのために自ら経済的不利益を被ることも辞さなかった。使いもしない組み合わせサービスの、払ってもいない六ドルの値上げを罰するだけのために、二ドル安くなったすばらしいサービスを、進んであきらめたのだ。

ルネのウーバーでの経験は、実話に基づいている（この本で紹介する物語はどれもそうだ）。二〇一三年一二月、吹雪の最中のニューヨーク市で、ウーバーは一般の配車サービスやタクシーよりすでに高かった通常料金を、最大で八倍も値上げした。[3] 声高に怒りを表明した人たちのなかには、セレブもいた（怒りを発散する時間的余裕があるんだろう）。ウーバーはこの料金をサージプライシング、すなわち危険な道路を運転するドライバーを集めるための価格急騰だと説明した。だが人々の怒りは収まらなかった。

ウーバーの顧客は、通常は信頼できるドライバーと確実な供給に満足し、割高な料金を支払うことを惜しまない。だがドライバーの供給が減ったうえに需要が急増した吹雪の時のように、真の市場の需給の力が大きく作用すると、顧客は割高な料金に突如二の足を踏むようになる。もしもウーバーが存在しなければ、タクシーの数は足りなくなり、車を必要とする人が乗車できる見込みは低くなるだろう。ウーバーは、乗客が乗車を必要とするタイミングとドライバーがサービスを提供したいタイミングのズレに対処するために、割り増し料金を課しているのだ。私たちは公正な価格や公正な価値に対する認識を変えることもあるが、変えるのはほんのわずかだ。私たちの柔軟性には限界がある。大幅で、突然で、顧客の足下を見るような値上げは、不公正に感じられる。

思考実験をもう少しつづけよう。仮にバーウーという別の配車サービスがあり、通常料金がウ

＊ここには損失回避も作用している。顧客は利用してもいないDVDレンタルのオプションを手放したがらなかった。

ーバーの八倍だったとする。この場合、顧客は吹雪の日にバーウーの割高な料金を支払うのに抵抗を感じなかっただろう。それはバーウーの通常料金なのだから。それどころかおトクに感じたかもしれない。ウーバーは、顧客が交通の足をもっとも必要とするそのときに値上げしたからこそ、不公正に思われたのだ。バーウーの料金がどんな状況でもウーバーの通常料金の八倍だったなら、吹雪のときも不公正には思われなかったはずだ――それ以外の時にはおそらく高すぎると思われたとしても。

多大な労力

なぜ公正さの原則が価値認識を変えるのか？　なぜ私たちは不公正だと感じるものを退けるのだろう？　なぜルネはウーバーにそっぽを向き、なぜジェームズは雨のなかを走って帰ったのか？　それは、公正さが私たちの心に深く根を下ろしているからだ。また、なぜ私たちはものごとを公正または不公正と見なすのだろう？　それは主に労力の問題だ。

なにかに費やされた労力の度合いを計るのは、その代金が公正かどうかを判断するために私たちが日常的に用いる方法だ。

雨が降っているからといって、傘の販売に余分な労力はいらない。ウーバーのために吹雪のなかを運転するのは、いくらか余分な労力が必要だが、八倍もではない。だからこれらの値上げは、余分な労力に見合わないように思われる。生産コストの上昇を伴わない値上げは不公正に感じられるのだ。だがジェームズとルネは、労力（と公正さ）にとらわれるあまり、見逃していることがある。たとえサービス提供者に求められる労力は変わらなくても、新しい状況のせいで彼らにとってのサービスの価値――安全に／ぬれずに帰宅すること――が高まったということだ。

ジェームズが錠前屋の料金を公正と思わなかったのは、解錠にほとんど時間がかからなかったからだ。錠前屋が長い時間をかけてあちこちいじり回し、労力がかかったふりをしたほうが満足できたのだろうか？　まあ、そうかもしれない。ダンが昔ある錠前屋に聞いた話では、仕事をはじめてまもない頃は解錠にえらく時間がかかったという。鍵を壊すこともしょっちゅうで、新しいものと交換して仕事を終えるまでにさらに時間と費用がかかった。だが壊れた鍵の交換部品の代金を標準料金に上乗せしても、お客は喜んで支払い、チップまではずんでくれた。ところがそのうちに腕が上がり、もとの鍵を壊さずに（つまり新しい鍵と交換し、その代金を請求することなく）すばやく解錠できるようになると、お客はチップをくれないどころか、料金にまで文句をつけるようになったそうだ。

え、なんだって？　ドアの解錠にはいくらの価値があるのかだって？　そう、それが問題だ。でもこれに価格をつけるのは難しいから、代わりに解錠にかかった労力を考えるわけだ。多くの労力が費やされていれば、割高な料金を気分よく払える。だが本当に考えなくてはならないのは、ドアが解錠されたことの価値なのだ。

このように労力と価値が無意識のうちに入り交じるせいで、私たちは無能さに高いお金を払うことが多い。目に見える労力に報いるほうが簡単なのだ。本当に腕がよく、労力をかけずに仕事ができる人に報いるのは難しい。そういう人は技能が高いために、効率的に仕事ができる。腕がよくて仕事が早い人に割高な料金を払うことに抵抗を感じるのは、労力があまり示されず、目に見えず、評価されないからだ。

オン・アミールとダンが行った研究で[4]、データの復元に対して料金をいくら払うかというアンケートをとった。結果、復元されたデータ量が多くなると、支払い意思額はやや増えた。だが金額がもっとも敏感に反応したのは、技術者が仕事にかけた時間だった。データ復元が数分で終わった場合、支払い意思額は低かったが、同じ量のデータの復元に一週間以上かかった場合、支払い意思額は大幅に増えた。考えてもみてほしい。成果は同じで時間のかかるサービスのほうに、より多くの金額を進んで支払おうとしたのだ。一般に、結果より労力を重視すると、無能さに対してお金を支払うことになる。じつに不合理なことだが、私たちは無能さに報いることを、より合理的でより心地よいことに感じるのだ。

パブロ・ピカソにまつわるこんな伝説がある。ピカソが公園にいると、女性が近づいてきて、自分の絵を描いてほしいとせがんだ。ピカソはしばらく女性を観察し、たった一筆ですばらしい絵を描いた。

「私の本質を一筆でとらえてくださったのね、驚きましたわ！　いかほどお支払いしましょうか？」

「五〇〇〇ドルです」とピカソは答えた。

「なんですって、そんなに？　ほんの数秒でしたのに！」

「いや、そうじゃありません。これまでの全人生と数秒かかったのですよ」

専門性や知識、経験が重要という話だが、それらは私たちが労力をもとに価値判断を下す際に重視されず、見過ごされる要因でもある。

次は別のシナリオを考えよう。あなたが車の異音がする、窓が動かないといった厄介な車の問題に手を焼いていると、機械工が簡単な道具を使ってほんの数分で直し、八〇ドル請求してきたらどうする？　たいていの人はこの状況に腹を立てるだろう。では三時間で一二〇ドルだったら、そのほうが納得できるだろうか？　四日間で二二五ドルだったら？　どちらにしても問題は解決し、最初のケースでは時間もコストもわずかですんだのではないか？

会社の基幹サーバの故障を、構成ファイルを一つ変更するだけで直せるコンピュータ修理技師がいたとする。会社は単純な変更（五秒間の労力）だけにお金を払っているのではない。どのファイルをどのように変更するかという知識に対しても払うのだ。また時限爆弾を止めようとするアクションヒーローを考えよう。カウントダウンはゼロに近づいている。世界滅亡の危機だ――すべてが失われてしまう！　こんなとき、不器用な指で爆破装置をあれこれいじり、あちこちつつき回ってほしいか、それとも絶対絶対絶対に赤い線を切るという知識をもって、すばやく断固として行動するヒーローに大金を支払いたいか？　いや、ちがう、青い線だ！（ドッカーン！）

つまり問題は、知識や経験に裏打ちされたスキルに報いることへの抵抗感にある。スキルを身につけ、磨きをかけるのにかかった歳月を考慮し、支払う金額に織り込むことに抵抗を感じる。私たちの目には、大して難しくなさそうな仕事に大金を払っているようにしか見えないのだ。

公正さと労力が価値判断に大きな影響をおよぼすことは、「払いたいだけ払う」方式を導入するレストランや芸術家が増えていることからも明らかだ。この方式を採用したあるレストランでは、一人あたりの食事客が支払った金額が通常より少なかった。これだけ聞くと、レストランのオーナーにとっては喜ばしくないように思えるかもしれないが、いつもより多くの客が食事に来たうえ、ほとんどお金を払わない人は皆無に等しかったため、総合するとレストランのもうけはいつもより多かったという。[5] 顧客の支払い意欲が比較的高かった理由は、たぶん労力（注文をとる給仕や厨房で働くシェフ、調理されている料理、リネンの交換、ワインの開栓など）を実際に目にし、それに報いなくてはと思ったからだろう。レストランで食事をしてお金を払わずに出ていくのは、いけないことというだけでなく、ずるいことでもある。この方式からは、公正さがよい方向にも悪い方向にも働くことがわかる。

今度はレストランでなく、空席の目立つ映画館が「払いたいだけ払う」方式を導入したとしよう。上映が終わると、映画館の従業員が集金箱をもって回り、顧客に払いたい金額を入れてもらう。このケースでは、映画館は本来空いていたはずの座席にお客を座らせるのに、コストをなにもかけていないと、観客は考える。スクリーンの明度を上げたり、俳優の演技力を高めたりもしていない。映画館は余分なコストや労力を費やしたように思えないから、余分なお金を払う義理はないと考える。観客はお金を払ったとしても、ほんのわずかだろう。

同様に、人々が音楽や映画の違法ダウンロードに罪悪感を感じないのは、制作に要する労力はすでに費やされているから、自分がダウンロードしても制作側に追加の労力やコストがかかるわけではない、という理屈による（だから海賊行為撲滅の取り組みは、作家や演奏家が被った損害を前面に押し出して、個人の損失を強調しようとするのだ）。

映画館とレストランの物語のちがいから、公正さと労力にまつわる固定費用と限界費用の問題が明らかになる。映画館の座席や照明などの固定費用は、シェフがグリルしてくれる新鮮な魚や野菜、不器用なウェイターのトレーから滑り落ちて粉々になったグラスなどの限界費用に比べて、報いなくてはという感情を起こさせない。

また映画館とレストランのちがいからは、労力が目に見えない場合は不公正と思われる価格を罰したいという意識が働く一方で、労力が目に見える場合は公正と思われる企業に報いたいという意識が働くこともわかる。これも、私たちが実際の価値とはほとんど無関係な方法でものごとを評価するという一例だろうか？　そうだ、そしてこれが**透明性**の話につながる。

透明な労力

ジェームズのウィジェット社は、ジーナのコンサルティング会社に平然と七二万五〇〇〇ドルを支払ったが、それは彼らがじつに行き届いた仕事をしたように見えたからだ。なにしろウィジェットのニーズを的確にとらえただけでなく、その作業にどれだけの労力をかけたかを示すプレゼンテーションまで準備したのだ。

もしも錠前屋がジェームズに突っかかる代わりに、解錠のために習得し実行しなくてはならなかった複雑で重要なスキルを丁寧に説明していれば、あんなに険悪なムードにならなかったかもしれない。もしもコカコーラ社が、暑い日はドリンクを冷やすのにずっとコストがかかることや、晴れて暑い日には自販機を補充するために車で何往復もする必要があることを説明していたら、あんなに反発を招かなかったかもしれない。そうすればジェームズもコーラの消費者も、あれほど腹を立てずに、割高な金額を支払う気になったかもしれない。それはなぜかといえば、労力がより明白に示されたからだ。こうした試みは透明性を高めたはずだ。

たとえば昔ながらの手巻き式の腕時計が二つあって、一方は外装が透明で、複雑な構造のなかで歯車が回っているのが見えるとする。さてあなたは、休みなく動いている様子が見えるからという理由で、透明な時計により高い金額を払うだろうか？　たぶんそんなことはないだろう（この実験は実際に行っていない）。だが、私たちはまさにこんな方法で、無意識のうちに多くのお金の取引を行っている。

生産のコストや、走り回る人々、費やされた労力が目に見えるとき、私たちはより高い金額を支払うことをいとわない。労力のかかるものはそうでないものに比べて価値が高い、と暗に決めつける。支払い意思額の心理を駆り立てる要因は、客観的な労力よりは、見かけの労力なのだ。

これは合理的だろうか？　ノー。これは私たちの価値認識をゆがめているか？　イエス。これはよく起こることなのか？　もちろんだ。

ジェームズのウィジェット社を訪問したコンサルティング会社は、労力をアピールするためとあれば、プロジェクト全体を再現しようかという勢いだった。では同じくらい高くつく、時間制報酬方式の法律事務所を考えてみよう。弁護士が悪くいわれる原因の一つは、仕事に費やされた労力が目に見えないことにある。ただ時間が記載された請求書が来るだけで、労力も、目に見える汗も、あの抜け目のないコンサルティング会社がアピールしたような活動も、なにも見えやしない。

企業は製品・サービスに費やした労力を可視化すること、つまり透明性によって、一生懸命仕事をして人々からお金を得ていることを示すことができる。私たちは多大な労力が費やされたことを知らなければ、ものごとを高く評価しないのだ。インターネットを媒体とするサービスの売買がとても難しいのは、この理由による。インターネット上では費やされた労力が見えないから、消費者はアプリやインターネットサービスに高い対価を支払う必然性を感じない。

透明性によって労力を明らかにし、価値を示し、裏づけることを、大小の企業は学びつつある。サービスを高く評価してもらうための手がかりを消費者に与えようとする企業も増えている。たとえばカヤックの格安航空券検索サイトには、透明性を重視する姿勢がはっきり表れている。カヤックのウェブサイトでフライトを検索すると、プログレスバーが進捗状況を示し、アイテムが自動でスクロールされ、異なる出発時刻、価格、航空会社のフライトがずらりと並ぶリストが表示され、さまざまな条件で検索が行われている様子が示される。多くの要素が考慮され、多くの計算が行われているのが手に取るようにわかる。しまいには、自分のためにこんなに仕事をしてくれたのかと感激し、もしもカヤックがなかったら、自力でこれを全部やるのに永遠でも足りない時間がかかっていたと気づく。

これをグーグル検索と比べてみよう。なにかを入力したその瞬間に、検索結果が出てくる。グーグルがやっていることは、単純で簡単な作業にちがいない。そうだろう?

別の例に、ピザ業界のもっとも革新的な変革、比類なき「ドミノ・ピザ・トラッカー®」がある。ドミノ・ピザをオンラインで注文すると、プログレスバーが表示され、注文状況を教えてくれる。注文が受け付けられ、チーズをつくるための乳がしぼられ、チーズがピザに広げられ、ピザがオーブンに入れられ、車に積み込まれ、渋滞をすり抜け、動脈を詰まらせ、コレステロール降下薬が処方されるまでの進捗が一目瞭然だ。もちろん、ピザ・トラッカーを簡略化するために途中のステップは一部省略されているが、それでもこのしくみを目当てに毎日大勢の顧客がウェブサイトを訪れ、自分のピザの進捗具合を眺めているのだ。

不透明なプロセスの最たるものといえば、行政の仕事だろう。行政活動の透明性向上をめざす巧妙なプロジェクトが、ボストンで実施された。ボストンの道路補修工事は、交通手段が発明されてから今に至るまで、延々つづいている。市当局は補修工事の透明性を高めるために、補修が実行または予定されている箇所をオンラインの地図に掲載した。ボストン市民は地図を見て、道路工事の作業員が自分の住む界隈にまだ来ていなくても、市職員が懸命に仕事に取り組んでいるのを知った。市民は職員に共感できた。そして市の立場を理解し、なぜハーバードヤードでパーキングスペースを見つけにくいのかを察知したというわけだ。

ボストンといえば、僕らのハーバードの友人マイク・ノートンは、透明性を高めるための独創的な方法をいろいろ考案している。たとえばデートサイトで、相性のよさそうな相手だけでなく、相性の悪そうな相手も表示する。サイト運営者は、合わなさそうな相手を何千人も表示することで（いやほんと、笑ってしまうほどひどいマッチングなのだ）、すべての入会者を選別し、ぴったりの相手だけを選び出すのにどれだけの労力を費やしたかをアピールできる。[6] 僕らが現代のデート界に恐れをなしていることや、僕らの奥さんがどんなに魅力的かってことは、もう話したよね？

もしもウーバーや錠前屋、傘売り男が、その価格で提供するためにどんなに労力を払ったかを説明していれば、価格はもっと公正に感じられただろう。ネットフリックスは、ストリーミング配信のライセンス料がとても高額なことや、単一サービスのユーザーにとっては値下げになること、今後はそれぞれのサービスの改善に注力できること、まったく新しいプログラミングを提供するつもりであることを説明することもできたが……そうはしなかった。レストランは、ガス料金や卵などの材料費や人件費の高騰など、値上げの理由を説明した文面を掲示することもできたし、税金やホワイトハウスのだれかさんに責任をなすりつけて批判をかわすこともできた。こうした説明や弁明があれば、顧客は値上げを理解し、受け入れてくれたかもしれない。だが企業はそれをやらないことが多い。透明性は価値への理解を促す。残念なことにビジネスを運営する側は、製品・サービスの裏に隠れた労力を説明することで、顧客の価値判断を変えられるとは思っていない。でも実際そうなのだ。

透明性を求める人間の心理を理解すれば、身の回りのものごとに価値を認めやすくなるが、その反面、操作の餌食になりやすいというリスクもある。あのコンサルティング会社はやたらと労力をアピールしたが、それほどの成果を挙げたのか？　不器用な錠前屋はドアの解錠に奮闘したが、私たちの一時間を無駄にしただけではないのか？　ボストン市の職員は懸命に仕事に取り組んでいるのか、いやハーバード訛りの特訓を受けているだけじゃないのか？

私たちは思っている以上に透明性（またはその欠如）の餌食になりやすい。労力を示されると、製品・サービスを過大評価してしまう。透明性は、労力と見かけの公正さを見せつけ、私たちの価値認識を実際の価値とはほとんど無関係に変化させる力があるのだ。

家庭内の労力

公正さや労力に対する私たちの考え方は、お金以外の領域にも影響をおよぼす。僕らはもちろん、人間関係のアドバイスなんてできないが、こんな実験をしてみた。カップルを別々の部屋に入れて、あなたは家事をどれだけ分担していますかと聞くと、二人の答えの和は必ず一〇〇％を大きく上回るのだ。いいかえれば、自分はとてもがんばっているのにパートナーはあまり手伝ってくれず、フェアな分担になっていないと、二人とも思っているのだ。

なぜ労力の和は必ず一〇〇％を超えるのだろう？　それは、自分だけがいつも「透明モード」でいるからだ。自分の労力は細部まで見えるのに、パートナーの労力はよくわからないという、透明性の非対称性が存在する。自分で床を磨いたら、きれいになったことに気づくし、どれだけの労力を費やしたかを知っている。でもパートナーが磨いた場合は、きれいになったことにも気づかず、床を光らせるためにどれだけの労力が注ぎ込まれたかも知らない。自分でゴミを出せば、どんな手間が必要で、どんなに大変だったかを知っているが、パートナーがやるときはそんなことには気づきもしない。完璧な幾何学的論理にしたがって食洗機に皿を入れたのに、パートナーは皿がボウルの横に収まるよう配置されていることに敬意を払ってくれない！

なら、夫婦関係にあのコンサルティング会社の方式を導入して、毎月何回カウンターを拭き、何枚の皿を洗い、何枚の請求書を支払い、何回おむつを替え、何回ゴミを出したかを、パワーポイントでパートナーと子どもに説明したらどうだろう？　それとも弁護士方式をとって、労働時間を記載した請求書を渡してみる？　夕飯をつくったら、買い物から下ごしらえ、料理、後片づけまでの全手順を説明する？　パートナーに大事にしてもらうために、深いため息を何度もついてみる？　まあ、細かいことをいってパートナーを辟易させてもしっぺ返しが待っているだけだから、労力を示すこととパートナーを辟易させることのあいだで、各自がうまくバランスをとってほしい。だが今いったことはよく考えよう。そして忘れちゃいけないのは、離婚弁護士はお金がかかるということ。彼らは時間制で、労力すら示さない。

首尾は上々

人は何事にも「公正」であることを求める。交渉にも、セールス、結婚、そして人生にも。それは悪いことじゃない。公正なことはよいことだ。二〇一五年にマーティン・シュクレリは、革新的な治療薬「ダラプリム」の製造会社を買収し、その直後にダラプリムの価格を一錠当たり一三ドル五〇セントから七五〇ドルへと、じつに五五・五五倍に値上げして、世間の激怒を買った。それは甚だしく不当な行動と見なされた。ダラプリムは今も法外な価格のままで、シュクレリも「不適切な言葉を削除しました」のままだが、このできごとをきっかけに、薬価の公正さにようやく関心が向けられるようになった。私たちの公正感は、経済界でも役に立つことがあるのだ。

だが私たちは公正さを過大評価することもある。シュクレリの状況ほどではなくても、価格が不当に思われれば、価格設定者を罰するために、十分価値のあるものを拒否し、結局は自分を罰するはめになることも多い。

公正さは労力によって決まり、その労力は透明性を通じて示される。どの程度の透明性を提供するかは生産者の戦略事項だから、公正さを価値の指標として喧伝すること（とくに見かけの公正さを高めること）は、まったくの善意で行われるとは限らない。

なぜ透明性が信頼性を高め、価値を生み出すかといえば、透明性が示す労力を、私たちが公正さと結びつけるからだ。それなら製品の価値を高めるために、透明性を求める私たちの心理を悪用し、実際より多くの労力をかけたように見せかける不届き者は現れないだろうか？　この本を書くのに要した一五〇年以上の労力に賭けて、僕らはノーといいたい。そんなことが起こってたまるものか。

第10章　言葉と儀式の魔力に惑わされる

シェリル・キングはもっか残業中だ。会社が製造すべきウィジェットとその購買層を正確に特定するため、専門家チームを設置することに関するフィジビリティ・スタディを指揮している。結論はまだ出ていないが、なにしろ期限が決まっていて、ＣＥＯが今か今かと待ち構えているのだから、やるしかない。残業自体は、時々ならがまんできる。彼女ががまんならないのは、時折の残業時に出てくるまずい寿司だ。

彼女のチームは繁華街の評判の高いフレンチアジアンの店「オー・ララ・ガーデン」に、ときどき寿司を注文する。この人気店はデリバリーをはじめたばかりだ。チームが初めてこの店に注

左／チーズバーガー　$5
右／職人技の熟成したフロマージュ・グラッセと牧草牛のフィレ肉の混ぜ物の手ごね、採れたてガーデン野菜とエアルーム「トマート」、こだわり葉野菜、数千種から厳選されたタマネギ添え、世界各地から輸入され専門的研究者によって調合された特製スパイスつき　$35

文したとき、シェリルは急いでいてメニューをろくに見もせずに、適当に見つくろってと同僚に頼んだ。ブライアンが「スリザリー・ドラゴンロール」をもってきてくれた。シェリルはペーパータオルに寿司をひょいと載せ、パソコンの画面を見つめながら上の空でのみ込んだ。「まずっ」最後のひとくちを食べながらシェリルは思った。「なにこれ。歯ごたえがあるのに柔らかいって、どういうことよ。やれやれ」

その頃隣の部屋では、だれもが寿司を絶賛していた。「オー」「乾杯」「ホー」「へー」などの歓声がいちいち上がる。みんな気に入ったらしい。シェリルは特大のヘッドホンをかぶって、ウィジェットに集中した。

ブライアンはワインのボトルをもってすぐに戻ってきた。記念日にもらっておいしかったといって、シェリルに一杯勧める。二〇一〇年のシャトー・ヴァン・ドゥ・ウマイ・ピノ・ノワール――すばらしいという評判だ。シェリルは、子どもたちが大ウケした「世界最高のママ　トップ五〇〇人」のマグに注いでもらった。一口飲んで、モゴモゴいった。「うん、ありがと。そろそろ帰らなくちゃいけないから、少しにしておくわね」。それから三〇分間、シェリルはマグからチビチビ飲みながら、プロジェクトの担当部分を仕上げた。まあまあのワインね。特別なことはなにもない。家で待っているワインとは比べようもないわ。

帰りがてらブライアンのところに寄って、食事と飲みもの代として四〇ドル渡す。「これで足りる?」

「ああ、十分だ。うまかっただろ?　あの材料は――」

「ええ、おいしかったわ。また月曜に」

その週末、シェリルと夫のリックはローレル通りをブラブラ歩いて、ル・カフェ・グラン・ドラゴン・プープープーに向かった。フランスのマシンガンみたいな名前のフュージョン料理の新スポットだ。プープープー。先に来て待っていた友人たちと合流する。

「まあ、このメニュー見て！　豪華ね」

「そうでしょ？　なにを頼んでもまちがいないらしいわ」友人のジェニファー・ワトソンが相づちを打つ。

シェリルはメニューを読んで興奮気味だ。「ねえこれ見て。『地元産のヤギ乳でつくった職人技の熟成したフロマージュ・グラッセと牧草牛のフィレ肉の混ぜ物の手ごね、採れたてガーデン野菜とエアルーム〝トマート〟、こだわり葉野菜、数千種から厳選されたタマネギ添え、世界各地から輸入され専門的研究者によって調合された特製スパイスつき、謎めいた暗黒の酒場風』ですってよ！」

「うまそうじゃないか」とリック。

「ただの高級チーズバーガーのようだけど」とビル・ワトソンはうなる。

しばらく歓談しているとウェイターがやってきて、現代版シェイクスピアのモノローグ調で本日のお勧め料理を読み上げる。ビル・ワトソンはメニューを指さし、「スペシャリテ・デュ・メゾン」の説明を求める。

「当店の名物料理のことです」

「それはわかってるけど、なんだい？」

「ええとですね……」ウェイターは咳払いをする。「当店のシェフは、シーズンごとに独創的な料理を創作することで、アメリカでも生まれ故郷のフランスでもよく知られておりまして」

「たとえばどんな?」

「はい、今シーズンですと、エサの風味を引き出すよう手塩にかけて調理され、草原の空気、水、太陽によって育まれ、生まれてから皿に載るまで丁寧に世話をされ、厳選されたヒレ肉でございます」

「ふーむ。じゃ、フロマージュなんとかにしておくよ」

まもなくソムリエがやってきて、リックにワインリストを渡す。美しい文字がちりばめられた、ずっしり重い冊子だ。ワインに疎いリックは、お勧めを聞いた。

「そうですね、二〇一〇年のシャトー・ヴァン・ドゥ・ウマイ・ピノ・ノワールはいかがですか。ほかに類を見ない希少で特別な収穫年のワインです。あの夏の南仏は、長雨で地下水がたまったせいで、ブドウ畑の下段に肥沃な成分が流れ込み、ブドウに濃厚で力強い性格を与えました。通常よりも、正確に一四四時間遅く蔓《つる》から外しまして、山風と清水を使って熟成させたこのヴィンテージは、世界中の多くの賞や表彰を受けております。最高のお料理にこそふさわしいワインです」。

モゴモゴと同意するようなつぶやきが聞こえる。「いいね。まずはそれから行こう」

ソムリエが戻り、リックのグラスに少々注ぐ。リックはグラスを持ち上げ、光に当てて色を確かめ、ゆっくりと回し、ほんの少量口に含み、目を閉じ、唇をすぼめ、小刻みに頰を震わせて口のなかで転がす。それから飲み込み、一瞬間をおき、うなずいて全員のグラスを満たしてもらう。みんなでグラスを掲げ、リックの乾杯の合図でグラスを合わせると、料理が運ばれてきた。

本日の前菜をみんなでシェアした。「当店特製のスリザリー・ドラゴンでございます。地元で養殖、収穫されたシェフ特選のサーモン、マサゴ、ブリ、トロを手巻きにしたもので、洗い立てのトビコ、エシャロット、醤油をかけた海藻、キュウリ、アボカド、ナッツをまぶし、銀メッキされたトングで巻いております」

「おいしいわ！」

「たまらない」

最後に勘定書が来た。ワイン、ロール、高級チーズバーガー、そして一晩の笑いとほら話のお代は、二人あたり一五〇ドル。とてもおトクだと全員が思った。

なにが起こっているの？

この二つのシーンは、価値を変化させる言葉の魔法をよく表している。言葉は、私たちの経験のとらえ方に影響をおよぼすことがある。消費するものにとくに注意を向けさせたり、経験の特定の部分に注意を集中させることができる。言葉には、私たちが経験をより深く味わうのを手助けする力もある。そして私たちはなにかから――それを消費する身体的経験からであれ、それを説明する言葉からであれ――喜びを得れば得るほど、それをますます高く評価し、高い金額を支払うことをいとわない。物理的なモノ自体はなにも変わらないまま、私たちの経験が変化し、それとともに支払い意思額も変化するのだ。言葉はただ身の回りの世界を説明するだけでなく、私たちがなにに注意を払うか、その結果なにを楽しむのか、楽しまないかに影響を与えるのだ。

シェリルがオフィスでほとんど目もくれなかった、寿司とワインを覚えているだろう？　だがまったく同じ料理とドリンクでも、それらを表現する言葉に惹かれると、ずっと高く評価した。同様に、もしもシェリルがレストランで「地元産の職人技フロマージュと牛肉の混ぜ物」ではなく、ただの「チーズバーガー」を食べたなら、満足度はずっと低く、高いお金を支払うのを渋ったかもしれない。

もちろん、コンピュータの画面やコンサルタントのメモから離れ、友人たちと食事をすることには、それ自体に付加的な価値がある。だれだって喜んでお金を払うだろう。食事がこの種の経験と結びつくと、私たちは食事自体をより楽しめる……そして多くのお金を支払うことを惜しまない。しかしたとえ環境が同じで、料理さえまったく同じでも、料理の表現のされ方次第で、食事をより楽しめる場合があるのだ。言葉には、料理に対する私たちの見方を変え、その表現方法に見合った対価を要求するという、魔法の力がある。

価値創出に関していえば、レストランの環境（豪華）、社交の状況（親しい友人）、食事の説明（ポストモダン用語満載）のすべてが、経験を引き立たせる。

しかしこのシナリオ全体のうち、もっとも強力で、もっとも価値を高める効果がある要素は、明らかに言葉だ。言葉は座席の座り心地をよくしたり、スパイスをおいしくしたり、肉を軟らかくしたり、会社を居心地よくしたりはしない。客観的に考えれば、その品がどのように表現されるかは関係ないはずだ。ハンバーガーはハンバーガー、邸宅は邸宅、トヨタ車はトヨタ車でしかない。どんなに表現を尽くしても、どんな表現方法をもってしても、なにかの本質を変えることはできない。ハンバーガー、邸宅、トヨタ車にするか、チキン、コンドミニアム、フォード車にするかの選択でしかない。だってものを選ぶだけだろう?

いや、そうじゃない。意思決定に関する研究がはじまった初期から、私たちがものそれ自体のなかからではなく、ものを説明する言葉のなかから選んでいることが明らかになっている。ここにこそ、価値を変化させる言葉の魔法がある。

言葉は私たちの目を製品や経験の特定の属性に向ける。たとえば隣り合う二軒のレストランがあって、一軒は「八〇%無脂肪」のビーフバーガーを出し、もう一軒は同様の品だが「脂肪分二〇%」のビーフバーガーを出しているとする。さてどうなるか？　同じバーガーでも、表現方法がちがうと評価も変わることが、実験結果からわかっている。八〇%無脂肪のバーガーは、「無脂肪」の部分に注意を喚起し、バーガーの健康的でおいしくて望ましい側面に私たちの視線を向ける。他方、脂肪分二〇%バーガーは、脂肪の量だけに注意を向け、不健康な側面のことを考えさせ、バーガーはけしからん、絶対菜食主義《ビーガン》のルールを調べようと思わせる。その結果、私たちは「無脂肪」のバーガーのほうをずっと高く評価し、より高い代金を支払うことを惜しまない。

表現方法を変えると、まるでスイッチをパチンと切り替えるように、新しい視点と背景状況が導入される。退職後は今の収入の八〇%で暮らしていけると答えるが、退職後の収入が今より二〇%減ったら暮らしていけないと答える。寄付額が「一日何セント」として提示されれば慈善団体に寄付するが、同じ金額が「年何ドル」と表示されると寄付しない。[1] 二〇〇ドルの「キャッシュバック」と聞けば銀行に殺到するが、二〇〇ドルの「ボーナス」と聞けばバハマに押し寄せる。[2] 収入の八〇%、慈善団体への寄付額、二〇〇ドルは、どう表現されようが金額は変わらない。だが表現方法は製品・サービスに対する私たちの感情を変化させ、これから見ていくように、実際の経験までをも変化させるのだ。

言語操作の名手といえば、ワインの専門家だろう。ワインの風味を表すのに「タンニン」「深み」「土っぽさ」「酸味」などの専門用語まで発明している。ワインの製造工程や、ワインの動きを示す用語まである。たとえばワインをグラスのなかで回したあとグラスの内側を流れ落ちる「ワインの脚」など。果たして私たち一般人が、こうした区別やその重要性を認識、理解できるかどうかはわからないが、多くの人がまるで理解しているかのようにふるまう。注意深くワインを注ぎ、くるくる回し、光にかざして眺め、ゆっくり味わう。もちろん、美しく表現されたワインには多額の出費をいとわない。

一方では、ワインと製造工程の表現方法により多くのお金を支払うのは不合理だ。言葉は製品を変えるわけではない。だが他方では、美しく表現されたワインのほうが、より楽しめるのもたしかだ。つまり、言葉は私たちがワインを経験し消費する方法を変え、私たちに奥深い影響を与えるが、ボトルのなかの飲みものを物理的に変化させることはない。だが言葉は物語を伝える。そして私たちはワインを開栓して注ぎ、グラスを傾けて「ノーズ」をかぎ、のみ込んでから後味を楽しむまでのあいだ、ワインの物語に加わる。そのことが私たちのワインに対する評価と経験を引き立たせ、変化させるのだ。

このように、言葉はものを変化させることはないが、私たちがそれと関わり合う方法、経験する方法を変える。言葉は私たちを説得して行動を促すこともある。たとえば気持ちを落ち着かせ、今やっていることに注意を払わせるなど。仮に、ここに世界最高のワインが一杯あるが、あなたはシェリルのように、ろくに注意も払わずに、職場のコンピュータの前にすわって飲むとする。どれだけ楽しめるだろう？　またそれより劣るワインだが、それについて思いを馳せ、歴史を考察し、味わい、観察し、愛でるとする。その場合、客観的に劣るワインからもかなりの価値を、おそらく客観的に優れたワインを上回る価値を引き出せるだろう。

コーヒー業界は、ワイン業界の後につづけとばかりに、文才のあるライターの手を借りてコーヒー用語の充実を図り、コーヒーの価値を高めようとしている。まあ、傍目からはそう見える。「シングルビーン」コーヒーに「フェアトレード」コーヒー、ジャコウネコの腸内で自然に発酵した（知らなきゃよかった）「シベットコーヒー」、「千代の葉を掲げる原住民の涙にさらされた」コーヒーなど。最後のものは実在しないが、あってもおかしくない。なぜなら小、中、大サイズのコーヒーの一滴一滴に、長い感傷的な物語があるのだから。そして私たちが物語のディテールを一つ受け入れるたび、支払い意思額は上がっていく。

チョコレートもこれらの先例に倣って、シングルビーンチョコレート（なぜ単一産地の豆でつくるとおいしくなるのか、僕らにはさっぱりわからないが、消費者受けはよいようだ）などのますます高価な品を開発している。イギリスには「チョコレートマニア」の要望に応える会社があって、定期購入サービスをはじめ、さまざまなチョコレート体験を提供している。もちろん、有料でね（チョコレートマニアを自認しない人がどこにいる？）。

こうした言葉のトレンドは、どこまでつづくのだろう？　「シングルカウミルク」の生産と販売は実現するだろうか？　レストランのメニューに、夏の二週間と五日めの三度めの搾乳をラテに提供したミネソタの乳牛、ベッツィーの性格が記される日が来るだろうか？　ベッツィーの母親が、第四二代アメリカ合衆国大統領の食べたアイスクリームコーンの原料を提供したことや、アメリカ初のハイブリッドトレーラーに牽引されてミネソタにやってきたことを知ったら、消費者の支払い意欲は増すだろうか？　ベッツィーが草を食み、日光浴をし、「牛転がし」されるのが趣味だと知ったら？　顧客はウェイターがドリンクの「よどみなさ」「ラクトース由来の粘度」を説明するのを聞きながら、ベッツィーの写真を見たがるだろうか？　ベッツィーは循環農家に暮らしておりますゆえ、ハンドメイドのつや消しのトールグラスに入った彼女の貴重な牛乳にクッキーを浸す前に、グラスをくるくる回すことをお勧めいたします。はい、一三ドルになります。

このように、言葉は私たちがさまざまな商品やサービス、経験を評価する方法を変える。私たちは数世紀の議論を経て、とうとう『ロミオとジュリエット』のジュリエット・キャピュレットが唱える説のあやまりを証明できたのかもしれない——バラはどんな名前で呼んでもよい香りがするわけではないのだ。

消費を引き立たせる

あるものの楽しみは、そのものの感覚——食べものの味、車のスピード、歌の音など——だけでなく、その経験全体を生み出すために脳内で起こっていることからも得られる。これらをひっくるめて、完全な消費経験と呼ぶことができる。

言葉は消費経験の質を高めたり、低めたりすることもある。だからこそ言葉は、私たちがなにかの——チョコレートであれ、ワイン、純血種の肉牛を使ったハンバーガーであれ——価値を評価する方法に強力な影響を与えるのだ。このような効果をもつ重要な言葉の種類に、**消費の語彙**がある。消費の語彙とは、消費経験を説明するために用いられる特定の用語のことだ。ワインの

「ブーケ」、キルトの「サッシング」などがこれに当たる。消費の語彙を通して、私たちはその経験について考え、集中し、注意を払い、ペースを落とし、ちがった方法で経験を味わい、それによってちがった方法で世界をとらえるようになる。

シェフの特別料理についてのウェイターの一分間の説明は、料理に注目を向けるだけではなく、料理そのものにも背景や深みを与える。料理の風味や質感、味に注目を集めることによって、料理に対する繊細で複雑な見方を教えてくれる。私たちは説明を聞きながら、自分がその料理を見たり、かみ砕いたり、においをかいだり、切ったりしている姿を想像するかもしれない。その経験に向けて心身の準備をするわけだ。言葉は経験や、経験に対する期待を裏づけることによって、経験そのものや私たちにとっての経験の価値を引き立たせ、変化させるのだ。

シェリルとリックは、ウェイターが特別料理やワインを説明するのを聞くうちに、思い入れを強めていった。料理とワインの特性を理解し、これから経験する楽しみと価値を意識した。

健康的な例とはいいがたいが、マクドナルドの昔のCMソングは、定番メニューの全材料が一つの歌に込められていた。「ビーフ一〇〇%のパテ二枚に特別ソース、レタス、チーズ、ピクルス、タマネギが、ゴマつきバンズに載っている♪」。視聴者は三〇秒間、これから食べるかもしれない材料の一つひとつについて考えた。このCMは、時間の長い同類のインフォマーシャルのように、経験を細分化するから、視聴者は一口を「七種類の味」と見なすようになる。「風味の取り合わせ《メランジェ》」とただの「バーガー」では、どっちが聞こえがいいだろう?

コピーライターは消費の語彙を駆使して、経験のうちの消費者に楽しんでほしい部分や無視してほしい部分を強調する。スニーカーがいくらするかや、エリートアスリートになるのがどんなに難しいかは忘れて、「とにかくやれ」（ナイキ）。清潔できちんとした身なりを求める社会的圧力に屈して切り傷をつくるリスクは忘れよう、このカミソリは「男が手に入れられる最高のもの」（ジレット）なのだから。たとえ金欠でも、「人生にはお金では手に入らないものがあります。それ以外のものは、これでどうぞ」（マスターカード）。もう少しさりげない消費のコピーの例には、「コカコーラを飲んでスマイル」、「指までしゃぶりたくなるおいしさ」（KFC）、「おいしいうえに軽い」（ミラーライト）、「もう夢中」（マクドナルド）、またわかりやすくて役に立つコピーの例には「お口でとろけて手で溶けない」（M&M）などがある。

ジェフはニューヨークのタイムズスクエアにあるカフェ・ヨーロッパで、消費の語彙の場違いな使われ方に気がついた。店内のステンシル調の文字は、「リラックス」「ほほえみ」「気楽」「笑い」「楽しみ」「香り」「味わい」といった言葉を顧客の頭に植えつけることで、顧客にどんな経験をしてほしいかを示し、カフェで過ごす時間をより高く評価させせようとしていた。きっと効果があるのだろう、だってお客はほんのちょっぴりのコーヒーに三ドル五〇セントも支払うのだから。

消費の語彙が、これから消費しようとするものを表現するだけでなく、生産の過程も説明するとき、私たちはその品を一層高く評価するから（労力と公正さの影響だ）、自分にとってのその品の価値はさらに高まる。また言葉を通して、その品にますます思い入れをもつようになる。授かり効果のところで説明したように、私たちはただ、ものを手に持っただけで、仮想の所有意識を通してそれをより高く評価するようになる。それと同じで、時間をかけてなにかの——イケアのデスクであれすてきな食事であれ——成り立ちを知り理解すると、そのものを一層高く評価するのだ。

言葉にすると公正に感じられる

言葉は労力と公正さを伝えることによって、価値判断に強力な影響をおよぼすこともある。労力を伝える用語はとても重要だ。「職人風」「手作り」「フェアトレード」「オーガニック」といった用語は、創造性や独創性、政治的立場、健康を表すだけでなく、特別な労力がかけられたことも伝えている。労力の用語は、この製品に多くの労力と資源が費やされたことを表し、そうでない製品に比べて価値が高いことを暗に示している。こうした言葉は価値を付加する。

昔ながらの道具や手法で少量ずつ生産されたチーズには、主に機械によって大量生産されたチーズによりも高い金額を支払いたくならないだろうか？　少量生産のチーズは当然、ずっと多くの労力をかけて生産されている。その分コストもかかるはずだから、おそらくあなたは割高な価格を進んで支払うだろう。だが言葉によって注意を喚起されなければ、チーズのちがいに気づくこともないかもしれないのだ。

労力の言葉はどこにでもある。ありすぎる。チーズ、ワイン、スカーフ、コンドミニアムなど、なにもかもが職人技、職人風、職人的だ。「職人風ロフト」に「職人風デンタルフロス」（本当にあるのだ）。ジェフは以前、乗っていた飛行機が乱気流に見舞われたとき、気持ちを落ち着かせようとして機内誌をめくっていたが、職人風密造酒の話を読んでかえっていらついた。「職人風」というのは、巨大工場ではなく「職人によってつくられた」という意味だ。そして密造酒はそもそも手作りのウィスキーに決まっているから、「職人風」はなんの意味（や価値）も付加しない。ただ同じことを冗長にいいかえているだけだ。

「職人風」のような言葉は目障りなこともあるが、いったいどんな効果があるのだろう？　そうした言葉は、技能のある人がその品を手作りしたことを表している。そして手作りである以上、特別な労力がかけられているから、より多くの額が支払われて当然、ということになる。シェリルが職場のデスクでなんの説明も受けずに安く飲んだものとまったく同じワインを、ウェイターは製造工程の複雑さを示唆するさまざまな用語をちりばめながら説明した。

シェアはフェア

「シェアリングエコノミー」というフレーズはどうだろう？　ウーバー、エアビーアンドビー、タスクラビットなどの企業がこの分類に属する。このフレーズは、これらのサービスをポジティブにとらえたいい回しだ。人となにかをシェアするのが嫌いな人や、シェアする人を称賛しない人なんているだろうか？　シェアリングを人間のすばらしい特質と思わない、学齢期以上の人がいるだろうか？　いるわけがない。

「シェアリングエコノミー」のフレーズは、人間性のよい面を想起させるため、ほとんどの人がこの種のサービスをより高く評価する。それにこのフレーズが、シェアリングエコノミーのマイナス面に注目を集めないのはいうまでもない。「シェアリング」という言葉を使ったとたん、なにもかもが、妹にレゴを貸してあげたり腎臓を孤児に提供したりするような、無私無欲な活動に思えてくる。ただし、すべてがそうとは限らない。実際、シェアリングエコノミーの台頭は、労働市場がフルタイムの仕事や給付金、保障を十分提供しないことの裏返しであり、労働者保護の後退を招き、「フリーエージェント社会」につけ込むものだという批判もある。フリーエージェント社会という用語自体、過少雇用を気にならなくさせるためにつくられた言葉だ。でも、車がつかまえやすくなってよかっただろう?

また「グリーンウォッシング」だと非難される企業もある。これは、環境に配慮している企業と見せかけるために、製品にささいなうわべだけの変更を施すことをいう。また「ピンクウォッシング」といって、女性の健康に配慮する企業として、乳がん支援団体のスーザン・G・コーメンなどの組織の認定を受けるためにお金を払っていると批判される企業もある。なぜこんなことをするかといえば、そうした製品は世界をよりよくするための特別な労力が費やされたと見なされ、割高な価格が支払われることを、企業は承知しているからだ。優れたマーケターは、製品やサービスのすばらしさを伝える言葉の使い方を熟知している。だが「環境に配慮した」「フェアトレード」「赤ちゃん/木/イルカにやさしい」企業を自称することを規制する、厳格なルールは存在しない。だれでも組織を立ち上げ、グラフィックデザイナーを雇ってロゴをつくらせ、どんな製品にも貼りつけることができる。「健康的で賢明な選択」「環境に優しい」「人をしあわせにする優れもの協議会認定*」等々。

要するに、私たちは言葉を通して、公正さと質の指標である労力を垣間見るのだ。これが、言葉が価値を生み出すまでの長く厄介なプロセスであり、その間のすべてのステップで、私たちは惑わされる可能性がある。

でたらめ言葉

言葉は、労力がかかっていて価値が高いという認識を生み出すだけでなく、そうした用語を使う人は専門性が高いと思わせることもある。医療や金融、法律の専門家を考えてみよう。彼らの使う「内側側副靭帯《そくふくじんたい》損傷」「債務担保証券」「債務者監獄」などのいい回しは、いったいどんな意味なのか見当もつかないし、彼らの筆跡ときたら解読すらできないことも多い。意味不明で不可解な言葉は専門性を伝える。つまり、彼らは私たちにない知識をもち、そうした知識やスキルを多大な努力の末に身につけ、この難解きわまりない言葉によって労力を誇示しているのだと、私たちは考える。だから特別に価値が高いサービスにちがいない。

このような方法で言葉を使う人は、著作家のジョン・ランチェスターのいう「聖職者」と化す。すなわち、人々を欺き煙《けむ》に巻き怖じ気づかせるための巧妙な儀式や言葉を駆使して、「なんのことかさっぱりわからないが、専門家に任せておけば万事うまくいく」と思わせる者たちだ。[3]

レストランの物語でも、ソムリエの難解で詩的なワインの説明は魅惑的だったが、雨や収穫やタンニンのことなど知らない人たちを煙に巻いた。専門家だけが知っているという口ぶりは、特別感を醸し出していた。彼らが苦労して得た難解な専門知識を披露してもらえるのはラッキーなことだといわんばかりに。

このケースでは、価値を高めていたのは透明性のなさだ。ワイン造りをはじめ、普通の人があずかり知らないプロセスの曖昧さは、その根底にもっと複雑なものがあるかもしれないと思わせ

*ちなみにあなたが読んでいるこの本は、暮らしをよくする優れもの協議会によって「A+ナンバーワン」に認定された。あなたの健全な選択に敬意を表したい。

およぼすのだ。

る効果がある。しかしそのような複雑さは、経験そのものに対する私たちの評価にやはり影響を

「上」は「下」

感情に訴える表現は、経験の価値を徐々に変化させることがある。だが豊かで具体的で感覚的な表現は、経験の価値をかなり劇的に変化させることもある。シェリルはオフィスでの食事に四〇ドル支払ったが、レストランでの夕食には一五〇ドル支払うことをいとわなかった。そのうえ、私たちが商品やサービスの対価を支払うかどうかや、支払われるかどうかにも影響することがある。

マーク・トウェインの名作『トム・ソーヤーの冒険』で、トムは塀に漆喰を塗るよう叔母に命じられる。あいつ仕事なんかしてやがる、と友だちにからかわれたトムは、こう答える。「これが仕事だって?」「塀に漆喰を塗るチャンスなんて、そうそうあるもんじゃないぜ?」「ポリーおばさんは、塀にはとくにうるさくてね」。塀の漆喰塗りを楽しいことのように語るトムにつられて、友だちは先を争って漆喰塗りに殺到し、あげくには宝物を差し出して、漆喰塗りの特権を手に入れようとするのだ。

トウェインはこの章を次のように結んでいる。「もしもトムが、この本の作者のように偉大にして賢明な哲学者だったなら、『仕事』とは人がやらなければいけないことであり、『遊び』とはやらなくてもよいことだと、今頃見抜いていたことだろう。……イギリスには、夏のあいだ毎日のように四頭立ての旅客馬車を二〇マイルも三〇マイルも走らせる金持ちの紳士がいる。なぜ

そんなことがうれしいかといえば、それが大金のかかる特権だからだ。だがもしも彼らがそのために報酬を受けるようなことがあれば、同じことが仕事になり、きっとやめてしまうだろう」。

言葉にはものごとを変化させる力がある。痛みを喜びに、遊びを仕事に変えることも、その逆もできる。ジェフは「ハフポスト」に無償で寄稿するたび、トムの漆喰塗りの話を思い出す。創業者のアリアナ・ハフィントンは、どこのだれに聞いても、史上最強の漆喰塗りだ。なにしろ「メディア露出」を巧妙に提供して、言葉の魔力を証明したのだから。

この儀式をやって

では儀式は、こうした言葉の力とどのような関係があるのだろう？　リックはワインを回し、唇をすぼめ、乾杯することで、そうしない場合よりもワインをおいしく飲めただろうか？　じつのところ、答えはイエスだ。しかも、私たちが思っているよりずっと。

説明的言語と消費の語彙は、どんな製品・サービスに関するものであっても、驚くほど一貫している。そう頻繁に変化せず、自己強化していく。私たちはなにかの製品を経験するたび、いつも同じ用語が思い浮かぶ。ワインのノーズ、チーズのテクスチャー、ステーキのカットなど。前に説明した、価値を変化させる言葉の力とともに、この用語の一貫性――つねに同じ方法で用いられ、繰り返され、行動に影響をおよぼすこと――が儀式を生み出す。

儀式には、経験を過去や将来の同じ経験と結びつける力がある。この結びつきによって、経験は過去や未来へとつづく伝統の一部になり、新たな意味を与えられる。

儀式は宗教に由来するものが多い。ユダヤ教でヤムルカをかぶったり、イスラムで数珠を数えたり、キリスト教で十字架にキスをするなど。そう、こうした儀式はどれも特定の手順と表現をもっている。またどの儀式も人々を過去の行動や歴史と結びつける。だがもっとも重要な点として、儀式は特別な意味、より高次の意味を伝える象徴だ。そのため、祈りであれワインであれなんであれ、儀式と結びつけられたものは、そうでない場合に比べてずっと大きな価値をもつのだ。

楽しみは外的な製品・サービスから得られる経験と、内的な脳のなかでの経験の両方から生み出される、といったのを覚えているだろう。儀式には言葉と同様、消費経験を引き立てる効果がある。過去の経験とつながっているという感覚を広げ、その経験には意味があるという認識を与えることによって、楽しみをさらに引き立たせる。そしてその過程で、儀式で使われるものが高く評価されるようになる。一貫の寿司、一杯のワインは、儀式で私たちが行うことや、それを消費する際の私たちの動きの影響で、「より高価」に思えることがある。

キャスリーン・ボース、ヤジン・ワン、フランチェスカ・ジーノ、マイク・ノートンは儀式に関する研究を行い[4]、儀式が楽しみと喜び、価値、そしてもちろん、支払い意思額を高めることを示した。彼らの実験のラッキーな協力者はチョコレートバーを与えられ、それをそのまま食べた人たちと、割ってから特別な方法で包装をはがして食べた人たちがいた。後者の人たちは、消費する前に儀式を行ったことになる。あまり意味のない儀式だが、儀式だということに変わりはない。同様に、別の二つの集団はニンジンを与えられた。一方の集団は普通に食べ、もう一方の集団は指の関節をぴしゃりと叩き、深呼吸をし、目を閉じてからニンジンを食べた。

その結果、儀式を行った人は食べるという経験をより楽しんだことがわかった。ニンジンでもチョコレートでもそうだ。儀式は実際の経験を予期するあいだにも、経験している最中にも、経験と楽しみを引き立たせた。楽しみが増えることには、なにかしら価値があるだろう？　もちろん。協力者の「支払い意思額」を調べたところ、儀式を行ってからチョコレートを食べた人たちは、支払い意思額がより高く、自分の食べているものを「より高級」だと感じた。

儀式といっても、へんてこなノックの方法や特別な呼吸法だけじゃない。儀式にはほとんどどんな種類の行為や経験も含まれる。乾杯、握手、感謝の祈り、オレオクッキーの片側を外してクリームをなめ取る――こうした儀式を通して、経験に一層深く関わるから、目の前の経験や品、消費により集中できるのだ。

消費の最中に行う儀式は、経験を特別なものにする。私たちは経験に対する所有意識を高め、ますます多くの労力と時間を投資するため、その経験は生活やほかの経験に溶け込む。また儀式は、自分でものごとをコントロールしているという感覚を高める働きもある。何度も行ううちにその行為に精通する。儀式化すると、それは自分のものになり、自分がそれを指揮していると感じる。そのことも経験の価値を高める。

儀式によって、食べものはよりおいしく、イベントはより特別に、人生はより人生らしくなり、経験の価値が高まったように感じる。消費の語彙と同様、儀式を通して私たちは自分のやっていることにしばし集中する。消費により深く関わるから、楽しさが増す。だが儀式は、私たち自身がなんらかの活動を行う必要があるという点と、消費に意味を与えるという点で、消費の語彙を一歩進めたものといえる。だからこそ、儀式はほぼどんな経験も引き立たせることができるのだ。

ただ一杯のワインを飲むだけでも、儀式を行えば、行わない場合に比べて飲んでいる最中の楽しみが大きい。二本のまったく同じピノ・ノワールのボトルを並べて置き、一本をコーヒーのマグに注ぐ。もう一本は高級クリスタルグラスに注いで、光にかざし、舌に広げ、口のなかで回すとする。さて、あなたはどちらのほうを高く評価するだろう？　どちらにより多くの金額を進んで支払うだろう？　ワインのボトルも中身も同じだから、本来なら評価はまったく同じはずだ。でもそうならない。儀式化したワインのほうを高く評価するのだ！　こうした支出行動はもちろん合理的ではないが、理解できるし、また時には好ましい場合もある。

大きく開く

儀式や言葉に消費を引き立てる力があることを疑っている人は、幼児にグリーンピースのマッシュ（ゆでてつぶしたもの）を食べさせよう。次に、マッシュを盛ったスプーンを、着陸しようとする飛行機だよといって食べさせてみよう。* 腕を回してブーンといいながら、ゴー、ゴー、ゴー！　ばかげているようだが、どんなに気難しい幼児でも、スプーン山盛りの緑色のマッシュより、ちっちゃな飛行機のほうを喜ぶのだ。見せ方で食べるものや食べる量が変わるのは子どもだけと思う人は、鉄板焼きレストランやミステリー謎解き食事会に行くといい。または人気ドラマをイッキ見しながら食事しているとき、ちょっと手を止めて、自分がいったいなにを食べているのか考えてもいい。

私たち人間は、食事はきっとおいしく、投資は収益を生み、おトクな商品が見つかり、一夜にして百万長者になり、これから食べるものは飛行機なのだと信じたい。言葉や儀式がそう教えてくれるなら、少なくともある程度は疑うのをやめる。私たちは自分の経験したいことを経験するのだ。

儀式と消費の語彙の影響で、私たちは客観的な価値よりも高くものを評価する。儀式と言葉の魔法は、日用品の購入といった些細な決定から、結婚や仕事のような重要な決定までの経験を変化させ、また、私たちの周りの世界との関わり方をも変化させる。

＊ノートンによれば、世の親たちは数世紀にわたってスプーン山盛りの豆を「着陸しようとする飛行機」に見立てて子どもに食べさせようと奮闘してきたという。

第11章　期待を過大評価する

ビニー・デル・レイ・レイはよい暮らしが好きだ。速い車、ホットな取引、楽しい時間。ビニーはあらゆるイカしたものの目利きを自認する。あらゆるトレンドに通じ、あらゆる曲線に先んじ、あらゆる限界を押し広げているつもりだ。なにかが「最高」だと聞けば、それを手に入れ、ひけらかさずにはいられない。逆に、評判の高くないものには触れようともしない。超がつくほどリッチじゃないが、金に不自由はなく、お粗末なもので人生を無駄にせずにすむだけの余裕はある。

スーツはアルマーニと決めている。最高のスーツだ。着心地がいい。見栄えもいい。いかにも成功者らしい出で立ちは、商業不動産ディーラーとしての仕事に大いに役立ってきた。

今日のビニーはテスラのモデルSの新車を転がして、不動産の契約交渉に向かっている。世界最高の車だ。排気ゼロ。ハイスピード。羨望の的。ビニーは一、二年ごとに新しい高級車をリースする。モデルSについてはハンドルを握る前に調べ尽くしたが、決め手になったのは試乗だった。それまでさんざん読んできたパワー、ハンドルさばき、コントロールを直に経験した。夢に見た羨望のまなざしを浴び、ささやきを聞いた。自分のためにつくられた車だ。

ビニーはバレーきっての不動産仲介者を自負している。どのバレー？　すべてのバレーだ。だが今日の交渉相手はリチャード・フォン・ストロング。やり手だがくせ者という評判が衝撃波のように伝わってきた。いつもはクールで冷静沈着なビニーも、今日は朝からひどい頭痛に悩まされている。最初に通りかかったコンビニの駐車場に車を入れた。

店に入って強力タイレノールを探すが、置いていないという。「代わりにハッピーファームズ・アセトアミノフェンはいかがですか？」と店員が勧めてくる。「効能はタイレノールと変わらないのに、ずっとお安いですよ」

「おいおい、よしてくれよ。安いまがいものはごめんだね。効くはずがない。タイレノールじゃなくちゃ。でも、ありがとな」

彼はモデルSに戻り、二、三キロ引き返して強力タイレノールを手に入れ、三ドルのビタミンウォーターで流し込んだ。

フォン・ストロングが必ず会合を行うという、高級ホテルに車を乗り入れた。フォン・ストロングは相手を威圧するためにペントハウスのスイートを借り上げているという噂だ。ビニーはズキズキとうずく頭をおさえ、駐車場を通過してエントランスに乗りつけた。駐車係にキーを渡し、モデルSがそのクラスの車種で最高評価を得ていて、夢の宇宙船のように走り、地球まで救うのだと、受付のティーンエイジャーに得々と話して聞かせる。

エレベーターのなかでアシスタントからメールが来た。フォン・ストロングは家庭の急用で帰ったらしく、共同経営者のグロリア・マーシュが代理を務めるという。ビニーは深呼吸をし、肩をほぐし、なめらかなスーツをなで、頭痛が引いていくのを感じた。

ビニーは気楽に交渉に臨んだ。グロリアがフォン・ストロングほど手強いはずがない。強硬な相手じゃないのは一目でわかる。グロリアのファーストオファーを熱心に聞き、そしてフォン・ストロング相手に考えていたよりも強気な数字で対抗する。彼は自信たっぷりだ。ビニー・デル・レイ・レイ様の本気を見せる相手じゃない。まあ、少なくとも今日は。最後に交渉がまとまった。フォン・ストロング相手に想定していたより不利な条件だが、ビニーは満足だ。

部屋を出て、最高のワインを買っておくようアシスタントにメールし、祝杯を上げるためにモデルSに乗り込んだ。

なにが起こっているの?

ビニーの物語は、期待が価値判断をゆがめる様子をよく表している。ビニーはどんな車よりも運転しやすく、見栄えがよく、人に高く評価される車を期待したから、期待できない車に出すよりも多くのお金を支払った。タイレノールが、化学組成が同じ無名ブランドの薬より頭痛を和らげてくれることを期待して、高い価格を払った。女性より男性のほうが手強い交渉相手だと期待して、その代償も払わされた。

株式市場のニュースを読むと、「期待」や「予想」という言葉が出てくる。一般に株価には、その企業がアナリストの期待に対してどれだけの業績を上げたかが反映されている。アップルのような企業が、たとえある四半期に七〇億ドルの利益を上げたとしても、アナリストの事前予想が八〇億ドルなら、「予想を下回った」として株価は下落するだろう。この場合、アップルの業績が予想に比して低調だったということだ。

だがここには見過ごされがちな落とし穴がある。そもそも株価を押し上げすぎたのは、アナリストの予想だったのだ。アナリストはアップルの業績が――八〇億ドルほど――好調だと予想し、同社の価値に対する認識を高めた。これはなにかを経験するときに脳内で起こる反応と同じだ。

企業の株式と同様、私たちの価値判断はもっとも信頼のできるアナリスト、つまり自分自身の期待や予想に影響される。なにかがとてもすばらしいと期待すれば、サイテーだと期待した場合よりも高く評価する。同じワインでも高級クリスタルグラスで飲めば、欠けたマグで飲むよりもおいしいだろうと期待し、割高な金額を支払う。たとえiガジェット、ウィジェット、ワインそのものがまったく同じであっても、期待によって評価を変えるのだ。

脳は私たちがなにかを経験する方法に大きな影響を与える。

未来は不確かだ。これからなにが起こるかなんてわからない。たとえ大まかな予定がわかっていても――明日は六時半に起きて、シャワーを浴び、コーヒーを買い、出勤し、帰宅し、愛する人にキスをして、眠りにつこう――隅から隅まで、思いがけない紆余曲折のすべてに至るまでわかっているわけじゃない。高校時代の友人に電車で出くわし、職場で食べた誕生日ケーキをズボンに落とし、コピーセンターで不意にメイビスに昂ぶりを感じる。メイビス、コピーを取る君の姿といったら……。

さいわい脳が懸命に働いて、そうしたギャップの一部を埋めようとする。知識と想像力を働かせ、未来の経験の細部を予想する。これが期待の作用だ。期待は、私たちが未来の自分に対してもっているモノクロのイメージに色をつける。

人間の想像力はとても強力だ。エリザベス・ダンとマイク・ノートンは著書でユニコーンの背に乗って土星の輪っかを走っている姿を読者に想像させ（本当だ）、「こんな神秘的であり得ない活動のイメージを思い描く能力は、人間であることのすばらしさの一つであり、私たちはその力を借りて、頭のなかでならほぼどんな場所にでも行けるのだ」と述べている。[1]

私たちが想像する未来には、表面に亀裂や割れ目、隙間があるとしよう。こうした隙間は、期待というねばねばした液体で埋めることができる。別のいい方をすると、私たちの精神は、期待を使って自分なりの未来像を完成させる。人間の精神は驚異的だ。そんな精神をリアリティ番組なんかを見ることで汚染する人が多いのは、じつにもったいない。

大いなる期待

期待は二つの期間にわたって経験の価値を変化させる。購入を経験する前の「予期」の期間と、経験をしている最中だ。これらの二種類の期待は、根本的に異なるが重要な方法で作用する。期待は、経験を予期するあいだに喜び（痛み）を与え、それから経験そのものを変化させる。

期待がおよぼす影響の一つめとして、休暇を楽しみに待つあいだ、私たちは計画を立てたり、楽しい時間やフルーティーなカクテル、砂浜を想像したりする。予期することで一段と楽しさが増す。

期待の二つめの影響はさらに強力だ。期待は経験の最中に、私たちの周囲の世界のとらえ方を実際に変化させることがあるのだ。期待が高まった分、一週間の休暇がより楽しく、より価値の高いものになる。期待した結果として、私たちはそのひとときにより注意を払い、十全に味わう。期待によって変化するのは、心だけではない。体も変わる。そう、なにかを予期しながら過ごすと、生理機能も変化するのだ。この好例がパブロフの犬で、頭のなかでエサを予期しただけで唾液が出た。

なにかを期待しはじめたその瞬間に、私たちの心身はそれが現実になったときに備えて準備をはじめる。準備をすることによって、経験の現実は変わりうるし、実際に変わることが多い。

え、なに？　期待は重要だって？

ここまで見てきたお金にまつわるほかの心理的効果とはちがって、期待は（言葉や儀式もそうだが）経験の価値に対する認識だけでなく、経験の価値そのものを変化させる力がある。この重要なちがいについては、14章で私たち人間の奇妙なクセを活用する方法を考えるときにくわしく見ていこう。

予期……がそれを偉大にする

予期期間中は、期待が価値を高めたり低めたりする。なにかがポジティブな経験になると期待すれば、ニヤニヤしたり、エンドルフィンを放出したり、ポジティブな気分になったりしながら、経験に備える。ネガティブな期待についても同じだ。ひどい経験になりそうだと期待すれば、神経を張りつめ、文句をいい、ストレスを感じ、足下を見つめたりしながら、みじめな世界に向き合う準備をする。

楽しい休暇を予期することで喜びが得られれば、そのせいで実際の休暇の経験が一層引き立てられる。休暇に先立つ四週間を、砂浜に寝そべってカクテルを飲んでいる自分を夢想しながら過ごすことには、それ自体価値がある。実際の経験に、期待の喜びが加わる——四週間夢想したうえに一週間の実際の休暇を楽しむ——ことを考えれば、期待が経験の全体的な価値を、実際の休暇期間中に得られる喜び以上に高めることがわかる。いいかえれば、一週間の休暇の代金を支払って、五週間分の楽しみを手に入れるということだ（当選の見込みがないことを知りながら宝くじを買うのは、賞金が当たったらなにをしようかと夢想して数日は楽しめるからだという人もいる）。

同様に、期待が低いと経験の喜びが減ることもある。歯の根管治療を来週に控えていたら、恐ろしい場面を想像したり悪夢を見たりして、治療までの日々が台なしになるかもしれない。それから根管治療を受け、痛い思いをする。根管治療の痛みに加えて、根管治療の恐怖《ルートカナル・ドレッド》を味わうわけだ。ちっとも楽しくないが、パンクロックバンドには最高の名前かもしれない（今夜限り！　ルートカナル・ドレッド……覚悟せよ！）。

豊かな表現や儀式が「消費経験」を引き立てることは、前に説明した。期待にも同じような効果がある。高まった期待は、経験に対する私たちの評価そのものを変化させるのだ。期待は購入品と直接関連のない価値の手がかりになる。期待は購入品そのものを変えるのではない。期待とはものごとに対する脳の認識であり、それが私たちの経験の仕方を変化させるのだ……。

期待と経験のつながり

期待によって変化するのは、ものごとに対する私たちの認識だけではない。もののパフォーマンスや、私たちの経験そのものも変化する。期待は経験に備える方法だけでなく、経験の主観的、客観的な感じ方にも大きな影響を与える。

期待がパフォーマンスを向上させ、消費経験を引き立たせ、認識を変化させ、それによって私たちの価値評価能力と支払い意思額に影響を与えることが、研究によって示されている。言葉や儀式と同様、期待は経験のポジティブ／ネガティブな面に私たちを注目させ、そうした面を重視させる。期待はなにに由来するものであれ、私たちの現実を変える力をもっている。

ビニーはタイレノールとテスラがよい働きをすると期待したから、実際によい働きを得た。おもしろそうだと思って漫画を読む人はよく笑い、政治家が討論会でよい結果を出すと期待する人は、実際によい結果を出したと考える。[2] まずいだろうと期待してビールを飲む人は、そうでない人ほどそのビールをおいしいと思わない。[3]

ルドルフ・エーリリヒ・ラスペの最高傑作『ほら吹き男爵物語』では、底なし沼にはまった主人公が、自分の髪の毛を引っ張り上げて馬ごと脱出する。こんなことはもちろん物理的に不可能だが、ミュンヒハウゼン男爵は成功すると信じ――期待し――実際に成功した。残念ながら私たちノンフィクションの登場人物は、期待の力で肉体を変えることはできないが、それでも期待が大きな影響をおよぼすことはまちがいない。

期待が精神機能の働きに与える影響に関する研究は盛んに行われているが、そのなかでもとくに意外で、かつ気がかりな研究成果をいくつか紹介しよう。

A. 女性に性別を意識させると、数学のテストでよい点が取れないだろうと考え、実際に点数が低くなる。

B. アジア系の女性に性別を意識させると、数学のテストでよい点が取れないだろうと考え、実際に点数が低くなる。だが同じ女性にアジア人であることを意識させると、数学のテストでよい点がとれると期待し、実際に点数が高くなる。[4]

C. 学校の教師が、特定の生徒の成績がよい／悪いだろうと期待すると、生徒の成績はその期待に合わせてよく／悪くなる。これは、教師の当初の期待のせいで、教師の行動と、生徒が自分の成績に対してもつ期待が変化するためだ。[5]

これらの研究は、ステレオタイプや偏見の影響に関しても示唆に富んでいるが、ここでは便宜上、たんに期待が私たちの精神的なものの見方や能力を変えうることを明らかにしたと考えよう。また注目すべき点として、期待の力が精神的能力にとどまらず、さまざまなパフォーマンスにも影響を与えることが、各方面で認識されはじめている。「ビジョンボード」（自分の願いや夢を可視化したもの）

の人気から、エリートアスリートによるビジュアライゼーション（メンタルトレーニング）の利用――と盲信――に至るまで、期待を作り出すことによってものごとを変えられるという信仰がある。今挙げた手法の科学的有効性をここで論じるつもりはないが、僕らも――世界的ベストセラー、大作映画、地球上の生命と平和を守る秘訣の作者である僕らも――そうした効果を多少は信じている。

そんなわけで、期待は重要だ。だがそれはどこからやって来るのだろう？

真新しいあなた

ブランディングがなぜ期待を生み出すかといえば、価値に対する認識を高めるからだ。ブランディングが主観的パフォーマンスに影響を与えることはたしかだ。[6]このことは一九六〇年代の大昔からこの方、多くの研究によって確認されている。同じ肉やビールが、ブランド名がついているとよりおいしく感じられる。[7]神経科学的な話を少しすると、ある実験で協力者は「コカコーラ・ブランドのコーラを消費したときのほうが、喜びが大きかったと答えた。このことは、背外側前頭前皮質という、感情と文化的記憶に関係する脳の部位が活性化されたことと対応していた」。[8]いいかえれば、ブランディングには、なにかをより楽しめたと思わせるだけでなく、実際に脳内でより楽しめるようにする効果があるのだ。

最近のブランディングの研究で、時間がありあまっている人たち――またの名をボランティアともいう――に、高級ブランドの名前がついた商品とついていない商品を使ってもらった。協力者は商品を使ううちに、ノーブランド品よりもブランド品のサングラスのほうがまぶしさが抑えられ、ブランド品のヘッドホンのほうがノイズが除去されると、心から信じるようになった。実験で使われた商品はどれも同一で、ただブランドの有無という点だけがちがった。ブランドのラベルは、知覚された有用性に現実的なインパクトをおよぼしたのだ。[9]

ブランド名は、たんに期待を高めるだけ——商品が光を遮断したりノイズを除去するだろうと思わせるだけ——だと、あなたは考えているかもしれない。だがブランド名が生み出した期待は、本当に客観的パフォーマンスを向上させたのだ。実際のパフォーマンスを検証すると、ブランド品がたしかにより多くの光を遮断し、ノイズを除去したことがわかった。協力者は自分にいい聞かせるうちに本心からそう信じるようになり、聖なるブランド教に改宗したというわけだ。彼らはブランド品のほうがパフォーマンスがよく、価値が高いだろうと期待し、その期待が実際に価値を高めた。自己実現的サングラスとヘッドホンだ。

また私たちはいったんブランドを信頼すると、それにこだわるようになる。たとえばあなたはいつも特定のメーカーの車、仮にホンダ車を買うとしよう。このブランドの車はほかのブランドより価値が高く、性能がよく、そして自分の判断は正しいと、あなたは信じている。ディック・ウィッティンクとラウール・グーハによると、前に乗っていた車と同じメーカーの新車に買い替える人は、そのブランドの車を初めて買う人より多くの額を支払うことをいとわないという。[10] これは自己ハーディング*とブランドによるプレミアム価格の相乗効果だ。

ブランドと関連していて、混同されることも多い概念である**評判**も、期待を形成する。評判の影響はあらゆるところに見られる。

ビニーがテスラとタイレノールとアルマーニはより速く、より権威があり、より優れた商品だと信じていたのは、名前のせいだけではない。評判のせいでもあった。

ダンは同僚のババ・シブ、ジブ・カルモンと、栄養ドリンクのソービーを使って実験を行った。このとき一部の協力者には商品だけを渡し、残りの協力者にはソービーを飲むと精神機能とパズルを解く能力が向上するという説明を一緒に渡した。説明を渡した協力者には、それを裏づける多くの（架空の）科学研究も合わせて渡した。その後のテストで、（架空の）研究を渡された協力者は、科学的裏づけを与えられなかった人たちより成績がよかった。つまり、問題解決ドリンクとしてのソービーの評判が、それを飲めば知的パフォーマンスが向上するという期待を協力者に与え、その期待が実際のパフォーマンス向上をもたらしたのだ[11]。

一九一一年七月の時点で、モナ・リザは普通の名画だった。一九一一年八月、モナ・リザはルーブル美術館から盗まれた。当局が追跡をつづけるあいだ、モナ・リザが展示されていた空間を一目見ようと、大勢の人が列をなした。盗難前にこの絵画を見た人よりも多くの人が、絵画の不在を確かめようとつめかけたのだ。

盗難はモナ・リザの価値を示すシグナルになった。価値のない絵画を盗む人などいるはずがない。この犯罪は、モナ・リザとルーブルに今なお価値をもたらしつづけている。今日モナ・リザは、すべての美術館でもっとも有名な芸術作品かもしれず、その価値は計り知れない。盗難によってもたらされたモナ・リザの名声は、今や世界中にとどろき渡っている。

＊おさらいのために、第7章「自分を信頼する」を読み返そう。
ジェフはプリンストン大学を出ている。この「権威ある」「評価の高い」大学で、「ビール」

と「ピザ」三昧の四年間を送った。彼は優れた教育を期待し、おそらくそれを受け、まちがいなくその対価を支払った。それに——どれだけ勉学に励んだかはさておき——就職の面接や仕事上の人脈、バーベキュー・パーティーの行列でも、大学の名声の恩恵に浴した。出身校の評判は、親にはじまり、入学事務局の職員、仕事のリクルーター、ブラインドデートの相手まで、さまざまな人の期待を形成することが多い。そうした評判が不当だといっているのではなく、たんに大学のブランドや評判が、卒業生に対する人々の意見や期待にたしかに影響をおよぼしているということだ。

過去はプロローグ

過去の経験は、未来の経験に対する期待にも影響を与える。車、コンピュータ、コーヒー、休暇地などでよい経験をすると、将来行うかもしれない消費にその経験を投影し、商品を過大評価する。

ハリウッドはシリーズ作品やリメイク作品を量産している。なぜだろう？　それは観客が一作めの映画を気に入り、チケット売り場で映画会社に報いたからだ。人々の以前の経験が全体としてよければ、だれもが（とくに制作会社が）続篇に高い期待をもつようになる。少なくとも、一五ドル払って子ども時代の思い出を壊されに行こうとするほどには高い期待を。

過去の経験をもとに期待をもつことには、問題もある。その一つが、実際の経験と期待がかけ離れている場合、失望が避けられないことだ。期待と現実の差が大きすぎると、期待の力をもってしてもギャップを埋められず、高い期待は逆効果になる。ＪＣペニーの顧客はセール価格を期待していたから、特売品が見当たらないと、実質的な価格は前と変わらないのに激怒した。

たとえばあるティーンエイジャーが、おばさんから誕生日プレゼントに二五ドルのギフトカードをもらったとする。おばさんは昔から毎年一〇〇ドルのギフトカードを送ってくれた。さてティーンエイジャーの反応はどうなるか？　「いつも一〇〇ドルくれたのに、ひどすぎる。七五ドルも損した。うそでしょー！」二五ドルもらったと考えるのではなく、過去のパターンをもとに、一〇〇ドルの期待という観点から二五ドルをとらえたせいで、贈り物を損失として認識したのだ。

ここでも、過去の実績は将来の成功の保証にならない。期待によくいって聞かせよう。過去になにかがうまくいったからといって、将来もうまくいくとは限らないよ、と。ステーキは焼き過ぎで、南国の休暇はハリケーンに見舞われ、ホラー映画のヤマ場はマンネリで退屈に思えるかもしれない。第一印象を与えられるのは一度だけ、というが、それは人や買い物の話だ。だが私たちの期待はそんなふうには働かない。期待には過去の経験があらかじめ組み込まれていて、それらを類似の経験や新しい経験に繰り返し当てはめようと手ぐすね引いて待っているのだ。

提示方法や環境も期待を生み出し、認識を現実へと変える働きをする。

ワインをいろいろな形状やスタイル、材質のグラス（ショットグラス、高級クリスタルのフルートシャンパングラス、マグカップなど）に注げば、価値に対する認識が変化し、それとともにワインの価格も変わる。シェリルが職場のデスクではコーヒーマグに高級ワインを入れて飲み、その後すてきなレストランで友人たちと同じワインを飲んだのを覚えているだろう？　まったく同じ液体なのに、彼女にとっての価値は繊細なクリスタルグラスから飲んだときのほうがずっと高かった。

マルコ・バーティーニ、エリー・オフェクとダンは、実験で学生にコーヒーをふるまった。コーヒー用のクリームと砂糖を高級な容器に入れて近くに置いた場合と、発泡スチロールのコップに入れた場合とがあった。クリームと砂糖を高級な容器からとった学生は、コーヒーをより気に入り、より高い金額を支払うと答えた。ただし彼らは知らなかったのだが、そのコーヒーは発泡スチロールのコップの近くに置かれたコーヒーとまったく同じものだった[12]。

同様に、著名な演奏家が地下道でバイオリンを弾いていても、道を急ぐ人たちにはただの貧しい人が弾いているようにしか聞こえないが、きらびやかな劇場で弦をつまびくアマチュアの演奏は、「うまく」聞こえるとまではいかなくても、道端で弾いた場合ほど下手くそには聞こえない。

タイミングがすべて

期待の力が一層強力なのが、ものを消費または経験する前にその代金を支払う場合だ。

これを説明するために、出費の痛みに話を戻そう。なにかを消費する前に代金を払うと、消費の際に感じる痛みが減る。たとえば、三か月後にならないと消費しないものの代金を今支払えば、一〇〇ドルの品に加えて、三か月分の期待と夢想と興奮が手に入る。お値段以上のものが手に入るから、いよいよ消費するときには、とても得をしたような気にさえなる。

消費したあとで代金を支払う場合は、消費時の痛みはある程度和らげられるが、消費経験そのものを予期することから得られる価値と喜びは減る。過去を振り返るには記憶に頼る必要があるが、記憶には事実や詳細がしぶとく居座っているから、想像に比べて創造の自由度が低い。これに対して未来を夢見るときに駆使する想像力は、空白と魅惑的な可能性に満ちている。

南カリフォルニア大学の学生は、ビデオゲームをする際に、どんなにすばらしい経験になるだろうと事前に想像すると、ゲームをより楽しむことができた。消費を遅らせると、社会科学者が「生唾係数《なまつば》」と呼ぶものが増加する。チョコレートとソーダを使った実験で、協力者はしばらくのあいだ待たされると、飲食をより一層楽しむことがわかった[13]。こうした研究結果は、予期が喜びを高めるという、私たちが直感的に知っていることを裏づけているが、なぜ社会科学にはチョコレートを使った実験がこんなにも多いのかという謎については、今後の解明が待たれるところだ。

ジェフと奥さんは新婚旅行の料金を前払いし、どんなに楽しい旅行になるだろうと夢想しながらその後の数週間を過ごした。このことは、楽しい経験に対する期待がもたらすメリットを表している。逆に、ネガティブな期待は価値を下げる場合がある。ダンが同僚と行った実験で、酢を少し垂らしたビールを学生に飲ませた（ビールに入れた酢はほんの少量だが、ビールの味を変えるには十分だった）。ビールを飲む前に酢入りだと知らされた学生は、飲んだあとに知らされた学生よりも、ビールをずっとまずいと感じた。なにかがおいしくないと聞かされた人は、実際にまずいと感じることが多い。それは、ただ身体的経験が変わるからというだけでなく、警告が生み出した期待が影響をおよぼすからでもある[14]。

未来は無限の可能性を秘めている。そうした可能性に関して、私たちは楽観的になりがちだ。予期、想像、期待のすべてが、ショーであれ旅行、高級チョコレートであれ、あとで得られるものの価値を高める。しかし経験をあとから顧みるとき、私たちの評価は現実に強引に引きずられ、空白を事実で埋めることを強いられる。私たちが政治家なら話は別だが、その問題を論じるのは別の機会に譲るとしよう。

儀式と言葉を再考する

儀式と言葉も期待を生み、それがパフォーマンスや楽しみに影響をおよぼす。前に見たように、高級レストランのメニューなどのくわしい説明には、注目と関心を高める効果がある。だが期待を高める効果については、まだ説明していなかった。三分間のモノローグに値する料理ならおいしいにちがいない――私たちはそう期待し、経験しているあいだもそう自分にいい聞かせるのだ。

儀式は経験をさらに引き立てる。儀式は不安を和らげ、自信と関心と注目を高める。

ダンは『予想どおりに不合理』のなかで、風邪の予防や治療に役立つという触れ込みのサプリメント、エアボーンの儀式のメリットについて書いた。シュワシュワとたつ泡を見ていると、たしかに効いているという気がした。この儀式のおかげでダンは集中を高め、風邪がよくなるだろうと期待した。ジェフはステージパフォーマンスやビリヤードをする前に、いつも――チューインガム、ミント、ジンジャーエールを使って（理由は聞かないでくれ）――決まった儀式を執り行う。これは迷信なのか、儀式なのか、ただのおふざけなのか？　それはわからない。一つわかっているのは、そのおかげでうまくやれると彼が信じていることだ。もしかすると、元ボストン・レッドソックスの変わり者の三塁手、ウェイド・ボッグスの風変わりな儀式と紛れもない成功に感化されたのかもしれない*。

期待？　すごい！

ここまで期待のさまざまな源泉を簡単に取り上げたが、重要な点は、期待がどこにでもあり、強力な作用をおよぼすということだ。期待の影響力は否定しようがない。期待は私たちに実際の価値とはほとんど無関係な方法で価値を評価させるうえ、じつにさまざまな場面に影響をおよぼす。

期待が凡庸なものごと（タイレノールやコーヒー）から高尚なものごと（芸術や文学、音楽、食べもの、ワイン、友情）まで、人生のさまざまなものごとの価値認識を変化させることは明らかだ。なにかの経験に大きな期待をもっていれば、その期待がなにに由来するものであれ、経験を高く評価し、割高な代金を支払うことを惜しまない。期待が低ければ、低く評価し、支払い意思額も低い。これがよい方向に働くときもある。うまい寿司を食べたいなら、大きな期待がもてて楽しめそうな寿司に、高いお金を払うのもいいだろう。だが確信がもてないときもある。高価なブランド品はノーブランドの同じ品より効き目が高いと信じる場合（期待のせいで実際に効き目は高くなる）、より多くのお金を支払うべきだろうか？

期待に左右されやすい人もいれば、そうでない人もいる。たしかにビニーはちょっとまぬけに見える（ビニー系アメリカ人社会のみなさんには、ステレオタイプ的な描写をお詫びする）。ビニーを除く私たちがまぬけでないことを望みたいが、無意識に行動したり、期待に惑わされて選

＊ボッグスは首位打者を五回獲得したほどの名選手だが、試合前には必ず鶏肉を食べ、打席に入る前にヘブライ語で「命」を意味する言葉を地面に書いたほか、打撃練習やストレッチ、守備練習を決まった時刻にはじめるなど、特別な儀式をいろいろ行っていた。彼は神がかっていた。ヤンキースに移籍してしまったのはじつに残念だった。

択や出費の決定を行う際には、だれもがビニーのような行動をとりがちだ。

　価値を変化させる期待の強力な源泉といえばもちろん、この本の中心テーマであるお金だ。私たちは高価なものにはより多くを期待するし、安価なものにはそれほど期待しない。そして自分でつくり出したこの期待と価値の連鎖を通して、支払う（ことをいとわない）金額に見合うものを手に入れるのだ。

第12章　自制心を失う

ロブ・マンスフィールドは、当面退職できそうになかった。

高学歴の成功した実業家であるロブは、老後のための貯蓄をしていない。二〇代から三〇代前半まで勤めていた大企業には、マッチング拠出を含む退職金積立制度があったが、あえて加入しなかった。こんな薄給ではどうにか暮らしていくのがやっとで、それに若くて楽しめるうちに少しでも楽しんだほうがいいと思ったのだ。月々の給料から何百ドルも積み立てるなんてばかげている。それより、五年か一〇年はできるだけ楽しもう。いつか給料が大幅に上がったら、毎月たくさん貯蓄できるようになる。未来のロブが、退職後のロブの面倒を見てくれるさ。

ロブは今、フリーランスのコンサルタントとして自分の会社を経営し、大金を稼いでいる。収入は安定していないが、再婚したばかりの妻と自分の請求書を支払い、たまの贅沢を楽しむ余裕はある。税金と健康保険のために毎月お金を残しているが、退職後の備えはできていない。

五年前の結婚式で、ロブの新しい義父母は、ロブ側の招待客を相手に、早期退職の経験を得々と語っていた。二人は倹約してお金を貯め、六〇代前半の若さで質素ながらも働かない暮らしを楽しんでいる。旅行をし、遠方の親戚を訪ね、テニスをして、充実した時間を過ごしているのだ。ああ、それに二人がビュッフェで食べた量といったら！

ロブには死ぬほど退屈な生活に思われた。だれのでもない自分の事業を運営する喜びを味わい、新規契約をとりつけたご褒美に外食や旅行をし、新しいおもちゃを買う自分の暮らしがいたく気に入っていた。クラシックバイク愛好家のロブは、数年ごとに新しいバイクを買い、改良と改造に明け暮れ、クロームを磨くのに余念がなかった。ときには乗ることさえあった。

結婚して二年ほど経とうかという頃、妻が義父母にせっつかれて、退職後の計画はどうなっているのと初めて聞いてきた。宝くじに投資しているし、こないだはドングリを二個植えてハンモックを買ったよ、と冗談で返した。

妻は眉をひそめていった。「本気？」

「冗談だよ、でも心配するなって」

「ロブったら！」

「大丈夫さ」

彼女がここには書けないほどの暴言を吐いて、ロブの趣味部屋／男の隠れ家から飛び出していくのを見て、彼は抜群の節約アイデアを思いついた。悪い言葉を使うたびに貯蓄する罰金箱だ。

あれをつくっていたら、今頃は大金持ちだったのに。

このときの衝突以来、ロブは自営業者向けＩＲＡ（個人退職勘定）をはじめるかどうかを毎月検討するようになった。だが月末になれば、その月の収入がいくらであれ、そんな余裕はないと感じた。請求書の支払いがあるし、ロマンチックな外食や週末の小旅行、新しいバイク用品、音響システムの改良など、自分や妻のためにやりたいことは山ほどある。だから貯蓄するより、楽しめるうちに好きなことをして楽しむほうが大切だ。実際、あれから数年経った今も、まだお金を貯めていない。そして今や仕事が減ってきた。「未来のロブ」は今も二五歳のロブと貯蓄額が変わらなかった。

残念ながら、退職後のために貯蓄をしていない（または貯蓄が十分でない）のは、ロブだけではない。二〇一四年の調査で、アメリカの成人の約三人に一人が、退職後に備えた貯蓄をはじめてもいないと答えた。[1] 退職間近の人たち（五〇歳から六四歳）ですら、ほぼ四人に一人が退職後に備えて貯蓄を開始していなかった。別のいい方をすると、アメリカの全労働年齢世帯（現役世帯）の四五％に当たる四〇〇〇万世帯が、老後資産をまったくもっていないことになる。資産のある人をとってみても、口座残高は退職後の生活費の控えめな推定額すら大きく下回っている。[2] 別の調査では、アメリカ人の三〇％は退職後の蓄えがまったく足りず、八〇歳まで働く必要があるという。[3] ちなみにアメリカ人の平均寿命は……七八歳だ。つまり、退職後の生活を楽しめる年数は、マイナス二年ってことになる。私たちは貯蓄だけでなく、算数も苦手なのだ。

おまけに、ファイナンシャルプランナーの四六％が退職金の積み立てをしていないという、興味深い調査もある。[4] そう、人に貯蓄を勧めることを仕事にしている人たちでさえ貯蓄していないのだ。大丈夫か、世界。

なにが起こっているの?

ロブの物語には——また一般に退職後の貯蓄の物語には——満足の遅延（のちの満足のために目先の欲求をがまんする能力）と自制心の問題がよく表れている。自分のためになるとわかっていても、誘惑にあらがうのは難しい。

明日こそは早起きをして運動するぞとゆうべ誓った人は、手を挙げて。手を挙げるのが今日の唯一の運動だという人は、そのまま手を挙げつづけること。

もちろん満足遅延と自制心は、厳密にいえばお金の心理学の問題ではないが、満足をがまんし自分をコントロールする能力は、お金を管理する方法（というより、お金の管理を誤る方法）に、望むと望まざるとにかかわらず影響を与える。ささいなこと（先延ばし、ソーシャルメディアでの時間の浪費、デザートの三杯めのおかわり）から、危険で破滅的なこと（薬を服用しない、無防備なセックス、運転中のメール）まで、私たちはつねに自制心の問題と戦っている。

チョコパフ大好き

なぜ自制にこれほど苦労するのだろう? それは、未来のなにかよりも、今この瞬間のなにかのほうを高く評価する傾向があるからだ。自分にとってすばらしいものだが、数日、数週間、数か月、数年後にしか手に入らないものは、まあまあだが今すぐ手に入るものほど価値がない。未来は現在ほど私たちを誘惑しないのだ。

ウォルター・ミシェルはかの有名なマシュマロテストで、四、五歳児の目の前にマシュマロを一つ置いた。そして、「マシュマロをしばらくのあいださわらずにがまんできたら、二つめのマシュマロをあげる、でも今さわってはだめだよ」といって、一人きりにした。ほとんどの子どもはあっという間にマシュマロを食べてしまい、二つめを楽しむことはなかった。

でも私たちは子どもじゃない、そうだろう？　衝動的ではないし、自制心がある。それなら次の質問に答えてほしい。おいしくておしゃれなレアもののチョコレート半箱を今もらうのと、同じものをひと箱来週もらうのとどっちがいい？　チョコレートを順に回して、目で見て香りをかげるようにしたらどうだろう。鼻の真下や、よだれが出そうな口の真横にチョコレートがあったら？　さてどう答えるだろう？

ほとんどの人、つまりほとんどの大人は、もう半箱もらうために一週間待つ価値はないと判断して、今半箱もらう。結局あのマシュマロ好きな子どもたちと一緒だね？　やれやれ。

でも待った！　選択を未来へ進めたらどうなるだろう？　チョコレート半箱を一年後にもらうか、ひと箱を一年と一週間後にもらうかの選択なら？　質問は同じだ――もう半箱もらうことに一週間余分に待つ価値はあるだろうか？　じつは、質問がこのようなかたちで、遠い未来を問うものとしてフレーミングされると、ほとんどの人がもう一週間待って大きな箱をもらうほうがいいと答えるのだ。一年先のことであれば、もう半箱もらうのに一週間余分に待つのは有意義なトレードオフだと考える。うん、やはり大人だ！

いや、そうでもない。今についての選択と未来についての選択（今チョコレートをもらうか、一週間後にもっともらうか？）のちがいは、今行う決定に感情が作用するのに対し、未来に関する決定には作用しないという点にある。

未来の現実（生活、選択、環境など）を想像するとき、私たちは今とはちがう考え方をする。今日の現実は、詳細や感情などがはっきりとかたちをなしている。だが未来はそうではない。だから私たちは未来にはすばらしい人物になれる。きちんと運動し、ダイエットし、薬を飲む。早起きをし、退職後に備えて貯蓄し、運転中のスマホ操作など絶対しない。だれもが「時間さえあれば今すぐにでも」書けると豪語するアメリカの名作小説を書き上げたら、どんなに豊かな世界になるだろう。

もちろん問題は、私たちが未来に生きることはない、という点にある。私たちはいつでも今を生きている。そして今の私たちは感情に邪魔される。今このときの感情は、現実的で具体的だ。未来の感情はせいぜい予測に過ぎない。それは想像上の感情だから、想像上の未来のなかでは思うままコントロールできる。だから未来についての決定には、感情が影響しない。

だが今この瞬間の感情は、現実的で強力だ。だからこそ私たちは繰り返し誘惑に屈し、まちがいを犯す。だからこそロブは毎月――かつて「未来」だった月（シーッ！　じつはどの月もかつては未来だった！）――退職後の蓄えができず、誘惑に屈して新しいスピーカーやらタイヤワックスやらを買っているのだ。

意思決定のプロセスに感情が絡むと、そんなことが起こる。今は私たちを誘惑するが、未来は誘惑しない。食べものの例をつづけると、来月バナナをもらうか、ケーキをもらうかのどちらかを選ぶとしよう。バナナは健康的で体によいが、チョコレートケーキはおいしい。「未来にはバナナを選ぶよ」とあなたはいうかもしれない。未来には感情がないから、食べものを選ぶには、たんに栄養価を比較すればいい。どっちが体にいいだろう？　でも同じ選択を今迫られ、バナナかチョコレートケーキかを選ぶ場合は、「今はチョコレートケーキがすごく食べたい」と思う。選択が今なら、栄養価と感情、欲望、欲求をてんびんにかけて考える。ほとんどの人にとって、チョコレートケーキはバナナより感情的な誘引力が大きいのだ。

感情的定義

なぜ私たちは未来の自分から感情的に切り離されているのか？　それは、未来の自分があいまいではっきりしないからだ。私たちは未来の自分を、今の自分とはまったくちがう人間として思い描くことが多い。[5] 未来よりも今のニーズや欲求のほうがよりよく理解し、強く感じ、共感することができる。

一つのマシュマロや半箱のチョコレート、より性能の高いサラウンドシステムなどの今すぐもらえる報酬は、鮮烈で顕著だから、意思決定により大きな影響をおよぼす。同じ報酬でも未知の未来にもらう場合は、顕著性も具体性も現実味もずっと乏しいから、意思決定にわずかな影響しか与えない。抽象的な未来は現実的な現実に比べて感情移入しにくいのだ。

将来に備えての貯蓄——または貯蓄不足——の問題には、現在のことを考えるときと、未来（退職の場合は遠い遠い未来）のことを考えるときの、感情的なちがいがよく表れている。退職

後に備えて貯蓄するには、未来の自分の安心のために、今この時点でなにか具体的なものをあきらめなくてはならない。しかも、さほど感情移入できず、考えたくもない未来の自分のために、この犠牲を払わなくてはならないのだ。今の自分は若くてお金が必要なのに、年老いて貧しい自分のことなんて、だれが考えたいだろう?

なにかの価値を判断するには、機会費用(今使おうとしているお金を使ってほかになにができるか)を考える必要がある。この方程式に、未来の出費という要素が加わると、機会費用について考えることはさらに難しくなる。大ヒットミュージカル「ハミルトン」の今夜の公演のチケットを買うという具体的な誘惑と、チケットに費やすその二〇〇ドルが三〇年後にとある老人の薬代になる可能性を、どうしたら同列に考えられるのか?　それは至難の業だ。

退職後の蓄えは、とくに複雑で不確かな問題だ。何歳で仕事をやめるのか、それまでにいくら給料を支払われるのか、何歳まで生きるのか、退職後の生活費はどれくらいか、投資の運用成績がどうなるのかを知る必要がある。まあ要するに、今から二〇、三〇、四〇年後に自分がどうなり、なにを必要とし、その頃の世の中が自分になにをいくらで提供してくれるかさえわかればいい。ちょろいもんだろう?

退職後の生活設計のツールも、わかりやすいとはとてもいえない。年金プランに代替プラン、それにプランが代替されるまでのあいだにプランを管理するためのプランもある。税金対策に確定給付、確定拠出、ＩＲＳ、ＩＲＡ、４０１ｋ、４０３ｂまである。理解しようとするだけで圧倒され、頭が混乱する。「類義語」の類義語を考えたり、スライスした食パンが発明される前の最高の発明品を考えるようなもので、とにかく難しい。

貯蓄をするためには、遠い不確実な未来の価値を評価し、それを念頭に計画を立てなくてはならない。ロブにはそれができなかった。それは私たちの多くができないことでもある。たとえ貯蓄を最大にする方法を見つけたとしても、誘惑と自制の問題を乗り越えなくてはならないことに変わりはない。今よい気分になるのは簡単だが、あとでよい気分にならない可能性を想像するのは難しい。前にもいったし、多くの人がいっていることだが、もう一度繰り返しておこう。あるものを今消費することで得られるメリットは、未来の別のもののためにそれをあきらめることの代償をつねに上回る。あるいは、オスカー・ワイルドのひと言が、この問題をよく表している――「誘惑以外のものならなんでもがまんできる」[6]。

善意の誘惑

ほとんどの人は意志の力で誘惑に打ち勝とうとする。だが絶え間なくやってくる誘惑を克服できるだけの意志力をもっている人なんていない。誘惑はどこにでもあり、時間と技術進歩とともに増える一方だ。誘惑を抑えるために存在する、過剰とも思える法律を考えてみよう。盗難を防ぎ、飲酒運転を防止し、鎮痛剤の乱用を抑え、近親婚を減らすための法律などなど。誘惑を感じなければ、そもそもそんなことを禁止する法律はいらない。

運転中のスマホ操作を考えてみよう。届いたメールを今すぐ読むことのメリットと、衝突して死んだりだれかを死なせたりする可能性を比較考量することは、もちろんできる。こんなことをいう人はだれもいない――「運転中にメールをチェックすることのコストと便益を考えてみたんだ。人の命を奪うことのコストを考え、自分があとどれだけ生きていたいかも考えた。結果、メールする価値があると判断した！　これからどんどんメールするぞ」

そうじゃない！　運転中にスマホを開いたその瞬間、非業の死を遂げる確率が高まることは、だれでも知っている。それが自分と他人の命を危険にさらす、じつにばかげた行動だということも知っている。賢明な選択だと思っている人なんていない。それなのに、私たちは繰り返しそれをやってしまう。

なぜこんなにも愚かなのだろう？　それは感情的要因のせいだ。目先の欲求をがまんできない、運転中のスマホ操作で死ぬことを想像できない、自分だけは死を避けられると過信する。こうした要因がすべて作用して、価値の方程式をゆがめる。未来の私たちは「完璧な人間」でありつづけるが、メッセージのやりとりをするのは今だ。今は私たちを誘惑するのだ。

私たちはいけないとわかっている以上にお金を使い、ものを食べ、人によっては宗教上の罪を犯す。私たちが財布、味蕾、下半身に関してとるべき合理的な行動と、感情的にとってしまう行動とのギャップは、誘惑によって説明できる。

出費（つまり貯蓄をしないこと）に関していえば、誘惑はほぼどんなときもついて回る。現代の消費文化に関する説明は今さら必要ないと思うが、念のためいっておくと、テレビをつけ、ネットに接続し、雑誌を読み、ショッピングモールを歩くだけで、誘惑がどこにでもあることは一目瞭然だ。

ロブは誘惑にどっぷり浸っていた。自宅では高価な娯楽機器に囲まれ、路上では高級なバイク装備に囲まれていた。自分がなにをもっていて、何者で、なにを欲しているのかを、所有物を通してつねに確認していた。新しい月が来るたび、お金を蓄えなくてはならないことはわかっていいたが、出費の誘惑に勝てなかった。私たちの心のなかにいる子どもと同じで――またほとんどの人の心のなかにいる大人と同じで――ロブはほとんど自制できなかった。

なぜなら、自制するには現在の誘惑を認識し、理解するだけでなく、それを回避するだけの意志力が必要だからだ。そして意志力を行使するには当然、努力が必要だ。誘惑に抵抗し、直感を拒否し、無料のマシュマロや凝ったバイク装備などの感情に訴えるあらゆるものを却下しようとする努力だ。

意志力についてはまだ十分に理解が進んでいないが、働かせるのが難しい力だということはわかっている。

貯蓄不足は、じつは意志力不足の一つの現れだ。だが意志力さえあれば貯蓄できるかというと、そうではない。まず貯蓄の計画を立て、私たちを横道へ逸れさせようと誘惑する感情を理解し、それから意志力を発揮してそこかしこに潜む誘惑を克服しなくてはならないのだ。

いうまでもないが、退職後の貯蓄をはじめないほうが簡単だ。行動を変えたり、今の楽しみをがまんしたりする必要もない。新鮮な野菜を買い求め、洗い、調理するより、電子レンジで油っぽいスナックをつくるほうが簡単だ。デブでいるほうが簡単だ。行動を改めるより正当化するほうが簡単だ。チョコレートケーキをこっそり食べるのは、自分が悪いんじゃない。チョコレートケーキがおいしいのが悪い。

遠隔操作

私たちの意志力を削ぐ要因には、未来の軽視以外にどんな要因があるだろう？　これは考える価値のある問題だ。
性的興奮という生理現象は、だれでも知っている。「科学のため」を装って、それを研究した人さえいる。ダンとジョージ・ローウェンスタインは二〇〇六年に発表した論文で、男性は性的に興奮すると、ふだんならいやだと思うことや、不道徳だと思うことさえやってしまうことを明らかにした。[7] 別の関連論文では、男性は性的に興奮すると愚かな決定を下してしまうことを示した。この論文のタイトルが「ビキニに扇動される異時点間選択における全般的焦燥」になったのは、「研究資金のこのうえなくすばらしい活用方法ならびに理想的な時間のすごし方」では長すぎるからだ。[8]
自制を失わせる要因には、性的興奮以外にも、飲酒、疲労、注意散漫などの一般的要因がある。これらの要因が一体となって、カジノや深夜のインフォマーシャル業界の基盤をなしている。凡庸な音楽、絶え間なく鳴り響くコインのジャラジャラいう音やスロットマシンの回転音、目に見える場所にないドアや時計、無料のカクテル、酸素の供給などが、客の注意を散漫にするためにカジノが利用するツールだ。たたみかけるような口調にくどい説明、午前三時の時間枠の視聴者の精神状態が、深夜番組の好む武器だ。カジノもインフォマーシャルも、私たちが誘惑に抵抗できないことに乗じて帝国を築き上げている。

一致協力して自分自身に対抗する

もちろん、自制心の問題は、これまで説明した価値評価に関わるほかの問題と独立して作用するわけではなく、そうした問題を増幅させる効果がある。お金について考えるのがどんなに大変なことかを、ここまでずっと論じてきた。機会費用を比較検討し、相対性を排除し、出費の痛みを無視し、期待に目をつむり、言葉に惑わされないようにするのは本当に難しい。

そのうえ僕らはあろうことか、そうした難題のすべてに加えて、お金に関する意思決定の多くが未来に関するものだと指摘して、問題をさらに厄介なものにしようとしているのだ。それはあとになるまで得られないお金、欲望、ニーズに関わる問題であり、自制の難しさに関わる問題である。そのため、現在の選択肢の価値を正しく評価することに加えて、未来についても考えなくてはならないから、よけい大変なのだ。

前に相対性の議論のところでとりあげた、ブライアン・ワンシンク（『そのひとクチがブタのもと』）のいくら飲んでもなくならないスープの実験を覚えているだろう？　実験協力者がいつまでもスープを飲みつづけたのは、相対性がもたらした空腹の手がかり（ボウルの大きさに対するスープの量）のせいだけではなかった。私たちは食べものが目に入るというだけの理由で食べることが多いのだ。お腹が空いたからではなく、ただそこにあるから食べる。食べることが人間の本能なのは、食べることで快感が得られるからだ。食べることは誘惑的で、目先のこと、今のことだ。自制心がなければ、私たちは底なしボウルの遠ざかる底に惑わされて食べつづけてしまう。

私たちは魚じゃないことだけはたしかだ。水槽にエサを入れすぎると、金魚——仮にワンダと呼ぼう——はお腹が破裂するまで食べつづける。なぜか？　魚には自制心がないからだ。それにワンダはこの本を読まなかった。だから自制心のなさにガッカリしたら、ワンダを思い出そう。ワンダと自分を比べていい気分になろう。相対的にいい気分に、だ。

出費の痛みは、自制心にも影響を与える。出費の痛みを感じれば、自分の行った選択を意識する。選択がより顕著になるから、自制が働きやすくなる。たとえばクレジットカードの代わりに現金を使えば、友人との突然の外食に一五〇ドルを使うことの影響を感じやすくなる。現在の感情の助けを借りて、高価な食事の誘惑を撃退するのだ。逆に、出費の痛みを和らげるしくみを利用すれば、自制心を遮り、よりたやすく、より早く誘惑に屈するようになる。

心の会計、とくに可鍛性のある心の会計は、自制心を弱めるために私たちがよく使う手段だ。「今日は外食するべきじゃない――でも、これを仕事上のつき合いと呼んだらどうだろう？ 行くぞ！」

自分への過信についての議論では、主に過去の自分への過信を考えた。過去にお金の決定を下した自分や、不動産の売却希望価格のような無関係な価格を見た自分を信頼するのだ。しかし現在の自分と未来の自分のあいだにも、信頼関係の問題がある。未来のロブは、現在のロブが退職後の蓄えのために目先の満足を控えてくれると信じ、現在のロブは、未来のロブがより賢明で無私無欲な決定を、退職後の蓄えのために下してくれると信じていた。どちらのロブも、結局は信頼に値しなかった。私たちも同じで、未来や過去の自分が誘惑に抵抗してくれる、またはくれたと信じるのは賢明ではない。

これらの要因や、これまで見てきたほかの要因の影響で、私たちはものごとの価値を不正確に評価する。だが自制心が不足しているせいで、価値を正しく評価するかしないかにかかわらず、不合理な行動をとってしまうのだ。あらゆる心理学的落とし穴をすべて回避して、合理的な評価にたどり着いたつもりでいる……のだが、多くの場合、自制の欠如のせいでどのみち不合理なことをする。自制を保とうとする苦闘は、まるでケールとキノアのヘルシーな夕食を必死で流し込んだあとに、豪華なデザートがワゴンで運ばれてくるようなものだ。ほらほら、人生は一度きり、出費も一度きり、だろ？

それほど簡単に手に入らないお金

ダンは以前、スポーツ界の著名人の集う会議に出たことがある。モハメド・アリも来ていた。その姿を見てダンはボクシングのキャリアが彼の人生におよぼした長期的影響について考えずにはいられなかった。アリはボクサーとして成功するために、自ら進んで苛酷さに耐えたが、その報いでパーキンソン病を患った。彼の判断の是非をここで問うつもりなどない。彼がどんな要因を考慮し、当時の彼がどんな科学の助けを借りることができ、ほかにどんな要因が彼の決定に影響を与えたのかは知り得ないのだから。それでもアリの人生には、現在の欲求と未来の幸福の断絶が生々しく表れている。

会議に出ていた有名な野球選手は、初めてプロ契約を結んだときのことをダンに話してくれた。最初の給与小切手をコーチにもらったとき、二〇〇〇ドルというその金額に愕然としたという。数百万ドルの契約を結んだのに、なぜそれだけしかもらえないのか解せなかった。すぐにエージェントに電話すると、こういわれた。「心配するな、金はちゃんと預かっている。退職後困らないように投資してやる。その間、渡した分でやりくりするんだな。もっと入り用なら相談してくれ」

同僚にも巨額の年俸を稼ぐ選手はいたが、彼とはちがうエージェントがついていた。彼より派手にお金を使い、高級な車に乗り、贅沢な暮らしをしていた。だが彼に比べて貯蓄額はずっと少なかった。それから何年も経った今、同僚の多くがお金に困っているのをよそに、彼と妻は生涯にわたる貯蓄のおかげで、豊かな暮らしを送っている。

この野球選手との話から、意外な一連の事実がわかった。多くのプロアスリートは短期間に大金を稼ぎ、短期間に使い果たし、往々にして自己破産する。ＮＦＬのフットボール選手の約一六％が、退職後一二年以内に破産を宣告している。生涯賃金は平均三二〇万ドルにも上るというのにだ。[9]「経済的に苦しい」状況にあるＮＦＬ選手の数が、退職後数年で急増する（七八％にも達する）という調査もある。同様に、ＮＢＡのバスケットボール選手の六〇％が、退職後五年以内に金銭的に困窮するという。[10]宝くじの当選者が無一文になるという話もよく聞く。巨額の賞金を得たにもかかわらず、当選者の約七〇％が三年以内に破産するという。[11]

大金を稼いだり得たりすると、自制の難しさに拍車がかかる。財産がいきなり増えた場合がとくに大変だ。直感に反するようだが、銀行口座に大金が入っても、お金をより適切に管理できるという保証はない。

私たちの文化は、ありとあらゆる面で私たちに自制を失わせようとし、またそのことに見返りを与える。「リアリティ」番組は、だれが最悪のふるまいをするか——だれが自制心を失い、だ

れがかんしゃくを起こし、だれがキレるか――の競い合いだ。「テンプテーション・アイランド（誘惑の島）」（恋愛観察型バラエティ番組）は、伝説のソウルグループ「テンプテーションズ」結成の物語ではないし、「ヒア・カムズ・ハニー・ブーブー」（太めの女の子が美少女コンテストを目指すバラエティ番組）は、責任感あふれるがドジな養蜂家の物語ではない。

自制の問題はどこにでもある。アダムとイブとあの熟した果汁たっぷりのリンゴの時代から、私たちにつきまとっているのだ。

誘惑はどこにでもあるだけでなく、年を追うごとにますます激しくなっている。考えてもみてほしい。商業環境は私たちになにをさせようとしているのか？　二、三〇年後の私たちのためになることを考えてくれるのか？　私たちの健康や家族、隣人、生産性、幸福、胴周りのためになることを？　とんでもない。

商業利益は自分たちに好都合なことを、今すぐ私たちにやらせようとする。小売店やアプリ、ウェブサイト、ソーシャルメディアは、彼らの短期的利益になり、かつ私たちの長期的利益にはあまり（まったく）配慮しない方法で、私たちの注目、時間、お金を奪い合っている。それだけじゃない。彼らは私たちの感情に訴える方法を、私たち自身よりも熟知しているうえ、その技にますます磨きをかけているのだ。

こうして誘惑が増す結果、とても困ったことに、私たちは自制の問題を山ほど抱え、今後もますます苦しめられることはまちがいない。携帯電話、アプリ、テレビ、ウェブサイト、小売店、それになんであれ次の商業的発明は、レベルアップするたび、私たちを誘惑する方法もレベルアップさせる。でもさいわい、打つ手がないわけではない。こうした問題の一部は、自分がどんな行動を取りがちで、どんな難題に直面していて、金融環境がどのようにして愚かな選択を促すのかを学ぶことで克服できる。それに、テクノロジーの助けを借りて問題を克服することもできる。そうすれば他人の利益ではなく、長い目で見て自分の利益になるようにお金を使う方法を考案できるだろう。

これについては少しあとで説明しよう。それまであなたは待てるだろうか？ 飛ばし読みをして答えを見つけたい誘惑に耐える意志力があるだろうか？ きっとあるはずだ。

第13章　お金を重視しすぎる

格安の心臓手術はこちらです！

昔むかしの世紀の変わりめ頃（つまり二〇〇〇年頃）、（今より）若いダン・アリエリーはマサチューセッツ工科大学のオフィスにソファを買おうとしていた。いろいろ調べるうちに、二〇〇ドルのよさそうなソファが見つかった。そのあとすぐ、フランスのデザイナーによる二〇〇〇ドルのソファに目がとまった。二〇〇ドルのソファと比べるとずっと趣があり、座面が低く、座り心地がまったくちがった。でもこのソファのほうが快適なのか、ソファとしての機能がより優れているのかどうかはわからなかったし、そもそも一〇倍もの金額を払う価値があるようには思えなかった。それでもダンは高級なほうを買った。それ以来、オフィスの訪問客は一人残らず、この低いソファにすわるのに苦労し、立ち上がるのにさらに苦労している。ダンが訪問客を苦しめるだけのためにこのソファを置いているという噂の真相は、ここでは追求しない。

なにが起こっているの？

ダンは高級ソファが長期にわたってもたらす経験を評価するのにとても苦労した。何分かすわってためしてはみたが、本当に知りたかったのは一時間以上すわったときにどれだけ心地よく感じるか――じつはとても心地よかった――と、お客がこのソファをどう思うか――じつはあまり評判がよくなかった――だった（あれから何年も経った今、低いイスにすわったり立ち上がったりするのが苦手な人がいることをダンは知っている）。購入時点ではこれらの問題に答えを出す方法も、自分のニーズに合っているかを知る方法もなかったから、ダンは簡単なヒューリスティックを利用した。「高いものはいいはずだ」。そこで、高いほうのソファを買った。

この意思決定戦略を使うのは、ダンだけではない。激安のロブスターを食べたいと思う人がいるだろうか？　格安キャビアや特売フォアグラは？　レストランがこうした珍味を割引価格で提供しないのは、価格に対する私たちの反応や、価格が発信する強力なシグナルを理解しているからだ。たとえ数年前の夏のように、ロブスターやフォアグラ、キャビアの卸売価格が急落しても、その分を外食客に還元したりはしない。それは店が欲深いからだけではなく、低い価格が贅沢品の質について都合の悪いメッセージを発するからでもある。私たちは値段が安いのは質が悪いからだと憶測し、この妙ちきりんな食べものにはなにかおかしいところがあるのではないかと思いはじめ、ほかの店よりも質が劣るにちがいないと決めつける。

たとえば安いロブスターやフォアグラではなく、異様に安い心臓手術を勧められたらどうする？　これも同じことだ。なにかがおかしいと考え、できるだけ腕のよい外科医を探そうとするだろう。そして、心臓病学に関する知識が乏しいから、おそらく一番料金の高い外科医に頼むことになるだろう。

それはなぜかといえば、ものごとの価値を計るために、別の重要な、かつ実際の価値とは無関係な方法を用いるからだ。つまり、価格に意味があると考えるのだ。よくあることだが、なにかを直接評価することができないとき、とくにほかの明らかな価値の手がかりがない場合、私たちは価格を価値と関連づける。若き多感なＭＩＴ教授のダンは、オフィスソファの価値を評価する方法を知らなかったから、自分が計ることのできる尺度を代わりに使った。それは価格だ。そして一五年の歳月と多くのお客の不興を経た今、愚かな選択をしたことをかみしめている。

ダンは著書『予想どおりに不合理』のなかで、人が高い価格を効能の代用指標と見なすよう条件づけられていることを示した。ダンと同僚のレベッカ・ウェーバー、ババ・シブ、ジブ・カルモンは、ベラドンＲｘという架空の痛み止め（じつはビタミンＣカプセル）を使って実験を行った。[1]ぱりっとしたスーツと白衣に身を包んだ薬剤師が、協力者に薬とパンフレットを配る。薬には一錠二ドル五〇セントという高価な値札がついている。それから協力者に電気ショックを与え、どれくらいの痛みに耐えられるかを調べた。協力者のほぼ全員が、ベラドンＲｘを服用すると痛みが減ったと答えた。次に、ダンと共犯者がもとの値段を線で消して、一錠一〇セントに値引きして同じ実験を行うと、協力者が経験した痛みの緩和度は、二ドル五〇セントだった場合の約半分だった。

ババ、ジブ、ダンはこの結果をさらに発展させるべく、栄養ドリンクのソービーを使って実験を行った。これは第11章で説明した実験で、パフォーマンスが向上するという謳い文句とともにドリンクを渡された協力者は、全種類の知的課題でパフォーマンスが向上した。そしてこのとき別の実験で、値引きされた栄養ドリンクを飲んだ協力者は、定価のドリンクを飲んだ協力者に比べてパフォーマンスが劣った。さらに別の実験で、値引きされた栄養ドリンクを飲んだ協力者は、定価のドリンクを飲んだ協力者に比べてパフォーマンスが劣るだろうと予想し、価格が発したシグナルのせいで、実際にパフォーマンスの低下を経験した。[2]

理屈が通っていようがいまいが、高い価格は高い価値をシグナリングする。医療や食品、衣服などの重要なものごとの場合、高い価格は、製品が粗悪でないことや低品質でないこともシグナリングする。低品質でないことは、高品質であることと同じくらい重要な場合があるのだ。スーザンおばさん自身はTシャツに一〇〇ドルは出さないかもしれないが、それがJCペニーの「通常価格」だというのなら、きっとその価格を喜んで支払おうとする人がどこかにいるはずだと考える。だから高品質の商品にちがいない。そんなわけで幸運なスーザンおばさんは、一〇〇ドルの高級Tシャツを六〇ドルで手に入れた。超高級携帯電話のヴァーチュは、サービスと機能ではほかの携帯電話と変わらない。だがお金に余裕のある人たちは、この高級なステータスシンボルでアングリーバードをプレイする栄誉を手に入れるために、一万ドルから二万ドルを支払う。「それだけの価値がなきゃ、だれもそんな大金払わないだろう」と考えて、ヴァーチュを思い切って買った人がきっといたはずだ。また「アイ・アム・リッチ」というｉＰｈｏｎｅアプリがたった一日だけ販売されていたこともある（すぐに取り下げられた）。このアプリは自分が金持ちだということをアピールする数語を表示するほかは、なんの機能もなかったが、価格は九九九ドル九九セントだった。八人の購入者がいた。この八人は、同じように妙味のある機会をぜひ紹介したいから、僕らに連絡するように。

価格は、価値やパフォーマンス、喜びに影響を与えるはずがない――のに、影響を与える。私たちはどんな取引についても、価格をもとにすばやく決定を下すよう訓練されている。ほかの価値指標がないときはとくにそうだ。

アンカリングと理由なき一貫性のせいで、ただ価格を提示されるだけで価値に対する認識が変化しうることは、前に説明した（ある品と最初に関連づけられた価格が、その品の価値判断のアンカー〔基準点〕となる。アンカーは価格である必要すらなく、社会保障番号やアフリカ諸国の数のような恣意的な数字でもいい）。

ワインについて考えてみよう。「人の心をつかむ道は胃袋から」とよくいわれる。ワインは価格が高ければ高いほどおいしく思える。これに関しては明らかな証拠がある。自分の飲むワインがいくらだったかを知っている場合は、価格と楽しみの相関が驚くほど強いのだ。どんなワインかということはあまり関係がない[3]。だが価格によって価値を推定するのは、かなり確度の低い評価方法だ。ほかの方法でもワインを評価できれば、品質の推定に価格が与える影響を軽減できるかもしれない。たとえば、もしもワインがいつどこで栽培されたか、なぜそれが重要なのかを知っていたり、あるいはワインメーカーと個人的な知り合いで、その人がブドウを踏みつぶす前にどんなふうに足を洗うかを知っているなど。でもそんな可能性は低そうだ。

不確実な状況

それも結構だが、「ワインメーカーと知り合い」、なんてことがそう頻繁にあるだろうか？ つまり、関連するすべての詳細を知っていて、それをもとにサファリやウィジェットやウィジェットに満ちたサファリの価値を客観的に判断できるようなことが？ そんなことはまずない。これまで見てきたように、なにかの適正な価格がいくらかなんて、見当もつかないことが多い。背景情報がなくては、カジノのチップであれ、住宅やタイレノールであれ、なにかの真の価値を自力で評価する能力は私たちにはない。私たちは経済価値の不確実性の海を漂流しているようなものだ。

そんなとき、お金がその品の顕著な側面になる。お金は数字で表されるから、明白で、複数の選択肢間で比較することができる。またこの厳密で、一見正確な方法で価値について考えるのは簡単だから、ついついお金に注目しすぎて、他に考慮すべきことをおろそかにしてしまう。

なぜだろう？ それは私たちの正確さへのこだわりと関係がある。一般的な決定や、とくにお金に関する決定に関して、俗に「心理学は漠然と正しい答えを与え、経済学は正確に誤った答えを与える」といわれる。

私たちは正確さを、また正確さの幻想を愛する。なぜなら、自分のやっていることがわかっているという気分になれるからだ。とくに、わかっていないときに。

お金が不思議なのは、それがなんなのかがわからないのに計測できるという点だ。製品や経験にいろいろな特質があり、そのなかに正確で比較可能な属性（つまり価格）が混じっていると、私たちは評価しやすいからという理由で、価格をとかく重視する。風味やスタイル、望ましさなどの特性は、計測し比較するのが難しい。だから結局は計測と比較がしやすいという理由から、決定を下す方法として価格に注目するのだ。

　たとえ絶対的な金額が低くても、社内で一番低い給料をもらうより、一番高い給料をもらうほうがいい、とよくいわれる。八万五〇〇〇ドルもらって社内で一番の高給取りになるのと、九万ドルで一番でないのとどちらを選ぶかと尋ねると、たいていの人は九万ドルと答える。もっともだろう？

　だが同じ質問を重点を変えて行うと、まったくちがう答えが返ってくる。八万五〇〇〇ドルもらって社内で一番になるのと、九万ドルもらって一番でないのとでは、どちらがしあわせかという質問——同じパラメーター（測定可能要因）をもつ同じ選択肢を、幸福という観点からとらえ直した質問——をすると、八万五〇〇〇ドルしかもらえなくてもしあわせだと答える。なぜふつうに聞いた場合と、しあわせに重点を置いた場合とで反応がちがうかといえば、お金のことだけを考えるのはとても簡単だからだ。ほかに具体的な重点がないとき、お金がデフォルトの重点になる。仕事のようなことについて考える場合、ほかにも多くの要因が関係するのに、お金はとても具体的で正確で計測可能だからまっ先に頭に浮かび、決定において中心的な役割を果たすのだ。

　同じ法則のもう少し日常的な例として、携帯電話を選ぶという悪夢を考えよう。考慮すべき要因は、画面サイズ、通信速度、重量、画素数、セキュリティ、容量、通話エリアなどいろいろある。このなかで、価格をどれだけ重視すべきだろう？　製品が複雑であればあるほど、価格を中心に考えることがシンプルで魅力的な戦略になるから、価格に焦点を当てて、決定にまつわる複雑さの多くを無視してしまう。

同様に、理由なき一貫性の議論で見たように、ほとんどの人は性質のまったく異なる複数の製品や経験を比較するのが苦手だ。つまり、私たちは機会費用の考え方を用いて、トヨタ車と休暇や二〇回分の豪華な食事を比較したりせず、同じ分類のもの同士を比較しがちだ。車は車同士、電話は電話同士、コンピュータはコンピュータ同士、ウィジェットはウィジェット同士。たとえば当時唯一のスマートフォンだった、初代iPhoneの購入を検討したとしよう。類似製品と比較できないなら、なにと比較すればよいだろう（パームパイロットやブラックベリーはあったが、iPhoneはそれよりはるかに先進的で、まったくちがう製品分類に属していた。それに、パームパイロットだって？　遠慮しとくよ、おじいちゃん）。価格に見合う価値があるかどうかを、どうしたら判断できただろう？　アップルが当初iPhoneを売り出したとき、価格は六〇〇ドルだった。数週間後、価格は四〇〇ドルに値下げされた。これで、iPhoneの比較対照となる新しい項目ができた——最初のiPhone、つまり価格はちがうが中身はまったく同じiPhoneだ。一つの分類内に複数の製品があるとき、お金は魅惑的な比較手段になるため、過度に重視される。ほかの特性より価格差（ワーオ、二〇〇ドルも安い）に気をとられ、そしてもちろん、機会費用のことなど考えもしない。

比較の基準として使いやすい属性は、価格だけではない。ほかの属性も、定量化されれば同じ働きをする。だがほかの属性は、そう簡単に定量化できない。チョコレートのおいしさやスポーツカーの運転しやすさを計測するのは難しい。難しいからこそ、私たちは価格に自然と引きつけられるのだ。価格はいつでも簡単に定量化、計測、比較することができる。またメガピクセル、馬力、メガヘルツなどは、特定され、同列に並べられれば、比較しやすく明確になる。これは**評**

価可能性と呼ばれる。製品を比較するとき、定量化可能な特性は評価しやすく、たとえそれほど重要でなくても注目を集めるから、選択肢を評価する際の基準にしやすい。こうした特性は、メーカーがほかの属性を排除してまでも強調したい属性であることが多い（カメラの壊れやすさは置いておいて、ピクセル数について話しましょう）。どんな属性も、計測されることでより注目され、決定における重要性が増す。

クリストファー・シー、ジョージ・ローウェンスタイン、サリー・ブラウント、マックス・H・ベイザーマンはあるとき行った実験で、学生に中古の教科書を評価してもらった。ある集団には、一万語収録でとてもよい状態の音楽辞典を見せ、いくら支払うかを尋ねた。また別の集団に、二万語収録で表紙に破れがある音楽辞典を見せ、いくら支払うかと聞いた。どちらの集団にも、もう一方の辞典は見せなかった。平均すると、学生は一万語収録の辞典に二四ドル、表紙が破れた二万語収録の辞典に二〇ドル払うと答えた。用語を調べるという目的とは無関係な表紙が、大きなちがいを生んだわけだ。

次に別の集団に、二つの選択肢を同時に見せた。つまりこのとき学生は二つの選択肢を比較対照することができた。そしてそのことで、学生の辞典に対する認識が変わった。比較が容易だったこの集団は、一万語の辞典に一九ドル、二万語で表紙が破れた辞典に二七ドル支払うと答えた。収録用語数という、より明確に比較できる側面が導入されたとたん、表紙が破れていたにもかかわらず、用語数の多い辞典の評価が高まったのだ。一つの品だけを評価するとき、実験協力者は用語数が一万語だろうが二万語だろうが気にしなかった。その属性は、比較しやすくなることで初めて価値評価の重要な要素になったのだ。例によって、ものごとを評価する方法がわからないとき、私たちは比較しやすい特性に過度に影響される。その特性（この場合は破れた表紙）が真の価値とほとんど関係がなかったとしてもだ。このケースでは、用語数の重点が高まり、表紙の状態の重点は低下したが、一般的には、なにかを決める際に過度に重視される特性は、どんなときもわかりやすく評価しやすい特性である、価格だ。[4]

もっとも計測しやすく比較しやすいものに目が向かいやすいとして、そのことになにか不都合はあるだろうか？　ある。その計測しやすい特性が、決定のもっとも重要な要因でないとき、つまり望んだ目的ではなく目的を達成するための手段でしかないときは、困ったことになる。航空会社のマイレージプログラムのマイルが、その好例だ。マイルの収集が人生の目的だなんて人はいない。マイルはお望みの休暇先までの移動手段や無料のフライトを将来調達する手立てに過ぎない。映画「マイレージ、マイライフ」でジョージ・クルーニー演じる主人公でさえ、マイルそのものを貯めるのではなく、ほかの理由で、つまり権力と成功のシンボルとして貯めることを目指している。

マイル数の最大化が生きがい、なんて人はいないにしても、簡単に計測できるものはなんであれ最大化したいと思うのが人のつねだ。一万マイル余分に貯めるのと、海岸でのんびり過ごす四時間をどうやって比較する？　一時間分のリラックスは何マイルに相当するのだろう？

これと同じで、お金も人生の最終目的ではなく、目的を達成する手段でしかない。それなのに、幸福や健康、目的よりお金のほうがずっと具体的だからという理由で、より意義深い最終目的ではなく、お金を基準にして決定を下すことが多い。

私たちはしあわせで健康的で充実した人生を過ごしたい。マイルやお金やエミー賞へのノミネートといった、計測可能なものごとは、進捗を計りやすい。ただマイルを獲得するだけのためにおかしなルートを飛ぶ人が多いが、フライトの遅延やすわり心地の悪い座席、コピーセンターのメイビスに一目惚れした話をやめないおしゃべりな隣客のせいで、全体的な幸福度は下がってしまう。さっさと彼女を誘えよ！

人生のゲームに勝つ

ああそうさ、人生だ。そしてお金。そして大切なこと。

お金は価値と値打ちの象徴であり、大体においてよいものだ。私たちは個人として、また集団として、お金のおかげで活力と豊かさと自由に満ちた暮らしを送っている。だがモノやサービス以外の生活の領域で、お金を価値や値打ちの指標にするのは、あまりよいこととはいえない。

お金は、愛情や幸福、子どもの笑い声などの人間に欠かせないものごとに比べて具体的だから、人生の価値の代用指標として重視されることが多い。でも少し考えれば、お金が人生でもっとも大切なものでないことはすぐわかる。死に際になって、もっとお金と一緒の時間を過ごせばよかったと後悔する人はいない。だがお金のほうがずっと計測しやすいから――それにお金のことを考えるのはあまり怖くないから――人生の意義を考える代わりに、そっちに目を向ける。

かつてのようにコンテンツ創造がお金にならなくなった現代経済で、芸術家の作品がどのように評価されているかを考えてみよう。芸術の目的がお金、という人はおそらくいないが、私たちの文化ではお金が価値を定義する手段だから、作品に対してお金が支払われないのは屈辱的でやるせないことだ。歴史上の偉大な芸術家の多くは、現代にはもはや存在しない寛大なパトロンに頼るか、極貧のうちに亡くなった……キャンディークラッシュやインスタグラムのモデルと注目を奪い合う必要もなかった大昔でさえそうだった。

ジェフの家族は、彼の型破りなキャリアを通じて――弁護士として約三分活動したのち、コメディアン、コラムニスト、著作家、講演者、男性下着モデル（うそだが、夢を見たっていいだろう）として活躍している――彼がなにかを成し遂げるたび、「それっていくらになるの？」という質問を浴びせてきた。本の執筆からテレビ出演、コネづくり、ダンとの出会い（噂によれば、きっかけは出会い系アプリではなく、ジェフの処女作だったらしい）などなど。彼は長いあいだそのことで悩んでいた。無神経で無関心で、仕事の真価を理解してくれていないように思えたのだ。たしかに家族は彼の仕事を理解していなかったが、無関心だったわけではなく、むしろ理解したいと思っていた。だからそのために、お金の質問をしたのだ。家族にとって、ジェフの仕事をお金に換算することは、ジェフに歩み寄り、彼のとらえどころがなく理解しがたい足跡を、お金という理解できる言語に翻訳するための架け橋だった。ジェフは最初お金の質問をされるたび、自分と身近な人たちの考え方のちがいを突きつけられるようでつらかった。でもそのうち家族が批判しているのではなく、理解しようとしていることがわかると、その質問が共通言語の架け橋となった。こうしてジェフは自分のやっていることを分析し、判断や価値、助言、支援を見出すことができるようになった。そして家族は情報に基づくこき下ろしと、現実に即したジョーク、学識に基づくあきれ顔で、ジェフの選択を茶化せるようになったのだ。進歩だ。

もちろん、お金をある程度重視するのは当然だが、そのことの利点を私たちはとうの昔に忘れ去り、今では完全にお金にとりつかれたまま、お金の不確実性の海をあてどなく漂っているといえるかもしれない。

リンゴはリンゴに、塵は塵に

お金はただの交換手段だと、肝に銘じよう。お金のおかげでリンゴとワイン、労働と休暇、教育と住宅などを交換することができる。そこによけいな意味など加えるべきでない。自分が求め、欲し、望むものを、今か、少しあとか、ずっとあとに手に入れるための単なる手段として、あるがままにお金を扱うべきだ。

「リンゴをオレンジと比較する」という古いことわざは、比較にならないものを比較することのたとえに使われる。でも、それはおかしい。リンゴとオレンジを比べるのは実際はとても簡単だ。果物が目の前の皿に載っていたら、リンゴとオレンジのどっちを食べたいだろうと迷ったりしない。どれだけの喜びが得られるかという観点でものごとの価値を計るとき――直接的な快楽計算と呼ばれる――どの選択肢からより大きな喜びが得られるかを、私たちは高い確率で知っている。

難しいのは、リンゴをお金と比べるときだ。お金が絡んだとたん、意思決定はずっと難しくなり、まちがいを犯しやすくなる。リンゴから得られる喜びを金額に置き換えるのは、危険に満ちた計算なのだ。

その意味で、意思決定の際に、お金が存在しないふりをするのも有効な戦略だ。

ときどきはお金を方程式から除外してはどうだろう？　たとえば休暇を検討するとき、その代金があれば行ける映画の回数や、飲めるワインの本数という点から考えたら？　買い換えようと思っている冬服の代金を、車のガソリン代や自転車の修理料金、労働日数に置き換えたら？　大型テレビの価格差を、友人との食事や一四時間分の残業に置き換えて、それほどの性能が必要かどうかを考えてはどうだろう？

お金とモノを比較するのをやめて、モノとモノを比較すれば、選択肢を新しい観点からとらえることができる。

このプロセスがもっともふさわしく、役に立つのは、大きな決定を下すときだろう。たとえば多額の住宅ローンを組んで大きな家を買うか、より少額のローンで中規模の家を買うかの選択肢があるとする。毎月のローン金額や頭金、金利などによって条件が示されるとき、選択肢を比較するのは難しい。おまけに家の売り手から仲介人、住宅ローンの貸し手まで、プロセスに関わる人たちがこぞって大きな家を買わせようとしてくる。これをお金以外の観点から考えたらどうか？　こんなふうに考えたらどうだろう？　「そうよね、大きいほうの家は、小さい家プラス年に一度の旅行と、子どもたちの大学の一学期分のお金がかかることに加えて、退職まで三年余分に働く必要がある。買えない額ではないけれど、余分なバスルームを一つと大きめの裏庭のために、このすべてをあきらめる価値はないかもしれない」。あるいは、この計算をしてもなお、大きいほうの家は買うに値すると判断するかもしれない。それはよかった！　その場合でも、お金のほかの使い道を検討することで、現実的な決定を下せるのはまちがいない。

この直接比較法は、もっとも効率的な方法とは限らないし、もっとも合理的な方法でさえないかもしれない。取引を検討するたび、お金を排除して機会費用を分析していたら大変なことになる。だがとくに大きな決定を下すとき、自分の意思決定能力を評価するよい練習になる。

お金は恵みであり、災いでもある。交換の媒介物としてお金を利用できることはすばらしいが、これまで見てきたように、お金のせいで判断を惑わされ、誤ったものごとに目を向けさせられることも多い。そこで対抗手段として、ときどきはお金を使わないリフレーミングをするといい。モノとお金ではなく、モノ同士を交換する可能性を考えるのだ。交換に値すると判断したら、迷わずやってみよう。そうでないなら、もう一度考え直そう。そしてもう一度。それからもう一度。

どんな経済状況にある人も、人生の決定をお金ではなく、人生という観点から考えるべきだと、僕らは思っている。

懸案のお金

この本に登場した人たちを、何人かでも覚えているだろうか。ジョージ・ジョーンズ、スーザンおばさん、ジェーン・マーティン、新婚旅行中のジェフ、トゥーソンの不動産屋、トムとレイチェルのブラッドリー夫妻、ジェームズ・ノーラン、シェリル・キング、ビニー・デル・レイ・レイ、ロブ・マンスフィールド。彼らはお金の使い道をじっくり考えたにもかかわらず、判断を誤った。彼らがしくじったのは、複雑で入り組んだお金の世界に迷い込んだせいだけでも、無関係な価値の手がかりに惑わされたせいだけでも、まちがいを犯したせいだけでもなかった。お金のことを考えるのに時間をかけすぎたせいでもあった。彼らは不確実性の海を漂い、価値の手がかりに操られ、まるで儀式の生け贄のようにマネーボルケーノに漂着したのだ。

この章ではまずお金に関する決定で価値を評価する際に、私たちがお金、つまり価格を重視しすぎてしまうことを説明した。つづいてほかの重要な決定や、人生全般を評価する際にも、お金を重視しすぎる場合があることを考えた。

僕ら二人は、よそさまの人生を指図するような才覚も資格ももち合わせていないし、僕ら自身、一一〇％この上なくしあわせというわけでもない。だがお金という耐えがたい重荷からもう少し逃れたほうがよいことを示す研究成果は数多くある。せめてお金の束縛をわずかでも緩めるべきだ。

僕らは優先順位のつけ方や、家族から愛情、よいワイン、スポーツチーム、昼寝までのどこにお金を位置づけるべきかを指図するつもりはない。ただあなたに、自分のお金の考え方を改めて考えてほしいだけだ。

第Ⅲ部
さてどうする？　誤った思考の肩にすがる

第14章　考えるだけでなく行動で示す

どうしよう……

さて、どうする？

ここまで、私たちがお金について正しく考えることができず、実際の価値とは無関係な方法で価値を評価し、そのせいでお金について誤解をし、愚かな使い方をしてしまうことを見てきた。お金について考えるとき脳内で起こっていることを、カーテンのうしろからのぞき見た。そしてその結果、私たちが無関係な要因を過度に重視し、重要な要因を忘れ、取るに足りない価値の手がかりに惑わされることを知った。

それなら、お金についてどう考えればいいのか？　こうした問題を解決する方法はあるのだろうか？

この本を最後までめくって答えを見つけようとした人もいるはずだ。書店で立ち読みしたときにそうした人も多いだろう。もしそうなら、僕らは（一）この本の代金を節約したあなたを称賛しつつ、（二）僕らの労力が正しく評価されなかったことを指摘したうえで、（三）この本をひとことで要約しよう。「お金に関する決定で問題にすべきことは、機会費用と、購入物から得られる真の利益と、ほかのお金の使い道と比べて得られる真の喜びだ」

完全に合理的な世界では、どんなことが問題にならないだろう？

- ▼セール価格や「値引き額」、同時にほかのものに出費している金額（相対性）
- ▼お金の分類方法、お金の出所、お金に対する感じ方（心の会計）
- ▼支払いやすさ（出費の痛み）
- ▼最初に目にする価格や、以前同じものに支払った価格（アンカリング）
- ▼所有意識（授かり効果と損失回避）
- ▼労力がかかっているように思われるか（公正さと労力）
- ▼目先の誘惑に屈するかどうか（自制）
- ▼製品や経験、モノの価値の比較しやすさ（価格を過度に重視）

忘れないでほしいのだが、これらの要因は、購入物の価値には影響を与えない（たとえそう思えたとしても）。だがこれらの要因とは別に、私たちが完全に合理的であれば価値に影響しないはずだが、私たちが多くの奇妙なクセをもっているせいで、経験の価値を変化させてしまう要因がある。たとえば次のような要因だ。

- なにかを表現する言葉や、私たちが消費しながら行うこと（言葉と儀式）
- 消費経験の本質ではなく、それを予期する方法（期待）

言葉、儀式、期待は、経験を変化させる力があるという点で、ほかの要因とは異なる分類に属する。二五％割引やワンクリック決済は、ものの価値を変えはしない。これに対して、ワインの製造プロセスを学び、湖畔のピクニックで白い手袋をしたソムリエにワインを注いでもらえば、消費経験はより有意義で、興味深く、貴重なものになるだろう。

もしも私たちが完全に合理的なら、言葉や儀式、期待によって支出の決定を左右されることはない。だが私たちはロボットではなく人間だから、言葉、儀式、期待に決して左右されないとはいい切れない。こうした要因を考慮に入れることが――とくにそれによって経験が引き立てられる場合に――必ずしもまちがいだとはいい切れない。説明的言語や環境、ボトル、テイスティングの儀式などによって、ワインをもっと楽しめそうだと期待すれば、実際に楽しめるだろう。では、そうした要因の助けを借りて経験を変化させるのは、まちがったことだろうか？　それともこれは付加価値だから、進んでその対価を支払うべきなのか？

言葉、儀式、期待が歓迎すべき付加価値かどうかはともかくとして、一つ明らかなことがある。そうした価値を付加するかしないかは、私たち自身が決めるべきだということだ。不合理な要因をほかから押しつけられるのではなく、より多くの価値を得る目的で不合理に積極的に飛び込むかどうかを、自分自身で判断するということだ。さまざまな気づきを得た今なら、ワインの注ぎ方を工夫してもっと楽しむべきかどうかを、自分で決められるはずだ。

　言葉や儀式、期待のない世界、純粋に中立的な感情状態でものごとを経験する世界に住みたいかどうか、正直いって僕らにはわからない。あまり楽しそうには思えない。ただ、そうした重要な要因が利用される方法を自分でコントロールできる状態でいたいことはたしかだ。

　そう、簡単なことだ。今なら、私たちがお金についてどんな考え方をし、どんな不合理なバイアスに影響されがちかを、相対性から期待まですべて知っている。だからこれまで学んだ教訓を念頭に、さっさとお金の決定をしよう。

　いや、そう簡単じゃないだろう？　それはかなり大変なことなのだ。じつは、僕らがこの本で「こういう状況でどうすべきか」ではなく、「なぜ愚かなお金の決定をしてしまうのか」を説明しようとしたのにはわけがある。一つには、すべての状況でなにをするべきかなんて、僕らにはわからないからだ。そんなことはだれにもわからない。かといって、あなたに魚をあげるつもりもない。むしろあなたのこれまでの釣り方を示すことで、あなたにその気があれば、もっとうまく釣りができるようにしたいのだ。そんなのひどい、とあなたは思うかもしれない。情報を与えるだけ与えて、はいさよならだなんて。船を漕ぐ櫂《かい》もなしに川の上流に取り残されているよと教えて、そのまま泳いでいってしまうだなんて。「もうおしまいだ」といって、それから笑うだなんて。

　いや、おしまいだなんて思っていない。じつは僕らは楽観的だ。人にはお金のまちがいの多くを乗り越える力があると信じている。

本気を出せば、私たちは個人として、集団として、お金の意思決定を改善することができる。その第一歩は意識を高めることで、それはもう達成した。次の一歩は、その意識を有効な計画、具体的なステップ、変化に落とし込むことだ。

私たちがしでかす多くのあやまちを学んだいま、次はよりよい未来を築くためのツールを探すために、なにができるかを考えよう。行動経済学の重要な教訓の一つは、生活環境の小さな変化が大きなちがいを生む、ということだ。この手法に則り、人間の脆さをくわしく理解することが、お金に関する決定をはじめ一般的な決定を行う方法を改善する最良の出発点になると、僕らは信じている。

それではまず、価値評価のあやまちを回避、修正、軽減するために、個人としてなにができるかを考えよう。

あやまち：機会費用を無視する

機会費用という視点から取引をとらえ、今これを買ったらなにを犠牲にすることになるかを、具体的に思い描こう。たとえば金額を時間に換算して、この代金を支払うために何時間分の賃金や何か月分のサラリーが必要かを考える。

あやまち：すべてのものごとが相対的だということを忘れる

セール品を見ても、前はいくらだったか、いくら値引きされたかとは考えてはいけない。考えなくてはならないのは、実際に支払うことになる金額だ。一〇〇ドルから六〇ドルに値下げされたシャツを買うのは、「四〇ドルの節約」ではなく、「六〇ドルの出費」だ。スーザンおばさんが実際に手に入れたのは四〇ドルではなく、ダサいシャツだった。いや本当にそれを手に入れたのは甥っ子だが。

高額で複雑な購入品については、出費を分けて考えよう。つまり、車や家といった、多くのオプションがあるものを買うときは、それぞれの追加品を個別に判断するということだ。

割合で考えないようにしよう。金額がパーセンテージで示されたら（運用資産の一％など）、ちょっと手を動かして、具体的な金額を計算しよう。あなたの懐のお金は実体があり、絶対額で存在する。一〇〇ドルは一〇〇ドルだ。一〇〇〇ドルの買い物の一〇％も、一〇万ドルの買い物の一％も、同じ一〇〇個のチックタック（ミントタブレット）が買える金額ということに変わりはない。

あやまち：分類する

心の会計は役に立つこともあるが、次の単純な原則を忘れないように。お金は分割可能だ。どの一ドルも同じ一ドルだ。お金の出所は問題ではない。仕事であれ、相続、宝くじ、銀行強盗、ジャズカルテットのベーシストのアルバイトであれ（夢を見るのは自由だろう？）、どこから得たお金も、すべて自分のもので、「自分のお金」という一般勘定に属する。ある特定の「種類」のお金を、頭のなかで「ボーナス」や「賞金」などの心の勘定に分類して散財しようとしている自分に気がついたら、しばし立ち止まって考え、それはただのお金、自分のお金だということを思い出そう。

その一方で、機会費用をとっさに考えられない人、つまり私たちすべてにとって、心の会計を使って支出を分類することは、予算管理に役立つことがある。これは、お金の使い方の矛盾にさらされるという点で危険をはらむ方法だが、うまく利用すれば、本来の目的からそれほど外れない方法でお金を使うことができる。

あやまち：痛みを避ける

出費の痛みは、お金の失敗を招く要因のなかでも、とくに厄介で恐ろしいものだ。出費の痛みをいくらか残しておけば、それぞれの選択肢の価値や機会費用を考えようという気になるだろう。痛みを感じれば、購入の前にちょっと立ち止まり、今ここでお金を本当に使うべきかどうか、機会費用はなんだろうと考えるはずだ。

問題はもちろん、たとえ私たちがペースを落とし、選択肢を検討し、じっくり考えたいと思ったとしても、決済システムを設計する人たちがそう思っていないことだ。だからこそ、出費の痛みの問題を解決するには、「クレジットカードを使わない」のが一番なのかもしれない。またはもっと単純に、「お金を使うたび自分をパンチしてリアルに痛みを感じる」のもいいだろう。もっとも、この方法は医療費で節約分が帳消しになるという点で、持続可能なお金の計画とはいえないが。

現実問題として、クレジットカードの利用は急にはやめられない。それでも、最新の金融テクノロジーは疑ってかかったほうがいい。とくに、決済にかかる時間と注目を減らし、どんどんお金を使わせようとする技術は要注意だ。そのうちきっとまばたきするだけで支払いができるようになるだろう。そういうものには手を出さないほうがいい。

あやまち：自分を信頼する

自分自身を信頼すること、つまり自分が過去に行った判断や選択、たまたま目についた価格への自分の反応を信頼することは、一般に好ましいことと見なされている。自己啓発の教祖は「自分の直感を信じろ」と（高い指導料をとって）叫ぶ。だがこれは、とくに出費に関してはよい方法ではないことが多い。出費に関する限り、自分の過去の決定を信頼することは、アンカリングやハーディング、理由なき一貫性といった問題を招くことが多い。一見「ランダム」に見える数字や、でかでかと表示されたメーカー希望価格、法外に高価な品は、疑ってかかろう。二〇〇〇ドルの靴や一五〇ドルのサンドイッチを見たら、二番目に高い靴やサンドイッチに気をつけよう。

他人が設定した価格を疑うだけでなく、自分の設定した価格にも疑問をもとう。ラテに四ドル出すなど、これまでそうしてきたからというだけで、同じことをやり続けるのはお勧めしない。ときどきは立ち止まって、長年の習慣を考え直そう。出費の歴史から学ばない者は、あやまちを繰り返すのだ。ラテに四ドル出す価値が本当にあるのか、ケーブルテレビのセット料金は月一四〇ドルに値するのか、スマホを見ながらランニングマシンで走る一時間のために、ジムの会費を払い駐車スペースを争う価値があるのかをよく考えよう。

あやまち：もっているものや失うかもしれないものを過大評価する

今度のリフォームで自宅の価値が高まる、などとゆめゆめ期待しないこと。自分の好みは独特で、自分と人の見方はちがうのだと肝に銘じよう。自分にとっての家の価値を高めるだけと知りながらリフォームをする分には問題ない。

お試し期間やプロモーションには注意しよう。私たちが何かをいったん所有すると、それを高く評価し、手放したくなくなることを、マーケティング担当者は心得ている。

サンクコストは取り戻せない。一度払ったお金は決して戻ってこない。過去は過去だ。なにかを決める際には、自分が今どこにいて、この先どこに向かうのかだけを考えよう。サンクコストは未来の決定に影響を与えて当然と思うかもしれないが、そうではないのだ。

あやまち：公正さと労力を気にする

ブランコをおろされた五歳児であれ、昇進を逃した三五歳児であれ、だれもが人生のどこかで必ず学ぶ単純な教訓がある。世の中フェアじゃない。残念。

価格が公正かどうかにとらわれず、自分にとってどれだけの価値があるかを考えよう。不公正に思えるサービスの提供者を罰するだけのために、高い価値があるもの（帰宅手段、データ復旧、吹雪のタクシーなど）をあきらめるのはおかしい。そんなことをしても、たぶん相手を懲らしめることはできないし、データが壊れたまま雨や雪のなかを待ちつづけるだけだ。

それに、価格の公正さや労力に関わる私たちの判断は誤っているかもしれない。また知識や経験にも価値があることを認めよう。錠前屋、芸術家、お金の本の著者の仕事の価値は、私たちの目に見える労力や時間だけでなく、彼らが生涯かけて専門知識を磨き上げるのに要した労力や時間が生み出したものだ。職人は自分のやっていることを簡単に見せかけるわざに長けているが、じつはそう簡単ではない。ピカソの絵から育児に至るまで、大変な仕事は実際より楽に見えることがあるのだ。

それから、見せかけの労力に惑わされてはいけない。度が過ぎた透明性には気をつけよう。コンサルタントが労力をやたらと強調して、たいした成果も挙げずに一〇万ドルの料金を請求してきたら、よく考えよう。ウェブページにプログレスバーと「今すぐ支払う」ボタンしかなかったら、ほかを探そう。パートナーが食洗機に洗い物を入れたり洗濯をしたりしながら不平不満をいい、泣き叫び、痛みと絶望を訴えてきたら……まあその場合は、脚をマッサージしてあげるといいだろう。安全策をとってね。

あやまち：言葉と儀式の魔法を信じる

二〇世紀の偉大な哲学者でヒップホップグループのパブリック・エナミーがいい得ている。「誇大広告《ハイプ》を信じるな」。なにかの説明や消費のプロセスが長ったらしく大げさな場合、私たちは価値をまったく高めないもののコストを払わされている可能性が高い。無関係な労力のヒューリスティックには注意しよう。「職人技の」金づちにお金を払ういわれはない。

その一方で、言葉と儀式には経験の質を変える力があるから、お望みなら、経験を引き立てるために利用することもできる。

あやまち：期待を現実に変える

私たちがなにかに対してもつ期待は、そのものがよい（悪い、おいしい、ひどい）にちがいないと信じる理由になり、そのものの本質を変えることなく、認識と経験を変化させる。自分の期待がどこから来ているのかを自覚しよう。楽しい夢や願望、ブランド品の不思議な魅力、偏見、それとも提示方法から生まれたのだろうか。また、あまたの偉大な哲学者や二流のグラフィックデザイナーがいうように、「見た目で中身を判断してはいけない」。

ここで改めて強調したいのだが、言葉や儀式と同様、期待も経験を実際に変化させることがある。そうした期待は自分のために利用することもできるし、だれかによって利用されることもある。

たとえばワインを買ったら、払った金額より二〇ドル高い価値があると思いたい。ワインに呼吸をさせ、高級グラスに注ぎ、くるくると回し、香りをかぐなどのトリックが経験を引き立てることを知っているから、実際にやってみる。これが、期待を利用するということだ。

逆に望ましくないのは、だれかに操られて、本来の価値より二〇ドル高い価格でワインを買わされることだ。ソムリエが収穫年やタンニンや受賞歴や等級や批評やエルダーベリーの風味やらを説明するのを聞けば、高い価値があるにちがいないと思う。これが期待に利用されるということだ。

現実とはいったいなんだろう？　ロボットが知覚するような、客観的なワインの味だろうか、それとも期待やあらゆる心理学的影響をすべてひっくるめたものを味と呼ぶのだろうか？　じつをいえば、どちらも現実だ。たとえばまったく同じワインが、形状と色とラベルと推奨の言葉が異なる二本のボトルに入れられていると、期待のせいで二本の経験が異なることがある。ブラインドテイスティングや、ロボットによる味見では、どちらのボトルも同じ味がする。

だが私たちは目隠ししたロボットとして人生を送っているわけじゃない。だから期待がワインの楽しみを客観的に高めるという現実を軽視してはいけない。それは実際に起こることだ。それもまた現実なのだ。

これは操作されるか、自分で操作するかの選択だ。望みもしないのに、あるいは無意識のうちに、だれかに操作されるのはいやだが、操作されることや、自分を操作するシステムをデザインすることを、自ら選択するならかまわない。忙しくてキッチンで立ったままシンクの上でご飯を食べたことがある人なら（つまりだれでも）、ダイニングテーブルにすわってくつろいで食べたほうがおいしいことを知っている。

あやまち：お金を重視しすぎる

価格はものの価値を表す多くの属性の一つでしかない。もしかすると理解しやすい唯一の属性かもしれないが、価格以外にも重要な属性はある。たとえ計測するのが難しくても、ほかの判断基準を利用することを考えよう。私たちはみな不確実性の荒海を漂流している。だれかに押しつけられた価値観（つまり価格）に救いを求めてしがみつかないようにしよう。価格はただの数字に過ぎず、決定の強力な材料になることはあるが、それがすべてではないし、すべてだと考えるべきでもない。

一般に……

なにかの価値がまったくわからないときは、リサーチをする必要がある。検索したり、調査したり、聞き回ったりしよう。最近では膨大な情報が手に入る――なにしろ「インターネット」というシロモノがある――のだから、知識で武装しない手はない。チューインガムの価格を調べるのに一週間もかける必要はないが、自動車ディーラーに行く前に数時間、せめて数分間はいろいろ調べよう。

あなたがリサーチをすべき理由

自動車販売代理店では、販売スタッフ（知識が豊富）とそれ以外の人たち（知識が乏しい）とのあいだに、とくに大きな情報の非対称性が存在する。自動車の販売スタッフはこの知識格差を利用して、特定の消費者をカモにすることが多い。だれを？　女性とマイノリティだ！

そんなわけで、自動車ディーラーに行く前にネットでリサーチすることで、とくに利益が得られる人たちがいる。情報で武装することでとくに利益が得られるのはだれだろう？　同じ集団、そう、女性とマイノリティだ。

自動車販売代理店は、多くのお金の罠と文化的バイアスにまみれた、特別に厄介な商業環境だが、ここから一般的な教訓を引き出すこともできる。自分の知識が人より乏しく、その格差が自分の不利に利用され得る状況では――生活の多くの場面や、いろいろな立場の人たちに当てはまることだが――少しでも調査をすることで得られるものは大きい。[1]

情報を得ることは大切だ。購入するものの情報だけでなく、自分自身と、自分のバイアス、自分のお金のまちがいに関する情報を得る必要がある。

第15章　無料のアドバイス

覚えておいてほしい。無料も価格のうちだ。それも、やたらと注目を集める価格だ。

「無料のアドバイスはない」ということわざがある。

たしかにそうだ、この章にだって出版社に二ページ分のコストがかかっている。

第16章　自制せよ

　自制は、お金の考え方の問題にとりくむにあたって、特別な注意を要する問題だ。たとえお金の合理的な決定に至るまでの内的、外的ハードルを次々とクリアできたとしても、自制心がなければゴールにたどり着くまでにつまずいてしまう。選択肢の価値を正しく判断できたとしても、自分をコントロールできなければ、誤った選択に導かれる。
　これまで見てきたように、私たちが自制できないのは、（感情的な愛着がないために）未来を軽視するから、また現在の誘惑に打ち勝つだけの意志力がないからだ。では自制心を高めるにはどうすればいいのか？　未来の自分とつながり、誘惑に抵抗するのだ。口でいうほど簡単なことではないが……。

バック・トゥ・ザ・フューチャー

未来の自分は、どこか別個の人間のように思えるから、将来のために貯蓄することは、自分自身にというより、見知らぬ人にお金を分け与えているような気がすることがある。[1] これに対抗するには、未来の自分を身近に感じられるようにするのも一つの手だ。

ハル・ハーシフィールドは、この問題を克服するための方法をしばらく前から研究している。彼の研究成果は大まかにいって、一つの強力な考えに集約される。簡単なツールを使って、未来の自分をより生き生きと、具体的に、共感できる姿で描き出すのだ。[2] 歳をとった「自分」と架空の会話をするといった、単純な方法でもいいし、年老いた自分に手紙を書いてもいい。六五歳、七〇歳、九五歳、一〇〇歳の自分の必要や欲求、最大の喜び、もっともつらい後悔を具体的に考えるだけでもいい。

未来の自分との対話は、思考を転換して、今の誘惑に耐えるための意志力を培うのに役立つステップだ。辛辣でうしろ向きの対話は必要ない――「なんてこった、若いお前が貯蓄してくれなかったせいで、今や段ボール生活だ！」。前向きで役に立つ対話にすることはできるし、そうすべきだ。たとえばすてきなホテルの料金を前払いしたとしよう。チェックインすると、お代はもういただいていますといわれる。そこで若い自分に向かって、こういったらどうだろう。「過去の自分よ、このホテルをとってくれるなんて、お前はいい奴だな！　すばらしい！」。次に、未来の自分のためにホテルを前払いするのではなく、401k口座に五〇万ドルを積み立てた場合、どんな対話になるか想像してみよう。

自分との対話は手はじめとしてはいいが、それと並行して、歳をとった自分に感情移入するためのほかの手法も導入したい。未来は明確に、鮮明に、詳細になればなるほど、今と関連づけやすい。また未来の自分に思いやりをもち、共感するから、未来の自分のためになる行動がとりやすい。

感情移入する方法として、重要な意思決定が行われる場所である、会社の人事課の環境を変えるのもいいだろう。従業員が貯蓄決定を行うことの多い人事課を、医院や老人ホームに似た造りにする。老人ホーム内の診療所に似せるとさらに効果が高い。あめ玉の入ったボウルやゲートボールのスティック、「世界一のおばあちゃん」のマグなど、老年を連想させ、長期的思考を促すものを置いておくのだ。今や数百万人ともいわれ、ますます増えている自営業者にとっては難しいが、引退の決定を考える際に、キッチンテーブルを人事部のデスクに見立てるのも一つの手だ。

ある研究で、未来を一定期間後として提示されるより、具体的な日付として提示されるほうが、未来を軽視する傾向が薄れることがわかった。「二〇年後」の退職ではなく、「二〇三七年一〇月一八日」の退職に備えると考えたほうが、お金を貯めやすい。この単純な変更によって、未来がより鮮やかに、具体的に、リアルに、共感しやすくなる。[3] 貯蓄を促そうとする人事担当者や投資アドバイザーにとって導入しやすい、簡単な変更だ。

またテクノロジーを利用して、直接的(でやや不気味)な方法で感情移入を促すこともできる。コンピュータで生成された老人版の自分とやりとりをすると、貯蓄額が増える。[4] 未来の年老いた自分とつながり、共感と感情をもち、この人の暮らしを楽にしてあげようと思う。それが思いやりの念によるものなのか、猛烈な利己心によるものなのかは重要でない。どちらでも効果は同じだ。この人、この「未来の自分」を大切にしようと思えればそれでいい。

まるでSF映画のようだが、とても強力な方法だ。年老いた自分との対話を想像するだけでなく、実際に対話ができるのだから。未来の自分を目で見て、やりとりをすることができる。未来の宝くじの当選番号やスーパーボウルの得点を聞いても教えてもらえないだろうが、今目の前にいるこの人のためにもっとお金をとっておこうという気にはなるだろう。それに今の自分を省みて、食事を改善して運動しようと思うかもしれない。保湿も頼むよ。そう、お肌の保湿は大事だ。

もちろんほとんどの人は、年金の申込書に記入しながら未来のバーチャルツアーをするなんてできない。では年老いた自分を見る方法を普通の人が実行するには、どうしたらいいだろう？給与明細表やクレジットカードに、老人に加工した自分の顔写真を貼るのも、一つの方法だ。将来の夢や希望を考慮して、年老いた自分が輝かしい未来にハイキングや休暇、孫とのお出かけ、オリンピックで優勝、大統領演説、スペースシャトルの打ち上げなどなど、すばらしいことをしている老人の自分の写真を貼ってもいい。

私を帆柱に縛りつけてくれ

お金の意思決定に関していえば、現在と未来の自分に、長い目で見て自分のためになる行動をとらせる方法はいろいろある。拘束力のある自制の取り決め、いわゆる**ユリシーズ契約**を用いるのも、その一つだ。

ホメロスの叙事詩に謳われた、ユリシーズ（オデュッセウス）とセイレーンの物語は知っているだろう。セイレーンに歌いかけられれば誘惑されることを、ユリシーズは知っていた。歌を聴けば過去の多くの船乗りたちのように、自分と船乗りたちも餌食になってしまう。自制が効かなくなることはわかっていたが、ユリシーズはどうしても歌声を聴いてみたかった（彼女らの最新アルバム「魅惑」の噂を聞いていたんだろう）。伝説のビートには抵抗できないから、船乗りに自分の体を船の帆柱に縛りつけさせた。こうすればセイレーンの歌声は聴こえるが、ついて行きたいという欲求に身を任せずにすむ。また船乗りたちが誘惑に負けて船を衝突させないように、耳に蜜ろうをつめさせ、セイレーンの歌声も縄をといてほしいという自分の懇願も聞こえないようにした。この方法が功を奏し、船は無事に航海をつづけることができた。

ユリシーズ契約とは、未来の誘惑とのあいだにバリアをつくるような取り決めをいう。自分に選択の余地を与えず、自由意志を剝奪する。ユリシーズ契約には残念ながら雄々しい音楽は伴わないが、船を暗礁に乗り上げる危険もまずない。

金融のユリシーズ契約には、たとえばクレジットカードの利用限度額をあらかじめ設定する、プリペイドのデビットカードだけを使う、カードをすべて解約して現金だけを使う、といったものがある。また別の例として「４０１ｋ（確定拠出年金）」という、ホメロスとかけ離れた名称のものもある。

４０１ｋのユリシーズ契約は、不合理だが驚くほど効果の高い戦略だ。長期の貯蓄をもっとも合理的に行う方法といえば、毎月末に請求書と支出を確認して、いくら貯蓄に回せるかを決定する方法だろう。だがこの月末方式をとったらどうなるかはわかりきっている。だれも貯蓄なんかするものか――バイクと男の隠れ家にお金をつぎ込んだ、ロブ・マンスフィールドがいい例だ。ではどうしたらいいのか？　不合理な戦略を選べばいい――毎月の収支に関係なく、あらかじめ貯蓄の種類と金額を決めておくのだ。こうすれば、自制の失敗を自覚したうえで、毎月望ましい決定を下す助けになる対策を、少なくともとっていることになる。401k（や類似の金融商品）は、おそらく理想的な戦略ではないが、なにもしないよりはましだ。重要な点として、この手法では一度きりの簡単な決定が、長期にわたって効果を発揮する。一年に一二回ではなく、加入時にたった一度誘惑を克服するだけですむ。難関を乗り越えるのは一度でも大変だが、一二回となると相当な負担だ。誘惑を減らすことも、意思決定の改善に役立つ。

企業退職年金への自動加入をデフォルトの選択肢にして、希望しない場合は積極的に脱退（オプトアウト）する設定にするのも、うまい手だ。将来のための貯蓄と目先の誘惑やニーズをてんびんにかけるという、毎月必ず発生する難題を排除できるうえ、加入という一度きりのハードルさえ取り除けるのだから。

退職年金を自動加入にすれば、惰性と怠惰を味方につけることができる。私たちはこうした性向があるために、設定を変更することもなく、毎月まっ先に年金口座にお金を入れ、ずっと加入したままでいる可能性が高いのだ。論理的に考えれば、貯蓄の決定は貯蓄の決定でしかなく、オプトイン（もともと非加入）方式とオプトアウト（もともと加入）方式はまったく同一なのだが、加入によけいな労力が必要というだけで、貯蓄の大きな障害となる。自動加入のアイデアは、「人は情報に基づく合理的な決定をすべきであり、つねにそうできる」という伝統的な経済学の考え方には反するが、行動科学の人間くさいジグザグ道にはぴったりだ。

ロブが二〇代のころ勤めていた会社では、拠出を積極的に選択する必要があり、ロブは選択しなかった。だがもし自動的に加入させられていたらどうなっていただろう？　おそらくだが、ロブは積極的に非加入にするための行動を起こさなかっただろう。そしてデフォルトの選択肢が怠惰と惰性の力を借りて、長期的な貯蓄額を大きく増やしたはずだ。

この種の（退職、大学の学資、医療費などの）自動貯蓄プランは、自動支払いの普及の裏にある心理的な罠（出費の痛みや可鍛性のある心の会計など）を、自分のためになるように活用しようというものだ。自動貯蓄と自動支払いのどちらが自分のためになるかはわかっていても、あえて自分で選ぶとなると、必ずしもためになるほうを選択しないものだ。

貯蓄のユリシーズ契約は、とても効果が高い。ナバ・アシュラフ、ディーン・カーラン、ウェズリー・インによる実験では、銀行口座に制限を設定した（一定金額を貯蓄口座に自動振替することを選択した）協力者は、一年間で貯蓄額が八一％も増加した。[5]

別の研究は、将来の昇給の一部を自動的に貯蓄に回す方法に着目した。研究の協力者は、将来昇給したらその一部を自動的に貯蓄することに同意した。現在の収入は影響を受けず、将来の昇給も得ることができる。実際に昇給すれば、昇給額より少しだけ少ない額が手に入るというわけだ。この方式も貯蓄を増やす効果があった。これは私たちの心理的欠点（この場合は現状維持バイアスと変化を嫌う心理）を利用して、別の欠点（この場合は自制の欠如）を克服する方法の好例だ。[6]

イヤマーキング（耳標《じひょう》）のプロセスも、あらかじめ貯蓄することを決めておき、計画を守れるよう手助けする方法の一つだ。イヤマーキングとは、一定の金額を特定の口座や心の勘定に振り分けることを決めておく方法で、（前に説明したような、さまざまな問題の原因になり得る、無意識の条件反射的な選択ではなく）積極的で意図的な決定である場合は、自分のためになる方法で利用できる。イヤマーキングは、お金をほかの使い道、とくにもともと予定していなかった使い道に充てないようにする方法だ。具体的には、給与明細表に目立つリマインダーを記す、別口座にお金を移す（分類の章で説明したとおり）、毎週の自由裁量のお金をプリペイドのデビットカードに入金する、などの方法がある。* こういう方法を利用すれば、自分で設定したルールを思い出させられ、「責任」ある行動をとることができる。

それに、自然のもっとも偉大なツールである罪悪感などの感情を利用すれば、自分自身をさらに操ることができる。ディリップ・ソーマンとアマール・チーマの研究では、イヤマーキングされたお金にわが子の名前を記した場合は、子どもをプロセスから除外した場合に比べて、お金が浪費されにくいことが示された[7]。そう、協力者の子どもの名前を書いた封筒に現金を入れておくと、親の出費は減り、貯蓄が増えたのだ。なんとねじくれた、いじわるな、そしてじつに効果的な方法だろう。子どもにはとんでもない力があるのだ。

また究極のお金のユリシーズ契約を検討してもいい。ユリシーズは帆柱に縛りつけられた。この呪縛と折檻を一歩進めて、ＳＭプレイの女王様をロゴマークにした規律銀行を設立したらどうだろう？　この銀行は私たちからお金に関するいっさいの決定権を奪う。規律銀行は雇用者から

＊毎週の自由裁量のお金をプリペイドのデビットカードに入金する日を、月曜と金曜のどっちにしたほうが自分のためになるだろう？　答えは月曜だ。なぜか？　金曜に入金すると、週末はリッチな気分になって、次の水曜や木曜になにが必要になるかなどお構いなしでお金を使ってしまうからだ。月曜に入金すれば、わりあい決まった出費（仕事場との往復や普通の食事）をしながら平日を過ごし、週末の散財のために計画的に節約することもできる。給与小切手をもらうのに適した曜日も、同じ理屈で決めることができる。

送られてきた給与小切手を使って、私たちの請求書を支払い、週に一度私たちに手当を支給する。手当は使い道が制限され、なんでも好きなことができるわけではない。決まった用途に充てられ、銀行のマネジャーが適宜ルールを変更できる。口座の残高がマイナスになったり、あらかじめ設定したガイドラインを破るようなことがあれば、悪い子ねとお仕置きされる。いっそ前のアイデアと組み合わせて、コンピュータで老人の姿に加工した私たちに女王様がお仕置きをしているロゴマークはどうだろう？　そうすればきっとみんなお金で……なにかを……するだろう。

もちろん、こんな銀行が——どんなロゴであれ——実在したら困る。でもお金の管理にいつも頭を悩ませずにすめば、人生をもっと楽しめるんじゃないだろうか。たとえば、お金に関する決定や責任のほとんどをシステムに請け負わせ、それ以降のお金の管理を一任できるとしたら？そうすれば人生をもう少し楽しめるようになるだろうか？　自由は減るが、心配も減るはずだ。僕らはそう思うが、確信がもてないから、一緒に検証するために全財産を僕らに預けてほしい（冗談冗談、全財産は送ってこなくていいから）。

ちなみにユリシーズ契約は、生活のほかの場面でも誘惑を避けるのに役立つ。ダンの学生は試験週間になると、パソコンを友人に預けたり、友人にフェイスブックのパスワードを変えてもらって試験が終わるまでログオンできないようにしたりしている。ダンが教えているＭＢＡの女子学生は、デートで先に進みたくないときは、ダサい下着を身に着けていくそうだ。また文字通りのユリシーズ契約はどうだろう。誘惑に負けそうになるたび、ホメロスの叙情詩オデュッセイアを読み上げるのだ。原典のギリシャ語でね。

自分にご褒美を

自制の問題を克服するもう一つの方法に、**代替報酬**がある。前に説明したように、私たちの問題の一つは、未来の報酬（マシュマロ二個、チョコレートひと箱）を、今の報酬（マシュマロ一個、チョコレート半箱）よりずっと低く評価することにある。今の報酬のほうがずっと少なくてもそうなのだ。未来の報酬を動機づけにできないなら、別のかたちの今の報酬に置き換えたらどうだろう？　そうすれば自制心を高められるだろうか？

ダンは複雑な治療人生で、このこととくに関係の深い経験をした。ダンは一〇代の頃、重度のやけどで入院していた。そしてこの長い入院期間中に、C型肝炎に感染したのだ。その後ダンは、インターフェロンという新薬の治療効果を調べるための、FDA（アメリカ食品医薬品局）の臨床試験があることを知った。彼は研究に参加し、一年半ものあいだ不快な注射を週に三度受けた。注射をした日は一晩中具合が悪かった（ふるえ、発熱、嘔吐に苦しんだ）。治療を完了すれば、三〇年後に肝硬変を発症するリスクを減らすことができる……でも苦しみを味わうのは今夜だ。まさに、未来の利益のために目先の犠牲を払う困難のわかりやすく極端な例だ。

ダンは辛抱強く治療をつづけ、最後までやり通した。あとでわかったことだが、このつらすぎる投与計画を完了したのはダン一人だった。計画を守れたのは、彼が超人だから、または人より優れているからなのか？　そうじゃない。彼が代替報酬を理解していたからだ。

注射を受ける日になると、ダンは自分へのご褒美に映画をレンタルした。帰宅して自己注射したらすぐ、つらい副作用が出る前に、楽しみにしていた映画を見はじめる。こうして不快なこと（注射）を心地よいこと（映画）と結びつけたのだ（ときにはつまらないラブコメを選んだせいで、よけい具合が悪くなることもあったが）。

ダンは未来の自分とつながることには関心がなかった。健康な肝臓をもつことの利益には目を向けなかった。未来の利益が重要なことは経験的に知っていたが、つらい副作用という今の代償には見合わなかった。ダンは未来を大切にすべきだと自分にいい聞かせる代わりに、今の環境を変えた。今日犠牲を払うべき理由、重要度は低いが、ずっと直接的で具体的な理由（映画）を自分に与えたのだ。犠牲を払うべき理由として、重要だが具体性に欠けること（C型肝炎の治癒）に目を向ける代わりに、重要度はずっと低いが今すぐ得られるもの（映画）に注目した。これが代替報酬だ。

合理的な行動の報酬として代替報酬を提供すれば、お金の賢明な使い方や貯蓄を促すことができるかもしれない。実際この試みとして、アメリカの一部の州では貯蓄口座にお金を預けた人に「宝くじ」を提供している[8]。お金を預けるたび、わずかな確率だが上乗せ金がもらえるチャンスがあるのだ。宝くじを利用した貯蓄商品は効果がある。これも代替報酬の一例だ。

＊＊＊

いろいろな状況で自制の問題に対処する方法は、きっとほかにもたくさんあるだろう。ただし、これからのページで紹介する、巧妙なお金の意思決定システムを使ったとしても、自制の欠如がつねに成功を阻むことを自覚する必要がある。

第17章　「彼ら」との闘い

何ページか前に、お金に関する多くの誤った心理的手がかりに対抗するための方法を、いくつか紹介した。だが自分の行動をどう改めるべきかを理解することと、実際に改めることは、まったく違う。このことを肝に銘じよう。とくにお金に関する行動では、自分自身の傾向に気をつけるだけでなく、私たちに愚かな決定を下させようとさかんに誘惑してくる金融環境とも闘わなくてはならないのだ。外部要因が私たちからつねになにかを（お金、時間、注目を）得ようとしているこの世界では、合理的に考え、賢明に行動するのも一苦労だ。

たとえば、住宅ローンの条件が金利だけで表示されれば、どの取引が有利かはすぐわかる。四％のほうが四・五％よりも低い（ただしこうした場合であっても、人はあまり時間をかけて安いローンを探そうとしない。ほんの少し金利が下がるだけで（三・五％から三・二五％など）長い目で見れば大きな節約になることを理解していない人が多いのだ）。

だがここで住宅ローンブローカーが、ポイント制度を選択肢に含めると、私たちは選択肢をまったく比較できなくなってしまう。たとえば一万ドルを前払いすれば金利を〇・二五％下げられる、といった選択肢が登場すると、これまで一つの側面（金利）だけを見ていればよかったものが、突如二つの側面（前払い金額と金利）を計算に入れることになり、意思決定環境が複雑になった分、まちがいを犯しやすくなる。

あなたはこう思っているかもしれない。「ああそうなのか。複雑なものごとを理解するのは難しいんだな」。たしかにそうだ。だが住宅ローンブローカーは、選択肢に複数の側面があると価値の計算が難しくなることを重々承知している。だから急げ！　とばかりに住宅ローンの選択肢を増やしているのだ。この動きは「消費者の選択の幅を広げる」というお題目で、情報を得た意思決定を提供するためと位置づけられている。だが当然、情報や選択肢が増えれば、その分まちがいを犯しやすくなる。これは私たちを助けるためというよりは、お金のまちがいに拍車をかけるよう仕組まれたシステムなのだ。

したがって、お金の意思決定を改善するための苦闘は、自分の個人的な欠点との闘いというだけではない。それは、私たちの欠点に拍車をかけ、短所を悪用しようとするシステムとの闘いでもある。だから私たちは一層激しく闘わなくてはならない。私たちの一人ひとりが、お金の使い方についてもっと賢明な考え方ができるように、思考プロセスを調整する必要がある。また（身近な人たちにもお金に関する適切な決定を下してほしいなら）社会全体として、私たちのお金の考え方に合ったシステムをデザインし、欠陥のある考え方を悪用しようとする者たちの利益ではなく、私たち自身や社会全体の利益になる選択ができるようにしなくてはならない。

私たちの欠陥や限界を今理解しておけば、今後はもっとうまく対処できるだろう。未来はだれも予測できない。投資や健康、仕事はもちろん、世界情勢、セレブ大統領やワインを飲むロボットの登場だって予測できない。

唯一予測できるのは、出費の判断が今後はさらに難しくなるということだ。ビットコインにはじまり、アップルペイ、網膜スキャナ、アマゾンのお勧め、ドローン配送に至るまで、私たちにより多く、より簡単に、より頻繁にお金を使わせようとする新しいシステムが次々と考案されている。私たちは思慮深く理路整然とした合理的な決定を下しにくい環境にいるうえ、新しいツールのせいで、自分の長期的利益にかなう決定を下すことがますます難しくなっているのだ。

情報の誘惑

私たちの時間、お金、注目を、多くの商業利益が虎視眈々と狙っていることがわかった今、なにか対策がとれるのではないかと、あなたは考えているかもしれない。なんといっても自分は理性的で合理的な存在だ。適切な判断を下すのに必要な、正しい情報さえあれば、今すぐ正しい決定を下せるはずだろう？

食べ過ぎてしまう？　カロリー情報さえあれば大丈夫。貯蓄が足りない？　老後資金計算機を使えば貯蓄を増やせる。運転中のスマホ操作？　危険性を喚起すればいい。子どもが高校を中退しそう？　医師が診察前に手を洗わない？　子どもには学校に留まるべき理由を、医師には手を洗うべき理由を説明すればいい。

　残念ながら、人生そんなに甘くない。現代生活の問題の多くは、情報不足が原因なのではない。だからこそ、情報を増やして行動を改善しようとする試みは、失敗することが多いのだ。

　私たちは今、興味深い歴史上の変曲点にさしかかっている。テクノロジーは私たちに有利にも不利にも働く。現時点では、ほとんどの金融技術がより多く、より早くお金を使わせようとするという意味で、私たちに不利に働いている。またそれらは出費を深く考えさせず、誘惑に屈しやすくさせるようつくられている。自分の直感と便利なテクノロジーに頼ってばかりいると、魅惑的な短期的決定を何度も繰り返させようとするおびただしい数のメカニズムに翻弄されてしまう。

　たとえばデジタルウォレットは、現代の消費者進化の頂点と喧伝されている。現金から解放されるため、より柔軟に時間をかけずに支払いができ、過去の出費の分析に役立つデータが提供されるから、お金の管理に気を遣わずにすむという。技術の恩恵がもたらしたユートピアの時代だ。行列は短く、署名は早く、利用と楽しみは簡単に、早く、フリクションレスになる。支払いの煩わしさがなくなり、金融の恩恵がもたらす新しいポストマネー時代の到来だ。

　いや、そんなにすぐには到来しない。そしておそらく新しい金融ツールのせいで、私たちの支出行動には拍車がかかり、お金を多く、簡単に、不用意に、性急に、頻繁に使いすぎるはめになる。集金人や破産弁護士にとっては明るい未来だが、ほとんどの人にとって、それは財布に焦げ穴を開ける炎の明るさだ。

　そんな事態に甘んじることはない。

　出費を「簡単に」するための技術が必ずしも「よい」技術とは限らないことに、多くの人が気づいている。そこで、ただ自分の行動を変えるだけでなく、金融の環境やツール、デフォルト設定を変えることを検討しはじめているのだ。

私たちを誘惑するのではなく、助けてくれるシステムや環境、技術をデザインすれば、私たちのもつ知識をより有効に使うことができる。害になる行動や技術を逆手にとって、自分のためになるような方法で利用する。形勢を逆転させるのだ。私たちのへんてこなクセを利用して、不利を有利に変えるのだ。

金融環境を変えるなんて、どうしたらできる？　アップルペイやアンドロイドペイの正反対のシステム、すなわち不注意な出費を促す代わりに、すっきりした頭で考えられるようなシステムをつくるにはどうしたらいいだろう？　費用が発生したあとでそれを記録する会計システムのような事後的な対策だけではなく、決定を下すその前に役立つシステムをつくる必要がある。どうやって？　ありのままの私たち――時間や注目、認知能力に乏しく、へんてこなクセのある人間――にどんな決済システムが必要かを考え直すのだ。なにがうまくできるのか、できないのかを自覚してはじめて、本当に役に立つ出費や貯蓄のツールをデザインすることができる。

人間の欠点を明らかにし、それを有利に利用する方法を示したこの本を踏み台に、私たちが次の一歩を踏み出し、そんなツールを開発できることを願っている。

応用心理学

「アプリ」の世界を考えてみよう。アプリなんて一〇年前は聞いたこともなかったが、今や現代生活に欠かせない基本的な道具と化している。アプリとは私たちを楽しませ、教育し、夢中にさせることを目的としたツールだ。心身の健康を守るアプリがあるのだから、お金の健康を守るアプリがあってもいいだろう？

たとえば機会費用を考えるために、つねに比較や計算をしてくれるアプリを開発したらどうだろう？　比較を自動化するのだ。一〇〇ドルの靴を検討しているって？　ジャジャジャーン！　そのお金があれば、好きな人と二人で映画を見ながらポップコーンを食べ、そのあとワインも飲めますよ。見かけがいいのと、気分がいいのと、どっちを選びますか？

心の会計のよい面と悪い面をうまく利用するために、お金の分類と上限金額を設定し、上限に近づいたら警告してくれるアプリはどうだろう？

損失回避効果に対抗するために、利益や損失のフレーミングとは無関係に、選択肢の期待値を計算してくれるアプリはどうだろう？　家を売りたいって？　アプリを使って、主観的な愛着に目を曇らされずに、適切な売値を設定しよう。

これらはほんの手はじめのアイデアに過ぎない。だが毎日持ち歩く携帯電話が、使い方次第では、ただ私たちの注意を逸らし誘惑するだけでなく、リアルタイムで意思決定の改善を助けるツールになると思うと心強い。シリコンバレーのコーヒーショップに行けば、アプリの開発に手を貸してくれる求職中のプログラマーが見つかるだろう。

過ぎたるはおよばざるがごとし

情報が多すぎると行動を変えようという気が起こらないという研究が、続々と発表されている。[1] 最近では睡眠、心拍数、カロリー、運動、歩数、階段数、呼吸、それにもちろん出費やインターネット利用などをモニターするアプリがある。個人定量化の時代だ。自分が今やっていること、やったこと、やるべきことの定量的情報を即座に知ることができる。すばらしい情報だが、データが多すぎると運動や睡眠、ダイエット、貯蓄などの健全な活動から得られる楽しみが減ることがある。データがたまり、それを計測、理解し、考慮するのに労力が必要になれば、そうした活動は「ライフスタイル」から「仕事」になり、健全な活動をしようというモチベーションはそがれる。たしかにデータはやるべきことを知る助けになるが、多すぎると、それに対してなにかしようという意欲は失せるのだ。

ワインからアイスクリーム、テクノロジー、昼寝までのなんでもそうだが、ほどほどが肝心だ（僕らはこの一文を添えるつもりはなかったのだが、弁護士と医師に強く勧められたものでね）。

スクラッチカード

最近の電子ウォレットは、出費の痛みを感じにくくして、出費を増やさせようとする。代わりに出費しているという認識を高めることができれば、出費の痛みは大きくなり、その結果出費が減り、貯蓄が増えるだろう。

私たちは貯蓄のことをそうしょっちゅう考えない。考えたとしても、増やす方向で考えることはまずない。ダンと同僚は、デジタルウォレットのデザインが行動に与える影響を調べるために、ケニアのモバイルマネー・システムの利用者数千人を対象とする、大規模な実験を行った。一部の集団には、毎週二通のテキストメッセージを送信し、週初には貯蓄を喚起するリマインダーを、週末にはその週の貯蓄状況を知らせるメッセージを送った。別の集団にはテキストメッセージを少し変えて、「わたしたちの未来」のために貯蓄してくださいという、自分の子どもから来たようにフレーミングされたリマインダーを送った。

次の四つの集団には、貯蓄を促すために賄賂《わいろ》（正式名称は金銭的インセンティブ）を与えた。一つめの集団には一〇〇シリングまでの貯蓄に対し一〇％のボーナスを、二つめの集団には同じく二〇％のボーナスを、週末に支払った。三つめと四つめの集団にも一〇〇シリングまでの貯蓄にそれぞれ一〇％と二〇％のボーナスを与えたが、損失回避の要素を導入した（週初にボーナスの上限額の一〇シリング／二〇シリングを協力者の口座に入金し、ボーナスの金額は貯蓄額に応じて決まること、上限額に達しない場合は差額が口座から週末に引き出されることを協力者に説明した。この損失回避バージョンは、金額的には通常の週末入金方式と変わらないが、自分の口座からお金が引き出されると痛みを感じるため、協力者は貯蓄を増やすだろうという考えのもとで行われた）。

そして最後の集団は、通常のテキストメッセージのほかに、残りの週数を示す一から二四までの数字が刻印された金色のコインを受け取った。家の目立つところにコインを置き、その週に貯蓄をした場合だけ、コインの数字をナイフで削り取った。[2]

六か月後、貯蓄成績が飛び抜けてよかったのは――ダラララ……（ドラムの音）――コイン方式だった。ほかの方式でも貯蓄はやや増えたが、コイン方式はテキストメッセージだけの場合に比べ、貯蓄額は二倍以上だった。もしかするとあなたは、二〇%のボーナスか、二〇%ボーナスの損失回避バージョンが一番成績がいいだろうと思ったかもしれない。貯蓄を促すには金銭的インセンティブを増やすのが一番だと、実際ほとんどの人が予想する。でもそうではなかった。

シンプルなコインが、なぜこれほどの行動のちがいを生んだのだろう？　協力者が貯蓄を促すテキストメッセージを受け取ったことを思い出してほしい。彼らの毎日の貯蓄額を調べたところ、コインの効果がもっとも大きかったのはリマインダーが届いたその日ではなく、それ以外の日だった。金色のコインは、人々が日々を過ごしながら考えることの内容を変化させ、それによって貯蓄という行為を顕著にした。協力者は折りあるごとにコインを目にした。彼らはコインを手で触れ、話題にし、存在を意識した。コインはそこに物理的に存在することで、協力者の暮らしに貯蓄の考えと行為を持ち込んだのだ。四六時中ではなく、ときたまだが、それでも行動を促し、ちがいをもたらすには十分だった。

この物語は、お金に関する私たちの考え方や欠点を、有利に利用できるという好例だ。私たちは自分のお金を最大化するような方式（この実験では貯蓄に対するボーナスという無料のお金）にもっとも強く反応して当然なのに、そうしない。それよりもコインのように、記憶や注目、思考を形成するものごとにずっと強く影響されるのだ。この現象を、お金のパーソナリティ障害だなどといって嘆くのはやめて、暮らしのいろいろな場面にコインのように貯蓄を促すものをとり入れるシステムをデザインしてみよう。

価値を示す

貯蓄を物理的に表現するものによって、貯蓄をより顕著に意識させる、というこのアイデアは、集団全体にも導入することができる。社会的価値観に働きかけて、消費する代わりに貯蓄するよう緩やかに促すのだ。

私たちは同僚や隣人の行動を見て、自分の出費の水準が適切かどうかを判断することが多い。どんな家に住み、車に乗り、休暇はどこに行っているか。これらは目に見えるものごとだ。でも貯蓄は目に見えない。のぞき見をするか、ロシア人ティーンエイジャーのハッカー集団でも雇わない限り、同僚が401kにいくら拠出しているかはわからない。わかるのは、新しい服やキッチンの改修、車にどれくらいのお金をかけているかだけだ。私たちはそうしたことを意識するから、出費では「世間におくれをとってはいけない」という社会的圧力にさらされる。だが貯蓄は目に見えないから、圧力を感じることもない。

別の文化を考えよう。アフリカの一部地域では、ヤギが貯蓄の手段だ。羽振りがよい人は敷地にたくさんヤギがいるし、だれが何頭のヤギをもっているかをみんなが知っている。別の地域では、レンガを買うことが貯蓄になる。小屋の外にレンガを積んでいき、十分な数がたまればそれを使って家を増築する。この場合も、だれが何個のレンガをもっているかを全員が知っている。

現代のデジタル文化には、貯蓄に関してこれに相当するようなものがなにもない。学資貯蓄口座や401kにお金を入れても、ファンファーレが鳴り響いたり電飾が点滅したりしない。子どもにプレゼントを買えば、子どもはそれに気づき、感謝するだろう。同じ金額を教育貯蓄口座（529プラン）に入れても、子どもは感謝しない。

ではこういう「目に見えない貯蓄」を可視化する方法はあるだろうか？　よい行動が評価されるように、また家庭や地域社会で貯蓄の会話を開始するために。そして無言で密かに行われることの多い、将来のための金銭的犠牲にサポートを得るために。

アメリカでは投票箱で国民の義務を果たすと、「投票しました」と書かれたステッカーがもらえる。イラクやアフガニスタンなどの国に民主主義が導入されたとき、市民は投票したしるしとして、紫色のインクのついた指先を誇らしげに見せた。貯蓄の義務を果たしたことにも、なにかしるしをもらえないだろうか？　自分や子どものための貯蓄用に開設した口座の種類を示すしるしを？

収入の一五％以上を貯蓄に回した人に、ステッカーをあげるのはどうだろう？　小さなトロフィーは？　大きな像は？　襟元や家につける真っ赤なドル記号は？　家の外に大きな度数計をとりつけて、貯蓄額の節目に達するたびに度数で示すのは悪趣味かもしれないが、貯蓄を確実に増やすことができるだろう。そんな度数計が文化的に受け入れられるまでのあいだ、手はじめとして住宅ローンや自動車ローンの完済を祝ってはどうだろう？　「花の一六歳」の誕生日パーティーの代わりに、「一六歳のわが子を将来大学にやるお金ができたパーティー」にするのだ。

ここに挙げたアイデアは現実的でないかもしれないが、目に見えない貯蓄を可視化するという原則をもとに、いろいろな方法を考えてみよう。まずは妥当な貯蓄の金額について話し合うことからはじめ、車の大きさだけではなく貯蓄の多さを競い合うのはどうだろう。

見て見て、すごいだろ？

賢明な決定や利他的な選択をしたことを人に知らせることのメリットは、お金の世界だけのものではない。適切な行動を祝うことは、生活のほかの場面でも役立つ場合がある。

地球温暖化を考えてみよう。リサイクルをしたり、ニュースに時折驚きの声を上げることを除けば、地球の未来のために個人的な犠牲をしょっちゅう払っている人はあまり見かけない。そうしたとりくみをしていることを人に知らせるのに、代替報酬を利用したらどうだろう？　人に見当違いな理由から正しいことをさせることは可能だろうか？　じつは……できる。それは可能だし、実際に行われていることだ。

トヨタプリウスとテスラについて考えよう。これらの車を運転するだけで、自分がどんなに寛大で立派で思いやりにあふれた、「意識の高い」人間かを、周囲に伝えることができる。プリウスとテスラを運転する人は、にっこり微笑みながら自分の姿を見て、「私は立派な人間だ」と思うことができる。それに自分がその決定を下したことを世界に知らしめることもできる。「このエコな逸品を運転するなんて、立派なお人にちがいない！」とだれもが思ってくれると信じている。地球温暖化防止に取り組むことで得られる直接的な報酬が十分でなくても、こうした自尊心のくすぐりと組み合わせれば、気温上昇を一、二日遅らせることに関心をもつ人が増えるかもしれない。

親に教育資金を積み立ててもらった子どもは生涯を通じて出来がよいことが、研究によって示されている。アメリカの一部の州では、この結果と、同じように重要な別の研究結果を踏まえた取り組みが行われている。それは、貧困層は一定の資産を与えられれば貯蓄を開始し、経済状態が将来にわたって改善する、というものだ。こうした建設的な成果には、授かり効果や損失回避、心の会計、アンカリングなどのメカニズムも一役買っている。

児童発達口座（ＣＤＡ）という、子どもの発達を長期的に支援するための貯蓄／投資口座がある。親になった人が学資の自動積立口座を与えられ、当初預金として五〇〇ドルないし一〇〇〇ドルと、貯蓄額と同額の拠出金、取引明細書、大学に関する一般的な説明、学資積立のリマインダーを受け取るというプログラムだ。

このプログラムが効果を上げている理由はなんだろう？　それは金色のコインが効果を挙げた理由の多くと似ている。ＣＤＡは貯蓄の助けになるだけでなく、人々の心理にも働きかける。大学進学は人生の実現可能な部分、むしろあたりまえの部分であり、そのために貯蓄することが大切だということを、親と子に気づかせる効果があるのだ。家族は取引明細書を見れば、資産が増えていることが手に取るようにわかる。そして大学に行く能力と手段をもっていることを知る子どもは、大学進学にますます希望を抱き、目標により集中し、さらにその先を見据えて行動する。最後の点として、親子は自力で大学に進学するという考えをもとに期待をもち、アイデンティティを育むのだ。[3]

ＣＤＡも、貯蓄と貯蓄志向の考え方を重んじる、意図的に設計された金融環境の一例だ。ＣＤＡは貯蓄を思い出させ、所有意識を高め、大学進学の長期的価値に目を向けさせることを通じて、今いくらかお金を使わずにとっておくことの不安を和らげる。こうしたすべてが、お金の心理をほんの少しだが私たちに有利に傾けるのだ。

まあ見てみろよ

ほとんどの人は、給与や給付金などの一定額の収入と、住宅、交通、保険などの一定額の固定支出がある。残りはいわゆる「自由裁量」のお金だ。この自由裁量資金の一部は気兼ねなく使っていいが、一部は手をつけずにとっておき、「貯蓄」「やったつもり貯金」「緊急資金」などに分類し直すべきだ。

自由裁量資金のうち、どれだけの割合を、(「気兼ねなく使える」から「絶対に使ってはいけない」までの)どの分類に入れるかを決める方法も、自分のためになるように利用できる。自由に使える金額を知るには、ふだん使う口座に入っているお金、つまり当座預金の残高を基準にするのが一番簡単だ。残高が少なければ——または少ないと感じれば——支出行動を控え、残高が多いと感じればどんどん使うだろう。

この当座預金残高ルールをうまく活用する方法はいくつかある。要は自分を騙してお金を貯める方法だ。たとえば当座預金の一部を貯蓄口座に振り替えれば、当座預金の残高が人為的に減り、実際よりもお金が少ないように感じられる。毎月給与の一定額を別の口座に直接振り込んでもらい、その貯蓄額を「忘れる」方法も、同様の効果がある。こうした方法をとれば、当座残高を出費の目安にしながらも、外食や特別な楽しみの回数を一、二度減らし、全体の出費を抑えられるだろう。

要するに、お金を自分の目から隠して出費を抑えるのだ。もちろん、立ち止まってよく考えれば、自分がお金を隠していることや隠した場所はわかるのだが、私たちの認知的怠惰と、ほかの口座の残高のことはめったに考えないという事実を逆手にとるのだ。そのうえ天引きで、毎回自分でお金を移す必要もないとなれば、さらに考えなくなる。このように、自分を騙すのは簡単で効果の高い戦略だ。永久的に騙すことはできないが、不合理な買い物をある程度防ぐ効果があるのはまちがいない。

君にもっと力を

お金を貯めるために使えるトリックは、ほかにもたくさんある。たとえばイギリスには、メーターにコインを入れて暖房を利用する住宅がある。これは出費の痛みを利用して電気料金を減らすしくみだ。毎月だれかがメーターの検針に来て請求書を発行し、しばらく経ってから支払いをするという通常の方式の代わりに……彼らイギリス人はほんの少し暖を得るのに、心理的な出費の痛みをしょっちゅう感じている。だから暖房をつける代わりにセーターを着ようと思える。

懐が寂しい人たちから、お金のことを忘れられるほどの金持ちに話を移すと……フィデリティ・インベストメンツの最近の調査によれば、ポートフォリオの運用成績がもっともよい投資家は、投資ポートフォリオの存在をすっかり忘れている人たちだという。[4] つまり、投資のことを放っておいた投資家――取引も、管理もせず、したがってハーディングや価格重視、損失回避、所有物の過大評価、期待などに影響されずにすんだ人たち――がもっとも投資成績がよかった。「賢明な投資」の選択をし、その後は放っておくことで、お金のまちがいを最小限にとどめたのだ。私たちも真似できる。忘れていた巨額の投資勘定がどこかに眠っていると夢見ることだってできる……。

ただし成功した投資家には、亡くなったために投資が放置されたというケースもある。このことから、「死んだふり」はクマの攻撃をかわすのに有効な戦略というだけではなく、健全な投資戦略でもあることがわかる。

富の錯覚

私たちは「コーヒー代は一日四ドルだ」と「コーヒー代は年間一四六〇ドルだ」に対して、ちがう反応を示す。お金が使われる時間枠をどのように表現するか（時間、週、月、年など）は、支出決定の価値や賢明さに対する評価に大きな影響を与える。

ある実験で、協力者に七万ドルの給料を与えた。このとき時給三五ドルとして提示された人のほうが、年収七万ドルと提示された人よりも貯蓄額が少なかった。サラリーが年額で提示されると、より長期を見据えた考え方をするから、しぜん退職後に備えた貯蓄を増やすようになる。いうまでもなくアメリカでは低所得の仕事のほとんどが時間決めで支払われているが、そのことが長期の貯蓄不足の問題に拍車をかけている。

退職時に一括で支払われる一〇万ドルは、生涯にわたって毎月支払われる五〇〇ドルより多く思えるという現象は、「富の錯覚」と呼ばれる。[5] そして「富の錯覚」は、私たちの思考の欠陥と見なすこともできるが、うまく利用すれば私たちの利益になる貯蓄システムをデザインすることもできる。たとえば退職後のための貯蓄の場合、退職後の収入が月額で示されれば、私たちは貯蓄が足りていないと感じ、貯蓄額をもっと増やさなければと考える。同様に、401k（確定拠出年金）の取引明細書に、どんな情報より先に退職後の予想月収が記載されていれば、貯蓄する必要がまだまだあることに注意を喚起できるだろう。すでに一部の退職年金がこうした方向で動きはじめ、よい成果を上げている。[6]

自分の数字のとらえかたのクセがわかっていれば、長い目で見て自分のためになるやり方でそれを利用して、貯蓄行動や選択を変える方法を考案できるかもしれない。適切な時間枠を用いることは、とても重要なようだ。給料の一部を蓄えるよう人々を説得するなら、収入を年額で示すのがいいし、将来のために貯蓄を増やすよう説得するなら、出費を月額で示すといい。

数字のフレーミングのほかにも、年収の提示方法を工夫することで、幸福度を高め、愚かな支出の決定を減らすことができる。たとえば毎月五〇〇〇ドルの定収入がある人は、生活費をこの五〇〇〇ドル内に収めようとするだろう。だがこのほかにボーナスがあったらどうする？　このお金はどんなふうに使うだろう？

ダンはあるとき学生に聞いてみた。君たちが僕に雇われているとして、月給が一〇〇〇ドル上がるか、年末に一万二〇〇〇ドルのボーナスが支給されるかを選べるとしたら、どっちにする？ほぼ全員が、昇給を選ぶのが合理的だと答えた。なんといってもお金が早く手に入るのだから。そして彼らは、月収が増えるのと年度末にボーナスをもらうのとでは、お金の使い方がちがうと指摘した。昇給分を毎月もらえば、それは通常のお金の流れの一部になるから、請求書の支払いや月々の出費のような日常的なことに使うだろう。だが年度末に一括して受け取る場合、そのお金は給料とは別の心の勘定に入る。だから、ただ請求書を支払ったりするよりも、幸福感が得られる特別な買い物に気兼ねなく使えるというのだ。一万二〇〇〇ドルがまるまるそんな使われ方をしないことを望むが、たぶん一部は惜しみなく使われるだろう。

では、月収六〇〇〇ドルか、月収五〇〇〇ドルプラス年度末のボーナス一万二〇〇〇ドルかの選択では、生活の質はどうちがうだろう？　月々六〇〇〇ドルもらう人は、たぶん車や家、食事をややグレードアップして生活の質を高めるが、自分のために大きな買い物をすることはしない。だがボーナスの人は、バイクを買う、旅行をする、貯蓄口座を開く、といった特別なことができるだろう。

このことは、さっきの一括金と貯蓄の説明と矛盾するようだが、（一）あれは貯蓄、これは出費の話だし、（二）私たちは人間で、（三）人間の行動が一貫しているといって非難する人はいない。

貯蓄では「まず自分自身に支払いをしよう」とよくいわれるし、そのことに異論はない。だが比較的安定した収入がある人が、より楽しみを味わうには、定収入の一部を削って、減った金額で出費をまかない、削ったお金を自分へのボーナスにするといい。そうすれば、そのボーナスのいくらかを、心から楽しめるものに使うことができる。もちろん、まず未来の自分に支払いをするのは大切だが、今の自分のためにちょっと削っても問題ないだろう。

第18章　立ち止まって考える

立ち止まって考えよう

ここまでの数章で、私たちの考え方の欠陥を逆手にとって、お金で成功するのに役立つツールをつくる方法を少しだけ紹介した。

このほか、世界中で行われている実験や取り組みをいくらでも紹介することはできるが、重要なのは次のことだ。金融心理学や行動経済学が明らかにした人間のおかしなクセを悪用するのではなく、逆にうまく利用して、欠陥のある思考がもたらす問題を改善しようとする取り組みがすでにはじまっている。とはいえ、現実世界の状況を考えれば、やるべきことがまだまだあるのは明らかだ。

こうしたシステムをどんどんデザインして、金融環境を改善し、お金に関する思考のあやまちの影響を和らげ、私たちを惑わせる外部要因を弱めることができれば、どんなにすばらしいだろう。

だがじつのところ、私たちの唯一最大の敵は、外部要因ではない。私たち自身なのだ。私たちがそもそも愚かな価値判断をしなければ、これほど食い物にされることもないだろう。まずは私たち自身の欠陥や欠点を理解し、認識することだ。自分の考えを盲信しない。意固地にならない。賢い自分がそんな罠に引っかかるはずがないとか、そんなことにだまされるのは自分以外のだれかだなどと思い込まない。

賢者は自分の愚かさをわきまえているが、愚者は財布を開けて愚かさを露呈する。

無関係な価値の手がかりに反応しがちなクセを自覚すれば、個人として学習、成長、向上し、より豊かな財力をもって自分の成長を（できれば少し先延ばしして）祝うことができる。

偉大な漫画家のサム・グロスが描いたポスターがある。二人の男が「立ち止まって考えろ」と書かれた巨大な広告板の前に立っている。一人の男がもう一人に向かっていう。「なんていうか、立ち止まって考えさせられるよな？」

お金の旅でも、私たちを立ち止まらせ、お金の夢遊病から目覚めさせてくれる道路標識が必要だ。標識はしょっちゅう現れるものがいい。自動モードを切り、今を意識し、自分のやっていることを考える瞬間や一時停止、余分なフリクション（煩わしさ）が、私たちには必要なのだ。

ポップコーンやクラッカーの大袋を抱えてソファにすわれば、見境なく全部食べてしまう。だが同じ量が四つの袋に小分けされていれば、新しい袋に移るときにちょっと手を止めるだろう。このちょっとした動作が、もっと食べたいかどうかを自問し、決定する機会になる。そして小分けした袋によってできる中断のせいで、大袋が一つだった場合より食べるスナックの量が減るのだ。

このスナックでの傾向をお金の世界に当てはめると、ある期間中の報酬を大きな封筒に入れて渡されたら、ソファでスナックを食べたのと同じように、見境なく使ってしまう。だが同じ金額が、複数の封筒に分けて入れられていたら、封筒を使い終わるたび出費を中断することになる。また先の実験のように、封筒にわが子の名前を書いておけば、浪費する可能性はさらに低くなる。[1]

なぜ新しい袋や封筒を開けるとき、間食や出費を調整するかといえば、新しい入れ物を開けるという行為によって、やっていたことを中断させられるからだ。それが「意思決定ポイント」になり、その間自分の行動をほんの少しふりかえり、次のステップを考え直すことができる。

この本を通じて示そうとしてきたのは、だれもがお金についてとても多くの決定を迫られているということだ。私たちは、決定を下す際に立ち止まって考えることはほとんどないし、自分が決定を迫られていることや、決定を下していることさえ自覚しないことが多い。だが実際には多くの決定を下していて、しかも多くの無関係な価値の手がかりを受け取り、それに繰り返し反応している。このことをもっと強く意識する必要がある。そうすれば時々は立ち止まって考え――そしてよりよい決定を下せるかもしれない。

人生は決定の連続だ。大きな決定もあれば、小さな決定や、繰り返される決定もある。大きな決定、たとえば家の購入や結婚、大学選びなどについては、しばし立ち止まり、価値や支出について時間の許す限り考えることが理にかなっている。ほとんどの人がそうしている。十分ではないかもしれないが、少なくともいくらかは考える。

小さな決定、たとえばカントリーフェアで食べものに散財する、誕生日のディナーでもうひと皿注文するといった決定では、価値の手がかりをいちいち心配するのは時間と労力の無駄だ。考えるのはもちろんよいことだが、小さな決定のたびにじっくり考えていたら身が持たない。

それから、繰り返される決定、つまり何度も行う、主に小さな決定がある。コーヒーを買う、スーパーで買い物をする、外食する、毎週愛する人に花を買う、などの習慣だ。一回ごとの購入額は少ないが、回数が多いから積もり積もって大きな影響をおよぼす。繰り返される決定を一つひとつじっくり考える必要はないが、学期やシーズン、年度の終わりなどに、時々は立ち止まって考えるといい。

＊＊＊

というわけで、僕らはなにもお金の決定をするたびに、つねにあらゆる方法で考え抜くべきだとはいっていない。それはお金の点では賢明かもしれないが、心理的に荷が重く骨が折れるからお勧めしない。怖がったり、ケチケチしたり、くよくよ考えたりしたくない。だからすべてを疑ってかかる必要はない。人生は楽しむものだ。これだけはというポイントを選び、長期的に害をおよぼしそうなことはよく考えよう。

ときどきは、これを買ったらどれだけの喜びや価値が得られるのかと自問しよう。同じお金があったらほかになにができるか、なぜ自分はこの選択をしようとしているのかを考えよう。自分がなにをしているのか、なぜそうしているのかを意識すれば、よりよい意思決定を行う能力を、ゆっくりと着実に身につけられるはずだ。

お金は扱うのも考えるのも難しい、難解で抽象的な概念だ。でも私たちは無力ではない。インセンティブやツール、自分自身の心理を理解してさえいれば、反撃は可能だ。人間の心理を深く掘り下げる気さえあれば、自分の行動や生活を改めて、お金にまつわる混乱やストレスから逃れることはできるはずだ。

お金は重要ではばかげている……私たちも同じだ

ジェフはあるとき、小学校五年生の生徒会の政治的要職に立候補した生徒に頼まれて、報酬と引き替えに応援演説の原稿を書いたことがある（彼女は当選した。でなきゃこの物語を披露するはずがない）。彼はその学校の親たち（羽振りのよいヘッジファンドマネジャー）を立派な人たちともち上げることに終始時間を費やした。内心では、彼らの富やお金との関係が、彼らの価値観や子どもとの関係をゆがめていると思っていたのに。それならなぜおべっかを使ったのだろう？　そもそも、なぜそんな仕事を引き受けたのか？　もちろんお金のためだ（「ネタのため」といいたいところだが、本当のところはお金のためだった）。

お金のためとあれば、だれもがばかげたことをする。また、破産した宝くじ当選者やプロアスリートから学ぶべき教訓があるとすれば、それはお金をたくさんもっていても、お金について考えることは簡単にならない、ということだ。かえって難しくなることもある。

ではどうすればいいのか？　現代経済を見捨てて、お金を使わずに生きていく方法を探すのもいい。かご織りのコミューンに加わってお金に頼らない物々交換の社会を興し、アルバニア舶来のミツユビブロークで食事の支払いをするのもいい。だがそうすると、劇場も芸術も旅行もワインも楽しめない。私たちはお金のおかげで、今分かち合っている巨大で入り組んだすばらしい現代社会、生きがいと稼ぎがいを与えてくれるこの社会を築くことができたのだ。

だから、お金と平和共存する道を模索しよう。最近では慈善の大切さと富の極端な偏在の悪影響を認識して、富豪たちのあいだで資産の大半を寄付する動きが広がりつつある。またお金を使ってより大きな喜びや意義、充実感を得る方法に関する研究が（僕らの友人マイク・ノートンとエリザベス・ダンの著書『「幸せをお金で買う」5つの授業』を筆頭に）進んでいる。あなたにもよいアイデアがあれば、みんなで共有し、発展させ、可能性を追求してほしい。これからもお金について考えつづけ、どうすればこの厄介だが重要な発明品と共生できるかを一緒に模索しよう。

また友人とお金に関する話をはじめることも大切だ。お金をなにに使っているか、いくら貯めていくら使っているか、どんなまちがいをするかといったことは話題にしにくい。だがお金の問題や、お金に関する複雑な決定で助け合うのは大切なことだ。

突き詰めれば、お金だけが重要なのではない。だがお金がだれにとっても非常に重要なものであることはまちがいない。私たちはとほうもない時間をかけてお金のことを考えているが、その際誤った考え方をしていることが多い。

私たちの心理や行動、傾向、愚かさを、これからも価格設定者や販売員、商業利益に食い物にされることに甘んじてもいい。社会や政府が、私たちをそうした愚かさから守る施策を導入してくれるのを待ってもいい。あるいは、自分の限界をより強く意識し、あやまちを修正するためのパーソナルなシステムをデザインし、お金の決定を自分でコントロールして、貴重で、限りある、計り知れないほど大切な人生をますます充実させることもできる。

どれを選ぶかは私たち次第だ。おいしいワインを茶渋のついたコーヒーマグに注いで、よりよい明日のために乾杯しよう。

乾杯。

ダンとジェフ

ありがとう

ダンとジェフは、お金に心からの感謝を捧げる。こんなに複雑でいてくれてありがとう。君について考えることを難しくしている要因たちに感謝する。金融界をとくに複雑にしてくれてありがとう。

クレジットカード、住宅ローン、隠れた手数料、モバイルバンキング、カジノ、自動車ディーラー、ファイナンシャルアドバイザー、アマゾン、不動産の登録物件、契約書のただし書き、リンゴとオレンジのみなさんにも感謝したい。

君たちがいなければ、人生は今よりずっと単純だったが、この本も必要なかっただろう。

この本で取り上げた研究者、教授、著作家のたぐいまれな研究がなければ、この本はただの推論を列挙するだけで終わっていただろう。

また才能あふれるエレーヌ・グラント、マット・トラウアー、イングリッド・ポーリンがいなければ、この本はナンセンスな言葉の羅列に終わっていただろう。そしてジム・レバインの愛情と支え、マット・ハーパーの情熱がなければ、この本はハードドライブ上の壊れたファイルに過ぎなかっただろう。

みんなありがとう。

ジェフは両親にも感謝したい。恩知らずな子どもは、そうするものと決まっているからだ。恩知らずという領域の先駆者になってくれたきょうだいに、忍耐をもちインスピレーションと愛情を注いでくれた妻のアンに、世界中で最高の笑いをくれる息子のスコットと娘のサラに、そしてもちろん――何十年もアメリカに住んでいるのになぜかちっとも消えない――イスラエル訛りの英語で、ノースカロライナ州のレストランの騒音をものともせずに「二人でお金のことを書かないかい?」と誘ってくれた――ダン・アリエリーにも感謝する。

ダン・アリエリーも家族を愛しているが、詳細はご想像にお任せする。

訳者あとがき

人生一〇〇年時代、でもそのためのお金はどこに？

最近では人間の寿命がますます延び、いつのまにか「人生一〇〇年」があたりまえの時代になっているらしい。これまで七、八〇年ほど生きる心づもりでいたのが、じつはまだまだ時間があった。充実したバラ色の老後バンザイ！　でも考えてみたら、その余分な二、三〇年を過ごすお金はあるのだろうか？　その間ずっと健康でいられるとも限らない。これに完璧に対応する準備ができているなんて人は、ほとんどいないはずだ。どんな人も、お金のことを早急に、真剣に考えるべき時がきている。

じっさいに役に立つ学問

本書はそのお金の問題を、行動経済学という観点から考えようという試みだ。金融リテラシー教育でもなく、投資指南でもなく、なぜ行動経済学なのか？

ここでおさらいをしておくと、行動経済学は伝統的な経済学とはちがって、人間を完全に分別ある計算高い「合理的経済人」とは見なさず、人間がじっさいにどうふるまうかを観察する。人間の不合理な面や弱さを理解したうえで、誘惑を避け、自制を働かせ、長期目標を実現するための手助けをする方法を見つけようという学問だ。また人間の心のメカニズムを解き明かすために、心理学や神経科学など他分野の理論や実験手法が多用されるのも特徴だ。実験は顕微鏡やストロボのようなもので、私たちに同時に影響をおよぼしているいくつもの複雑な力を拡大して見せ、光を当ててくれる。そうしてさまざまな力を切り離し、一つひとつをくわしく調べ上げることができる、と著者のダン・アリエリー氏は述べている。

行動経済学は実社会の問題解決に役立てられ、とくに英米では公的機関が率先してとり入れて、すでに大きな効果を上げている（たとえば年金加入や省エネなど）。近年になって行動経済学者のノーベル経済学賞受賞が相次いでいるのも、そうした功績が認められたことが大きい。

この本は、私たちがお金に関してどんなまちがいをなぜ犯しやすいのかを、行動経済学のレンズを通してくわしく考える。そうすることによって、自分のバイアスに気づきやすくなり、それが自分にどう影響しているかをよりはっきり自覚し、より賢明な決定ができるというわけだ。

大やけどをきっかけに人間行動の観察者に

アリエリー氏はイスラエル出身。十代の頃に全身に大やけどを負い、長い入院生活中に肝炎まで患うなど、心身に大きな痛手を被ったが、そのおかげで人とはちがったふうに人間行動をとらえられるようになった。また自分自身のバイアスのしくみについても深く考え、研究するようになったという。こうしたユニークな視点をもとに、ちょっとふつうでは考えつかない斬新で洞察に富む実験を行い、それらをユーモアあふれる著書や講演などを通して説明している。行動経済学をわかりやすい言葉で一般に広めた、この分野の第一人者だ。

お金を使わされていないか？　デジタルマネーに気をつけろ

本書のキーワードは「主体性」だろう。私たちの不合理な側面は、必ずしも不都合なことばかりではない。そうした側面に身を委ね経験を引き立てることができれば、たとえ散財になったとしてもよいお金の使い方ということになる。でも問題は、それを自分の意思でやっているのかどうかということだ。むしろ、不合理な側面を研究し悪用され、知らず知らずのうちにお金を使わされていないだろうか？　私たちがなぜ不合理な行動を取ってしまうかを理解することによって、自分の選択を自分の手に取り戻そう、とアリエリー氏は訴える。

本書でとくに重点を置いているのが、昨今のスマートマネーなど、テクノロジーを利用した決済方法だ。私たちは新しい方法が出るとただ「便利だから」という理由で、大して考えもせずにとり入れてしまう。でも便利さと引き替えに、なにを失っているのだろう？　アリエリー氏は別のインタビューで、「テクノロジーは必ずしも悪いとはいわないが、これまでは使う側よりも使わせる側に圧倒的にためになるかたちで利用されてきた」と警告している。今後ますます高度な技術が開発されるなか、私たちも行動経済学の理論で自衛して臨む必要があるだろう。

楽しみながら学べる

本書はアリエリー氏の友人でコメディアンの（第三作の『ずる』にも登場した）ジェフ・クライスラー氏の協力を得て、お金という、ともすればややこしく深刻になりがちなテーマを楽しく取り上げている。訳者は第二作の『不合理だからうまくいく』から翻訳を担当させてもらっているが、実生活でもアリエリー氏の教えが役立つことが多い。その際一番鮮明に心に残っているのは、本で描かれる物語やエピソードだ（失敗したあとで思い出すことも多いのだが……）。本書でも、セールに目がないスーザンおばさんや新婚旅行中のジェフ、家を売ろうとしているブラッドリー夫妻など、誰もが身につまされるような失敗をする、実物大の人たちが登場する。楽しみながら読んでいただければさいわいである。

5. Daniel G. Goldstein (Microsoft Research), Hal E. Hershfield (UCLA), and Shlomo Benartzi (UCLA), "The Illusion of Wealth and Its Reversal," *Journal of Marketing Research* 53, no. 5 (2016): 804–813.
6. Ibid.

第18章　立ち止まって考える

1. Soman and Cheema, "Earmarking and Partitioning," S14–S22.

Conceptions of the Future Self Transform Intertemporal Choice," *Annals of the New York Academy of Sciences* 1235, no. 1 (2011): 30–43.
3. Daniel Read (University of Durham), Shane Frederick (MIT), Burcu Orsel (Goldman Sachs), and Juwaria Rahman (Office for National Statistics), "Four Score and Seven Years from Now: The Date/Delay Effect in Temporal Discounting," *Management Science* 51, no. 9 (2005): 1326–1335.
4. Hal E. Hershfield (New York University), Daniel G. Goldstein (London Business School), William F. Sharpe (Stanford), Jesse Fox (Ohio State University), Leo Yeykelis (Stanford), Laura L. Carstensen (Stanford), and Jeremy N. Bailenson (Stanford), "Increasing Saving Behavior Through Age-Progressed Renderings of the Future Self," *Journal of Marketing Research* 48 (2011): S23–S37.
5. Nava Ashraf (Harvard Business School), Dean Karlan (Yale), and Wesley Yin (University of Chicago), "Female Empowerment: Impact of a Commitment Savings Product in the Philippines," *World Development* 38, no. 3 (2010): 333–344.
6. Dilip Soman (Rotman School of Management) and Maggie W. Liu (Tsinghua University), "Debiasing or Rebiasing? Moderating the Illusion of Delayed Incentives," *Journal of Economic Psychology* 32, no. 3 (2011): 307–316.
7. Dilip Soman (Rotman School of Management) and Amar Cheema (University of Virginia), "Earmarking and Partitioning: Increasing Saving by Low-Income Households," *Journal of Marketing Research* 48 (2011): S14–S22.
8. Autumn Cafiero Giusti, "Strike It Rich (or Not) with a Prize-Linked Savings Account," *Bankrate*, 2015, http://www.bankrate.com/finance/savings/prize-linked-savings-account.aspx.

第17章　「彼ら」との闘い

1. Jordan Etkin (Duke University), "The Hidden Cost of Personal Quantification," *Journal of Consumer Research* 42, no. 6 (2016): 967–984.
2. Merve Akbaş (Duke), Dan Ariely (Duke), David A. Robalino (World Bank), and Michael Weber (World Bank), "How to Help the Poor to Save a Bit: Evidence from a Field Experiment in Kenya" (IZA Discussion Paper No. 10024, 2016).
3. Sondra G. Beverly (George Warren Brown School of Social Work), Margaret M. Clancy (George Warren Brown School of Social Work), and Michael Sherraden (George Warren Brown School of Social Work), "Universal Accounts at Birth: Results from SEED for Oklahoma Kids" (CSD Research Summary No. 16–07), Center for Social Development, Washington University, St. Louis, 2016.
4. Myles Udland, "Fidelity Reviewed Which Investors Did Best and What They Found Was Hilarious," *Business Insider*, September 2, 2004, http://www.businessinsider.com/forgetful-investors-performed-best-2014–9.

9. Kyle Carlson (Caltech), Joshua Kim (University of Washington), Annamaria Lusardi (George Washington University School of Business), and Colin F. Camerer, "Bankruptcy Rate, among NFL Players with Short-Lived Income Spikes," *American Economic Review*, American Economic Association, 105, no. 5 (May 2015): 381–84.
10. Pablo S. Torre, "How (and Why) Athletes Go Broke," *Sports Illustrated*, March 23, 2009, http://www.si.com/vault/2009/03/23/105789480/how-and-why-athletesgo-broke.
11. Ilana Polyak, "Sudden Wealth Can Leave You Broke," CNBC, http://www.cnbc.com/2014/10/01/sudden-wealth-can-leave-you-broke.html.

第13章　お金を重視しすぎる

1. Rebecca Waber (MIT), Baba Shiv (Stanford), Ziv Carmon (INSEAD), and Dan Ariely (MIT), "Commercial Features of Placebo and Therapeutic Efficacy," *JAMA* 299, no. 9 (2008): 1016–1017.
2. Baba Shiv (Stanford), Carmon Ziv (INSEAD), and Dan Ariely (MIT), "Placebo Effects of Marketing Actions: Consumers May Get What They Pay For," *Journal of Marketing Research* 42, no. 4 (2005): 383–393.
3. Felix Salmon, "How Money Can Buy Happiness, Wine Edition," Reuters, October 27, 2013, http://blogs.reuters.com/felix-salmon/2013/10/27/how-money-can-buy-happiness-wine-edition/.
4. Christopher K. Hsee (University of Chicago), George F. Loewenstein (Carnegie Mellon), Sally Blount (University of Chicago), and Max H. Bazerman (Northwestern/ Harvard Business School), "Preference Reversals Between Joint and Separate Evaluations of Options: A Review and Theoretical Analysis," *Psychological Bulletin* 125, no. 5 (1999): 576–590.

第14章　考えるだけでなく行動で示す

1. Florian Zettelmeyer (UC Berkeley), Fiona Scott Morton (Yale), and Jorge Silva-Risso (UC Riverside), "How the Internet Lowers Prices: Evidence from Matched Survey and Auto Transaction Data," *Journal of Marketing Research* 43, no. 2 (2006): 168–181.

第16章　自制せよ

1. Christopher J. Bryan (Stanford) and Hal E. Hershfield (New York University), "You Owe It to Yourself: Boosting Retirement Saving with a Responsibility-Based Appeal," *Journal of Experimental Psychology* 141, no. 3 (2012): 429–432.
2. Hal E. Hershfield (New York University), "Future Self-Continuity: How

Effects of Marketing Actions: Consumers May Get What They Pay For," *Journal of Marketing Research* 42, no. 4 (2005): 383–393.
12. Marco Bertini (London Business School), Elie Ofek (Harvard Business School), and Dan Ariely (Duke), "The Impact of Add-On Features on Consumer Product Evaluations," *Journal of Consumer Research* 36 (2009): 17–28.
13. Jordi Quoidbach (Harvard) and Elizabeth W. Dunn (University of British Columbia), "Give It Up: A Strategy for Combating Hedonic Adaptation," *Social Psychological and Personality Science* 4, no. 5 (2013): 563–568.
14. Leonard Lee (Columbia University), Shane Frederick (MIT), and Dan Ariely (MIT), "Try It, You'll Like It," *Psychological Science* 17, no. 12 (2006): 1054–1058.

第12章　自制心を失う

1. Polyana da Costa, "Survey: 36 Percent Not Saving for Retirement," *Bankrate*, 2014, http://www.bankrate.com/finance/consumer-index/survey-36-percent-not-saving-for-retirement.aspx.
2. Nari Rhee (National Institute on Retirement Security) and Ilana Boivie (National Institute on Retirement Security), "The Continuing Retirement Savings Crisis," 2015, http://www.nirsonline.org/storage/nirs/documents/RSC%202015/final_rsc_2015.pdf.
3. Wells Fargo, "Wells Fargo Study Finds Middle Class Americans Teeter on Edge of Retirement Cliff: More than a Third Could Live at or Near Poverty in Retirement," 2012, https://www.wellsfargo.com/about/press/2012/20121023_MiddleClassRetirementSurvey/.
4. Financial Planning Association Research and Practice Institute, "2013 Future of Practice Management Study," 2013, https://www.onefpa.org/business-success/ResearchandPracticeInstitute/Documents/RPI%20Future%20of%20Practice%20Management%20Report%20-%20Dec%202013.pdf.
5. Hal Ersner-Hershfield (Stanford), G. Elliot Wimmer (Stanford), and Brian Knutson (Stanford), "Saving for the Future Self: Neural Measures of Future Self-Continuity Predict Temporal Discounting," *Social Cognitive and Affective Neuroscience* 4, no. 1 (2009): 85–92.
6. Oscar Wilde, *Lady Windermere's Fan* (London, 1893).
7. Dan Ariely (MIT) and George Loewenstein (Carnegie Mellon), "The Heat of the Moment: The Effect of Sexual Arousal on Sexual Decision Making," *Journal of Behavioral Decision Making* 19, no. 2 (2006): 87–98.
8. Bram Van den Bergh (KU Leuven), Sigfried Dewitte (KU Leuven), and Luk Warlop (KU Leuven), "Bikinis Instigate Generalized Impatience in Intertemporal Choice," *Journal of Consumer Research* 35, no. 1 (2008): 85–97.

Framing on Spending and Saving," *Journal of Behavioral Decision Making* 19, no. 3 (2006): 213–227.

3. John Lanchester, *How to Speak Money: What the Money People Say—and What It Really Means* (New York: Norton, 2014).
4. Kathleen D. Vohs (University of Minnesota), Yajin Wang (University of Minnesota), Francesca Gino (Harvard Business School), and Michael I. Norton (Harvard Business School), "Rituals Enhance Consumption," *Psychological Science* 24, no. 9 (2013): 1714–1721.

第 11 章　期待を過大評価する

1. Elizabeth Dunn (University of British Columbia) and Michael Norton (Harvard Business School), *Happy Money: The Science of Happier Spending* (New York: Simon & Schuster, 2014).（『「幸せをお金で買う」５つの授業』）
2. Michael I. Norton (MIT) and George R. Goethals, "Spin (and Pitch) Doctors: Campaign Strategies in Televised Political Debates," *Political Behavior* 26 (2004): 227.
3. Margaret Shin (Harvard), Todd Pittinsky (Harvard), and Nalini Ambady (Harvard),"Stereotype Susceptibility Salience and Shifts in Quantitative Performance," *Psychological Science* 10, no. 1 (1999): 80–83.
4. Ibid.
5. Robert Rosenthal (UC Riverside) and Leonore Jacobson (South San Francisco Unified School District), *Pygmalion in the Classroom: Teacher Expectation and Pupils' Intellectual Development* (New York: Holt, Rinehart & Winston, 1968).
6. James C. Makens (Michigan State University), "The Pluses and Minuses of Branding Agricultural Products," *Journal of Marketing* 28, no. 4 (1964): 10–16.
7. Ralph I. Allison (National Distillers Products Company) and Kenneth P. Uhl (State University of Iowa), "Influence of Beer Brand Identification on Taste Perception," *Journal of Marketing Research* 1 (1964): 36–39.
8. Samuel M. McClure (Princeton), Jian Li (Princeton), Damon Tomlin (Princeton), Kim S. Cypert (Princeton), Latané M. Montague (Princeton), and P. Read Montague (Princeton), "Neural Correlates of Behavioral Preference for Culturally Familiar Drinks," *Neuron* 44 (2004): 379–387.
9. Moti Amar (Onno College), Ziv Carmon (INSEAD), and Dan Ariely (Duke), "See Better If Your Sunglasses Are Labeled Ray-Ban: Branding Can Influence Objective Performance" (working paper).
10. Belsky and Gilovich, *Why Smart People Make Big Money Mistakes*, 137.（『お金で失敗しない人たちの賢い習慣と考え方』）
11. Baba Shiv (Stanford), Ziv Carmon (INSEAD), and Dan Ariely (MIT), "Placebo

8. Dawn K. Wilson (Vanderbilt), Robert M. Kaplan (UC San Diego), and Lawrence J. Schneiderman (UC San Diego), "Framing of Decisions and Selection of Alternatives in Health Care," *Social Behaviour* 2 (1987): 51–59.
9. Shlomo Benartzi (UCLA) and Richard H. Thaler (University of Chicago), "Risk Aversion or Myopia? Choices in Repeated Gambles and Retirement Investments," *Management Science* 45, no. 3 (1999): 364–381.
10. Belsky and Gilovich, *Why Smart People Make Big Money Mistakes*.（『お金で失敗しない人たちの賢い習慣と考え方』）
11. Hal R. Arkes (Ohio University) and Catherine Blumer (Ohio University), "The Psychology of Sunk Cost," *Organizational Behavior and Human Decision Processes* 35, no. 1 (1985): 124–140.

第9章　公正さと労力にこだわる

1. Alan G. Sanfey (Princeton), James K. Rilling (Princeton), Jessica A. Aronson (Princeton), Leigh E. Nystrom (Princeton), and Jonathan D. Cohen (Princeton), "The Neural Basis of Economic Decision Making in the Ultimatum Game," *Science* 300 (2003): 1755–1758.
2. Daniel Kahneman (UC Berkeley), Jack L. Knetsch (Simon Fraser University), and Richard H. Thaler (Cornell), "Fairness as a Constraint on Profit Seeking: Entitlements in the Market," *American Economic Review* 76, no. 4 (1986): 728–741.
3. Annie Lowrey, "Fare Game," *New York Times Magazine*, Jan. 10, 2014.
4. On Amir (UC San Diego), Dan Ariely (Duke), Ziv Carmon (INSEAD), "The Dissociation Between Monetary Assessment and Predicted Utility," *Marketing Science* 27, no. 6 (2008): 1055–1064.
5. Jan Hoffman, "What Would You Pay for This Meal?" *New York Times*, Aug. 17, 2015.
6. Ryan W. Buell (Harvard Business School) and Michael I. Norton (Harvard Business School), "The Labor Illusion: How Operational Transparency Increases Perceived Value," *Management Science* 57, no. 9 (2011): 1564–1579.

第10章　言葉と儀式の魔力に惑わされる

1. John T. Gourville (Harvard) and Dilip Soman (University of Colorado, Boulder),"Payment Depreciation: The Behavioral Effects of Temporally Separating Payments From Consumption," *Journal of Consumer Research* 25, no. 2 (1998): 160–174.
2. Nicholas Epley (University of Chicago), Dennis Mak (Harvard), and Lorraine Chen Idson (Harvard Business School), "Bonus or Rebate? The Impact of Income

(1974): 1124–1131.
3. Joseph P. Simmons (Yale), Robyn A. LeBoeuf (University of Florida), and Leif D. Nelson, (UC Berkeley), "The Effect of Accuracy Motivation on Anchoring and Adjustment: Do People Adjust from Provided Anchors?" *Journal of Personality and Social Psychology* 99, no. 6 (2010): 917–932.
4. William Poundstone, *Priceless: The Myth of Fair Value (and How to Take Advantage of It)* (New York: Hill & Wang, 2006).（邦訳『プライスレス——必ず得する行動経済学の法則』松浦俊輔、小野木明恵訳、2010年、青土社）
5. Simmons, LeBoeuf, and Nelson, "The Effect of Accuracy Motivation on Anchoring and Adjustment."
6. Dan Ariely (Duke University), *Predictably Irrational* (New York: HarperCollins, 2008).（邦訳『予想どおりに不合理：行動経済学が明かす「あなたがそれを選ぶわけ」』（ハヤカワ・ノンフィクション文庫）熊谷淳子訳、2013年、早川書房）

第8章　所有物を過大評価する

1. Daniel Kahneman (Princeton), Jack L. Knetsch (Simon Fraser University), and Richard H. Thaler (University of Chicago), "The Endowment Effect: Evidence of Losses Valued More than Gains," *Handbook of Experimental Economics Results* (2008).
2. Michael I. Norton (Harvard Business School), Daniel Mochon (University of California, San Diego), and Dan Ariely (Duke University), "The IKEA Effect: When Labor Leads to Love," *Journal of Consumer Psychology* 22, no. 3 (2012): 453–460.
3. Ziv Carmon (INSEAD) and Dan Ariely (MIT), "Focusing on the Forgone: How Value Can Appear So Different to Buyers and Sellers," *Journal of Consumer Research* 27, no. 3 (2000): 360–370.
4. Daniel Kahneman (UC Berkeley), Jack L. Knetsch (Simon Fraser University), and Richard Thaler (Cornell), "Experimental Tests of the Endowment Effect and the Coarse Theorem," *Journal of Political Economy* 98 (1990): 1325–1348.
5. James R. Wolf (Illinois State University), Hal R. Arkes (Ohio State University), and Waleed A. Muhanna (Ohio State University), "The Power of Touch: An Examination of the Effect of Duration of Physical Contact on the Valuation of Objects," *Judgment and Decision Making* 3, no. 6 (2008): 476–482.
6. Daniel Kahneman (University of British Columbia) and Amos Tversky (Stanford),"Prospect Theory: An Analysis of Decision under Risk," *Econometrica: Journal of Econometric Society* 47, no. 2 (1979): 263–291.
7. Belsky and Gilovich, *Why Smart People Make Big Money Mistakes.*（『お金で失敗しない人たちの賢い習慣と考え方』）

3. Nina Mazar (University of Toronto), Hilke Plassman (Institut Européen d'Administration des Affaires [INSEAD]), Nicole Robitaille (Queen's University), and Axel Lindner (Hertie Institute for Clinical Brain Research), "Pain of Paying? A Metaphor Gone Literal: Evidence from Neural and Behavioral Science," INSEAD Working Paper No. 2017/06/MKT, 2016.
4. Dan Ariely (MIT) and Jose Silva (Haas School of Business, UC Berkeley), "Payment Method Design: Psychological and Economic Aspects of Payments" (Working Paper 196, 2002).
5. Prelec and Loewenstein, "The Red and the Black."
6. 総説として以下を参照のこと。Dilip Soman (University of Toronto), George Ainslie (Temple University), Shane Frederick (MIT), Xiuping L. (University of Toronto), John Lynch (Duke University), Page Moreau (University of Colorado), George Zauberman (UNC Chapel Hill), et al., "The Psychology of Intertemporal Discounting: Why Are Distant Events Valued Differently from Proximal Ones?" *Marketing Letters* 16, nos. 3–4 (2005): 347–360.
7. Elizabeth Dunn (University of British Columbia) and Michael Norton (Harvard Business School), *Happy Money: The Science of Happier Spending* (New York: Simon & Schuster, 2014): 95.（邦訳『「幸せをお金で買う」５つの授業—— HAPPY MONEY』古川奈々子訳、2014 年、KADOKAWA／中経出版）
8. Drazen Prelec (MIT) and Duncan Simester (MIT), "Always Leave Home Without It: A Further Investigation of the Credit-Card Effect on Willingness to Pay," *Marketing Letters* 12, no. 1 (2001): 5–12.
9. Richard A. Feinberg (Purdue), "Credit Cards as Spending Facilitating Stimuli: A Conditioning Interpretation," *Journal of Consumer Research* 12 (1986): 356–384.
10. Promotesh Chatterjee (University of Kansas) and Randall L. Rose (University of South Carolina), "Do Payment Mechanisms Change the Way Consumers Perceive Products?" *Journal of Consumer Research* 38, no. 6 (2012): 1129–1139.
11. Uri Gneezy (UC San Diego), Ernan Haruvy (UT Dallas), and Hadas Yafe (Israel Institute of Technology), "The Inefficiency of Splitting the Bill," *Economic Journal* 114, no. 495 (2004): 265–280.

第７章　自分を信頼する

1. Gregory B. Northcraft (University of Arizona) and Margaret A. Neale (University of Arizona), "Experts, Amateurs, and Real Estate: An Anchoring-and- Adjustment Perspective on Property Pricing Decisions," *Organizational Behavior and Human Decision Processes* 39, no. 1 (1987): 84–97.
2. Amos Tversky (Hebrew University) and Daniel Kahneman (Hebrew University),"Judgment under Uncertainty: Heuristics and Biases," *Science* 185

第４章 すべてが相対的であることを忘れる

1. Brad Tuttle, "JC Penney Reintroduces Fake Prices (and Lots of Coupons Too, Of Course)," *Time*, May 2, 2013, http://business.time.com/2013/05/02/jc-penney-reintroduces-fake-prices-and-lots-of-coupons-too-of-course/.
2. Brian Wansink, *Mindless Eating: Why We Eat More Than We Think* (New York: Bantam, 2010).（邦訳『そのひとクチがブタのもと』中井京子訳、2007 年、集英社）
3. Aylin Aydinli (Vrije Universiteit, Amsterdam), Marco Bertini (Escola Superior d'Administració i Direcció d'Empreses [ESADE]), and Anja Lambrecht (London Business School), "Price Promotion for Emotional Impact," *Journal of Marketing* 78, no. 4 (2014).

第５章 分類する

1. Gary Belsky and Thomas Gilovich, *Why Smart People Make Big Money Mistakes and How to Correct Them: Lessons from the New Science of Behavioral Economics* (New York: Simon & Schuster, 2000).（邦訳『お金で失敗しない人たちの賢い習慣と考え方』鬼澤忍訳、2011 年、日本経済新聞出版社）
2. Jonathan Levav (Columbia) and A. Peter McGraw (University of Colorado),"Emotional Accounting: How Feelings About Money Influence Consumer Choice," *Journal of Marketing Research* 46, no. 1 (2009): 66–80.
3. Ibid.
4. Amar Cheema (Washington University, St. Louis) and Dilip Soman (University of Toronto), "Malleable Mental Accounting: The Effect of Flexibility on the Justification of Attractive Spending and Consumption Decisions," *Journal of Consumer Psychology* 16, no. 1 (2006): 33–44.
5. Ibid.
6. Eldar Shafir (Princeton) and Richard H. Thaler (University of Chicago), "Invest Now, Drink Later, Spend Never: On the Mental Accounting of Delayed Consumption," *Journal of Economic Psychology* 27, no. 5 (2006): 694–712.

第６章 痛みを避ける

1. Donald A. Redelmeier (University of Toronto), Joel Katz (University of Toronto), and Daniel Kahneman (Princeton), "Memories of Colonoscopy: A Randomized Trial," *Pain* 104, nos. 1–2 (2003): 187–194.
2. Drazen Prelec (MIT) and George Loewenstein (Carnegie Mellon University), "The Red and the Black: Mental Accounting of Savings and Debt," *Marketing Science* 17, no. 1 (1998): 4–28.

原注

序章

1. Kathleen D. Vohs (University of Minnesota), Nicole L. Mead (Florida State University), and Miranda R. Goode (University of British Columbia), "The Psychological Consequences of Money," *Science* 314, no. 5802 (2006): 1154–1156.
2. Institute for Divorce Financial Analysts, "Survey: Certified Divorce Financial Analyst® (CDFA®) Professionals Reveal the Leading Causes of Divorce," 2013, https://www.institutedfa.com/Leading-Causes-Divorce/.
3. Dennis Thompson, "The Biggest Cause of Stress in America Today," CBS News, 2015, http://www.cbsnews.com/news/the-biggest-cause-of-stress-in-america-today/.
4. Anandi Mani (University of Warwick), Sendhil Mullainathan (Harvard), Eldar Shafir (Princeton), and Jiaying Zhao (University of British Columbia), "Poverty Impedes Cognitive Function," *Science* 341, no. 6149 (2013): 976–980.
5. Paul K. Piff (UC Berkeley), Daniel M. Stancato (Berkeley), Stéphane Côté (Rotman School of Management), Rodolfo Mendoza-Denton (Berkeley), and Dacher Keltner (Berkeley), "Higher Social Class Predicts Increased Unethical Behavior," *Proceedings of the National Academy of Sciences* 109 (2012).
6. Maryam Kouchaki (Harvard), Kristin Smith-Crowe (University of Utah), Arthur P. Brief (University of Utah), and Carlos Sousa (University of Utah), "Seeing Green: Mere Exposure to Money Triggers a Business Decision Frame and Unethical Outcomes," *Organizational Behavior and Human Decision Processes* 121, no. 1 (2013): 53–61.

第２章　チャンスはドアを叩く

1. Shane Frederick (Yale), Nathan Novemsky (Yale), Jing Wang (Singapore Management University), Ravi Dhar (Yale), and Stephen Nowlis (Arizona State University), "Opportunity Cost Neglect," *Journal of Consumer Research* 36, no. 4 (2009): 553–561.

第３章　ある価値提案

1. Adam Gopnik, Talk of Town, "Art and Money," *New Yorker*, June 1, 2015.
2. Jose Paglieri, "How an Artist Can Steal and Sell Your Instagram Photos," CNN, May 28, 2015, http://money.cnn.com/2015/05/28/technology/do-i-own-my-instagram-photos/.

アリエリー教授《きょうじゅ》の「行動経済学《こうどうけいざいがく》」入門《にゅうもん》―お金篇《かねへん》―

2018年10月20日　初版印刷
2018年10月25日　初版発行

＊

著　者　ダン・アリエリー＆ジェフ・クライスラー
訳　者　櫻《さくら》井《い》祐《ゆう》子《こ》
発行者　早　川　浩

＊

印刷所　三松堂株式会社
製本所　大口製本印刷株式会社

＊

発行所　株式会社　早川書房
東京都千代田区神田多町2－2
電話　03-3252-3111（大代表）
振替　00160-3-47799
http://www.hayakawa-online.co.jp
定価はカバーに表示してあります
ISBN978-4-15-209760-6　C0033
Printed and bound in Japan
乱丁・落丁本は小社制作部宛お送り下さい。
送料小社負担にてお取りかえいたします。

ハヤカワ・ノンフィクション

行動経済学の逆襲

Misbehaving

リチャード・セイラー

遠藤真美訳

46判上製

学問の新たな道は、こうして開ける！

伝統的な経済学の大前提に真っ向から挑んだ行動経済学。その第一人者が、自らの研究者人生を振り返りつつ、〝異端の学問〟が支持を集めるようになった過程を描く。行動経済学は、学界の権威たちから糾弾されながらも、どう反撃して強くなっていったのか？　これからどう発展し、世界を変えていけるのか？